“学过”智能职教系列

统计学基础

马叶琳　刘　颖　唐　丽　主编

邹欣云　戴文琛　邓黎明　张乐君　副主编

马雪金　陆雪晴　颜　青　刘佳丽　刘　萍　赵文莉　陈俊杰　段海容　杨邦生　参编

中国财经出版传媒集团
中国财政经济出版社
·北京·

图书在版编目（CIP）数据

统计学基础 / 马叶琳，刘颖，唐丽主编. -- 北京 : 中国财政经济出版社，2025. 9. --（“学过”智能职教系列）. -- ISBN 978-7-5223-4205-4

Ⅰ. C8

中国国家版本馆CIP数据核字第20251DY570号

责任编辑：钱红叶　　策划编辑：唐　堂

责任校对：张　凡　　责任印制：张　健

统计学基础

TONGJIXUE JICHU

中国财政经济出版社 出版

URL：http：//www. cfeph. cn

E－mail：cfeph@ cfeph. cn

社址：北京市海淀区阜成路甲 28 号　邮政编码：100142

营销中心电话：010－88191522

天猫网店：中国财政经济出版社旗舰店

网址：https：//zgczjjcbs. tmall. com

北京密兴印刷有限公司印刷　各地新华书店经销

成品尺寸：185mm×260mm　16 开　17. 25 印张　366 000 字

2025 年 9 月第 1 版　2025 年 9 月北京第 1 次印刷

定价：59. 80 元

ISBN 978－7－5223－4205－4

（图书出现印装问题，本社负责调换，电话：010－88190548）

本社质量投诉电话：010－88190744

前言

统计是人们认识客观世界的重要手段。统计学是对社会经济现象数量方面进行数据收集、数据整理和数据分析的一门方法论科学，是运用统计数量分析的基本理论和方法，结合社会实践，分析社会经济现象的数量表现、数量关系和数量变化规律的学科，是教育部规定的经济管理类专业必修的专业基础课程。为满足高职院校经济管理类专业教学的需要，我们组织编写了《统计学基础》教材。

本教材根据高等职业教育特色，紧紧围绕高职院校培养高素质应用型人才的目标，结合高职学生的心理特点、认知特点和学习基础，采用项目任务式构建教材教学内容体系，包括认识统计、统计调查、统计整理、综合指标、动态分析、指数分析、抽样推断和相关与回归分析8个教学项目。在教材内容的组织上，以理论必需和够用为度，重视实践操作，注重学生知识、能力和素质的全面培养；在教材内容编写上，力求做到概念准确，语言叙述简洁、通俗易懂。每一教学项目均以社会经济现象的现实情境导入教学内容，每个教学项目后面配有“学习小结、巩固练习、课堂实训、知识延伸、思政元素”等内容。

本教材由湖南财经工业职业技术学院的马叶琳、刘颖和永州职业技术学院的唐丽任主编，湖南财经工业职业技术学院的邹欣云、戴文深、邓黎明、张乐君任副主编，参与教材编写的还有湖南财经工业职业技术学院的马雪金、陆雪晴、颜青、刘佳丽、刘萍、赵文莉、陈俊杰和衡阳县职业中等专业学校的段海容、衡阳市蒸湘区统计局的杨邦生等。具体分工：项目一由马叶琳编写，项目二由刘颖、马叶琳编写，项目三由唐丽、张乐君编写，项目四由邓黎明、陆雪晴、段海容编写，项目五由邹欣云、马雪金编写，项目六由戴文深、颜青、陈俊杰编写，项目七由刘佳丽、赵文莉、杨邦生编写，项目八由陆雪晴、刘萍编写。最后由马叶琳、刘颖、唐丽负责对全书进行审核、修改和统筹定稿。

本教材在编写过程中得到了湖南财经工业职业技术学院何万能、邹燕娇、王志伟等多位教授，永州职业技术学院、衡阳县职业中等专业学校及衡阳市蒸湘区统计局等多家兄弟院校的老师及专家的指导和支持，特此致谢。

由于编者水平有限，本教材中的内容难免有不当之处，恳请读者批评指正。

编　者

2025年9月

目 录

项目一

认识统计

知识目标

了解统计学的发展史、统计活动与社会发展的关系；理解统计的含义、特点和作用；了解统计的研究对象、统计研究的基本方法、统计的基本职能、工作过程与任务。重点掌握统计学中几个常用的基本概念。

能力目标

能描述统计学的研究对象、特点、研究方法和统计的职能，能举一反三地解释说明统计总体和总体单位、指标和标志、变异和变量的概念及相互关系，并能在以后的学习中对它们进行具体的深化和运用。

重要概念

统计　总体　总体单位　变量　标志　指标

情境导入

中华人民共和国2022年国民经济和社会发展统计公报

2023年2月28日

（节选）

2024年是中华人民共和国成立75周年，是实现“十四五”规划目标任务的关键一年。面对外部压力加大、内部困难增多的复杂严峻形势，在以习近平同志为核心的党中央坚强领导下，各地区各部门坚持以习近平新时代中国特色社会主义思想为指导，全面贯彻落实党的二十大和二十届二中、三中全会精神，按照党中央、国务院决策部署，坚持稳中求进工作总基调，完整准确全面贯彻新发展理念，加快构建新发展格局，着力推动高质量发展，全面深化改革开放，加大宏观调控力度，经济运行总体平稳、稳中有进，高质量发展扎实推进，新质生产力稳步发展，改革开放持续深化，重点领域风险化解有序有效，民生保障扎实有力，中国式现代化迈出新的坚实步伐。

初步核算，2024 年全年国内生产总值 1 349 084 亿元，比上年增长 5.0%。其中，第一产业增加值 91 414 亿元，比上年增长 3.5%；第二产业增加值 492 087 亿元，增长 5.3%；第三产业增加值 765 583 亿元，增长 5.0%。第一产业增加值占国内生产总值比重为 6.8%，第二产业增加值比重为 36.5%，第三产业增加值比重为 56.7%。最终消费支出拉动国内生产总值增长 2.2 个百分点，资本形成总额拉动国内生产总值增长 1.3 个百分点，货物和服务净出口拉动国内生产总值增长 1.5 个百分点。分季度看，一季度国内生产总值同比增长 5.3%，二季度增长 4.7%，三季度增长 4.6%，四季度增长 5.4%。全年人均国内生产总值 95 749 元，比上年增长 5.1%。全年国民总收入 1 339 672 亿元，比上年增长 5.1%。全员劳动生产率为 173 898 元/人，比上年提高 4.9%。年末全国人口 140 828 万人，比上年末减少 139 万人，其中城镇常住人口 94 350 万人。全年出生人口 954 万人，出生率为 6.77‰；死亡人口 1 093 万人，死亡率为 7.76‰；自然增长率为 -0.99‰。

年末全国就业人员 73 439 万人，其中城镇就业人员 47 345 万人，占全国就业人员比重为 64.5%。全年全国城镇新增就业 1 256 万人，比上年多增 12 万人。全年全国城镇调查失业率平均值为 5.1%。年末全国城镇调查失业率为 5.1%。全国农民工总量 29 973 万人，比上年增长 0.7%。其中，外出农民工 17 871 万人，增长 1.2%；本地农民工 12 102 万人，增长 0.1%。

全年居民消费价格比上年上涨 0.2%。工业生产者出厂价格下降 2.2%。工业生产者购进价格下降 2.2%。农产品生产者价格下降 0.9%。12 月，70 个大中城市中，新建商品住宅销售价格环比上涨的城市个数为 23 个，持平的为 4 个，下降的为 43 个；二手住宅销售价格环比上涨的城市个数为 9 个，持平的为 1 个，下降的为 60 个；新建商品住宅销售价格同比上涨的城市个数为 2 个，下降的为 68 个；二手住宅销售价格同比下降的城市个数为 70 个。

年末国家外汇储备 32 024 亿美元，比上年末减少 356 亿美元。全年人民币平均汇率为 1 美元兑 7.121 7 元人民币，比上年贬值 1.1%。

新质生产力稳步发展。全年规模以上工业中，装备制造业增加值比上年增长 7.7%，占规模以上工业增加值的比重为 34.6%；高技术制造业增加值增长 8.9%，占规模以上工业增加值的比重为 16.3%。新能源汽车产量 1 316.8 万辆，比上年增长 38.7%；太阳能电池（光伏电池）产量 6.8 亿千瓦，增长 15.7%；服务机器人产量 1 051.9 万套，增长

15.6%；3D 打印设备产量 341.8 万台，增长 11.3%。规模以上服务业中，战略性新兴服务业企业营业收入比上年增长 7.9%。高技术产业投资比上年增长 8.0%，制造业技术改造投资增长 8.0%。电子商务交易额 464 091 亿元，比上年增长 3.9%。网上零售额 152 287 亿元，比上年增长 7.2%。全年新设经营主体 2 737 万户，日均新设企业 2.4 万户。

城乡融合和区域协调发展扎实推进。年末全国常住人口城镇化率为 67.00%，比上年末提高 0.84 个百分点。分区域看，全年东部地区生产总值 702 356 亿元，比上年增长 5.0%；中部地区生产总值 287 156 亿元，增长 5.0%；西部地区生产总值 287 350 亿元，增长 5.2%；东北地区生产总值 63 451 亿元，增长 4.4%。全年京津冀地区生产总值 115 394亿元，比上年增长 5.2%；长江经济带地区生产总值 630 228 亿元，增长 5.4%；长三角地区生产总值 331 691 亿元，增长 5.5%。粤港澳大湾区建设、黄河流域生态保护和高质量发展等区域重大战略实施取得新成效。

绿色低碳转型持续深入。初步测算，全年全国万元国内生产总值二氧化碳排放比上年下降 3.4%。水电、核电、风电、太阳能发电等清洁能源发电量 37 126 亿千瓦时，比上年增长 16.4%。在监测的 339 个地级及以上城市中，空气质量达标的城市占 65.5%，未达标的城市占 34.5%。3 641 个国家地表水考核断面中，水质优良（Ⅰ ~Ⅲ类）断面比例为 90.4%，Ⅳ类断面比例为 7.8%，Ⅴ类断面比例为 1.2%，劣Ⅴ类断面比例为 0.6%。

数据资料来源：国家统计局官网。

知识储备

任务一 统计学的研究对象、特点和方法

一、统计和统计学

在日常生活中，人们离不开统计数据。例如，班级每天都要统计出勤人数，学生考试后要统计总成绩、平均成绩、及格率、优良率等，企业管理人员要统计供、产、销、利、税等数据，许多媒体报道的国内生产总值、物价指数、证券股票指数等，这些统计数据都是人们通过实际统计活动获得的。因此，统计学是一门研究数据的学科。

统计是人们正确运用统计理论和方法采集数据、整理数据、分析数据和由数据得出结论的实际操作过程，是人们从数据上对客观世界的一种认识活动和认识结果。因此，统计活动的中心任务就是要获取数据与得出结论，为人们提供服务。

统计学是一门阐明如何采集、整理、显示、描述、分析数据和由数据得出结论的一系列概念、原理、原则、方法、技术的科学，是一门独立的、实用性很强的通用方法论科

学。它根据自己的研究对象（数据），系统、科学地阐述统计的理论、方法和应用。它是人类几千年统计活动的经验总结与理论概括，源于实践、升华实践、指导实践，从而使统计实践活动更科学、严谨、标准和规范。

统计学可分为理论研究、方法研究和应用研究3个层次，本书主要介绍应用统计学。学习应用统计学是在掌握基本统计理论和方法的基础上，主要学习如何将统计方法具体应用于各种不同的领域，注重将统计理论和方法的共性与在各现实领域及具体应用中的特殊性相结合，主要培养能够在政府基层部门和企事业单位第一线从事各种数据采集、整理和分析实际工作的应用型专门人才。

二、统计学的研究对象和特点

统计学的研究对象是指统计研究所要认识的客体。统计学是研究社会经济现象数量方面的理论和方法，其研究对象是社会经济现象总体的数量特征和数量关系。统计工作成果能反映社会经济现象的数量特征和数量关系。统计学并不是具体、实质性地研究各种社会现象的规律，而是提供研究社会经济现象数量方面的方法。所以，对于统计学学科性质的确认，本书的观点是，统计学是一门方法论学科。

统计学也没有把一切数量都作为自己的研究对象，统计学在社会经济现象的研究范围和方法等方面有自己的特点。

（一）数量性

统计的语言就是数据。统计学的首要特征是数量性。社会经济现象的数量方面包括数量的多少，现象之间的数量关系和引起现象质、量互变的数量界限。通过它们可以说明经济现象的规模、水平、速度、结构和各种比例关系。例如，2024年国内生产总值1 349 084亿元，比上年增长5.0%。其中，第一产业增加值91 414亿元，比上年增长3.5%；第二产业增加值492 087亿元，增长5.3%；第三产业增加值765 583亿元，增长5.0%。第一产业增加值占国内生产总值比重为6.8%，第二产业增加值比重为36.5%，第三产业增加值比重为56.7%。这些数据反映了我国2024年三大产业的发展规模、增减速度和结构比例关系等方面的数据特征。

（二）总体性

统计学的研究对象和最终要说明的是现象总体的数量特征。但是，总体是由具有某种相同性质的许多事物组成的。统计学研究的着眼点是总体各单位的具体特征，要对个别事物进行观察，获得大量个体的资料，并对其进行综合研究分析，以发现总体发展变化的趋势和规律。所以，对大量个别事物的观察分析只是手段，目的是要得到这类事物发展变化的规律。例如，城镇居民经济调查，虽然要对每户居民的家庭收入情况、经济状况进行调查，但目的不在于研究个别居民的家庭经济状况，而是通过大量的调查，了解一个城市、一个地区、一个国家的居民收入水平和经济状况。因此，统计研究是从个别的具体数量归纳出社会经济现象总体的数量特征，并由此发现现象总体发展变化的过程，揭示现象总体的内在规律。

（三）具体性

统计学研究的具体性是与抽象性相对而言的。统计在研究社会经济现象的数量方面，是研究具体事物在一定时间、地点、条件下的数量表现。统计学是研究具体事物的数量，而不是抽象的量，这是统计学与数学的一个重要区别。数学所研究的是脱离具体对象的数量关系，具有抽象性。例如，统计结果表明，2024 年某地棉花产量为 5 520 千克，比 2023 年增加了 560 千克，其数据 5 520 千克、560 千克都是具体的量，而不是抽象的量。

（四）社会性

统计学的社会性特点来自社会经济现象。社会经济现象是指人类社会经济活动的条件、过程和结果。统计研究的对象是社会经济现象，而不是自然现象。社会经济现象随着社会的变化而变化，人们的认识方法也应当具备社会性。统计是在定性分析基础上的定量分析，而定性分析的结论取决于调查研究者认识问题的立场、观点和水平，在不同的社会发展阶段又有不一样的定性分析方法，即使同一事物在不同社会发展阶段，也会有不同的分析研究方法。例如，过去在研究经济成分时，把我国经济成分分为国营经济、集体经济、个体经济。但是，随着我国经济体制改革的深入，新的经济成分出现，原有的成分改变了。现在按照国家统计局的规定，我国经济成分分为公有经济和非公有经济两大类，其中，公有经济包括国有和集体两大类；而非公有经济包括个体、私营、外资三个方面。

三、统计学的研究方法

统计学是通过对数量方面的研究，获得对社会经济现象总体性的认识，这要通过相应的统计方法来完成。在实践经验的基础上，经过不断地概括和总结，统计学形成了一系列具体的研究方法。

（一）大量观察法

大量观察法是指统计在研究社会经济现象时，对社会经济现象中的全部单位或足够量单位的特征进行调查和分析，从而反映总体数量特征的方法。它是统计调查的基本方法。统计研究要运用大量观察法是由研究对象的复杂性决定的。因为统计研究的目的在于认识社会经济现象的本质和规律性，而现象是复杂的，各个调查单位之间客观上存在差异，只有选取足够多的单位，减小个别单位的偶然量的影响度，才能正确地反映出总体现象的本质和规律。当然，统计对现象总体进行大量观察，并不排斥对个别典型单位的调查研究。大量观察与个别研究相结合，可以使调查工作更深入、扎实。

（二）统计分组法

统计分组法是指根据事物内在的性质和统计研究任务的要求，将总体各单位按照某种标志划分为若干组成部分的一种研究方法。例如，对教师按职称分类，对企业按行业类型分类等。通过统计分组，可以研究总体中不同类型的性质和分布情况；可以研究总体的构成和各部分的比例关系；可以研究总体中现象之间的依存关系。统计分组法在统计研究中的应用是非常广泛的。在统计设计和统计调查时，需对社会经济现象的类型加以分组，以便确定调查范围和调查对象。收集调查资料后，需运用统计分组方法对资料进行加工整理，以便进行分析。

（三）综合指标法

综合指标法是指运用各种综合指标，对大量社会经济现象的各个方面进行综合分析，从而概括地表明其一般特征的方法。在统计研究中，各种综合指标法被广泛应用。例如，研究国民经济运行情况时，计算国内生产总值、国际资本往来等指标，以全面反映国民经济中各指标之间的相互关系。动态数列、统计指数、相关分析与回归分析等综合分析的方法，是在综合分析指标基础上的进一步加强和发展。

综合指标法和统计分组法是密切联系、相互依存的。综合指标如果没有科学的统计分组，就无法划分事物变化的数量界限，从而掩盖现象的矛盾，成为笼统的指标；统计分组如果没有相应的统计指标来反映现象的规模和水平，就不能揭示现象总体的数量特征。所以，综合指标法和统计分组法总是结合起来应用的。

（四）统计模型法

统计模型法是根据一定的经济理论和假定条件，运用数学方法模拟现实经济现象之间相互关系的一种研究方法。利用这种方法，可以对社会经济现象和过程中存在的数量关系进行比较完整和近似的描述，从而简化客观存在的复杂关系，以便对社会经济现象的变化进行数量上的评估和预测。

统计模型法是在前三种研究方法的基础上，进一步系统化和精确化的发展。它将总体的内部结构、各因素之间的相互关系以一定的形式有机结合起来，大大提高了统计分析的认识能力。

（五）统计推断法

统计推断法是指在一定的置信标准要求，根据样本资料来判断总体数量特征的归纳推理方法，这是统计研究中常用的方法。

在统计研究的几种方法中，统计分组法和综合指标法是贯穿于统计全过程的基本方法，而大量观察法又是统计分组法和综合指标法的基础，统计模型法和归纳推断法是前三种方法的进一步深化。

任务二 统计工作的过程和基本职能

一、统计的工作过程

统计工作是根据统计学的理论，运用各种统计方法，对社会经济现象进行调查研究，以认识其发展状态和规律的一种认识活动。客观事物是不断变化的，统计活动也将不断进行，但就一次统计活动而言，一个完整的统计工作过程一般可以分为统计设计、统计调查、统计整理和统计分析四个阶段。

（一）统计设计

统计设计是统计工作的准备阶段。它是指根据统计研究对象的性质和目的，对统计工作的各方面、各环节所作的通盘考虑和安排。统计设计的主要内容有统计指标和指标体系的设计、统计资料收集方法的设计、统计分类和分组的设计、统计整理方法的设计、统计表的设计、统计工作各个部门和各个阶段的协调与联系、统计力量的组织与安排等。统计设计的结果表现为各种标准、规定、制度、方案和办法，如统计分类标准、目录、统计指标体系、统计报表制度、统计调查方案、普查办法、统计整理方案或汇总方案等。例如，全国经济普查方案、调查单位普查表、分类目录、指标解释等都是统计设计的结果。

在统计工作的各环节中，统计设计具有决定性的作用。因为统计工作是一项要求高度集中且科学性很强的工作，无论是统计总体范围、统计指标的口径和计算方法，还是统计分类和分组的标准，都必须统一，绝不允许各行其是。因此，只有事先进行设计，才能做到统一认识、统一步骤、统一行动，使整个统计工作有秩序、协调地进行，从而保证统计工作的质量。

（二）统计调查

统计调查，即统计资料的搜集，是根据统计方案的要求，采用各种调查组织形式和调查方法，有组织、有计划地对所研究总体的各个单位进行观察、登记，准确、及时、系统、完整地搜集原始资料的过程。统计调查是从初始定性认识过渡到定量认识的统计认识活动阶段，这个阶段所收集的资料是否客观、周密、系统，是否符合调查目的的要求，将直接影响统计整理的结果，关系到统计分析结论是否正确，最后决定统计工作的质量。所以，它是整个统计工作的基础，是做好统计整理和统计分析的前提。

（三）统计整理

统计整理是根据统计研究的目的和事物自身的特征，对调查阶段收集的原始资料，按照一定标志进行科学的分组和汇总，使之条理化、系统化，将反映各个单位、个别特征的资料转化为反映总体和各组数量特征的综合资料的工作过程。统计整理是统计工作的中间环节，是人们对社会经济现象的认识由个体过渡到总体、由感性上升到理性的必经阶段，是统计工作各环节中承上启下的一环，是统计调查的必然继续，又是统计分析的必要前提。

（四）统计分析

统计分析是指对经过加工整理的统计综合资料，应用各种统计分析方法，研究现象总体相关的数量特征，认识和揭示所研究现象的本质特征和规律，做出科学结论的工作过程。

统计工作是从统计设计开始，经过统计调查、统计整理到统计分析的全过程，是统计认识从感性阶段逐步上升到理性阶段的过程。四个阶段各有特定的工作内容和作用，相对独立，但前后紧密相连、相互渗透，各个环节有时是交叉进行的。在设计阶段，为了使设计的内容更符合客观实际，也要做一些试点调查；在统计调查时，也需根据情况做一些分析；在统计整理过程中，当发现资料不全时，需要进行补充调查，以取得全面的资料；统计分析亦是如此。所以，统计工作的调查与研究不能截然分开，在统计调查中有分析研究，在分析研究中也有统计调查。

二、统计的基本职能

统计的基本职能是指统计本身所固有的内在功能，它具有统计信息、统计咨询、统计监督三大职能。

（一）统计信息职能

统计信息职能是指统计人员根据科学的统计指标体系和统计调查方法，开展系列统计工作，能灵敏、系统地采集、处理、传输和提供大量以数量描述为基本特征的社会经济信息。

（二）统计咨询职能

统计咨询职能是指统计人员利用已掌握的丰富统计信息资源，运用科学分析方法和先进技术手段，深入开展综合分析和专题研究，为科学决策和管理提供各种可供选择的咨询建议和对策方案。统计咨询分为有偿咨询和无偿咨询两种。目前，我国的调查咨询公司等咨询服务机构提供的就是有偿咨询，而且这个市场正不断扩大。

（三）统计监督职能

统计监督职能是指根据统计调查和分析，及时、准确地反映经济、社会和科技等客观现象的运行状态，并对其实行全面、系统的定量检查、监督和预警，以促使国民经济按照客观规律的要求，持续、稳定、协调地发展。

上述三种职能相互联系、相辅相成。统计信息职能是保证统计咨询和统计监督职能有效发挥的基础。统计咨询职能是统计信息职能的延续和深化。而统计监督职能是在统计信息和统计咨询职能基础上的进一步拓展，并促进统计信息和统计咨询职能的优化。统计工作只有发挥统计信息、统计咨询和统计监督三方面的整体职能，才能提供优质的服务。

我国集中统一的统计系统由各级政府部门的综合统计系统、各级业务部门的专业统计系统，以及城乡基层组织和企事业单位的统计组织组成。这一集中统一领导、分级管理的体制为我国社会发展和经济建设提供了科学、全面、系统的统计资料，起到信息统计、咨询和监督的重要作用。

《中华人民共和国统计法》于 1983 年 12 月 8 日由第六届全国人民代表大会常务委员会第三次会议通过，1996 年 5 月 15 日经第八届全国人民代表大会常务委员第十九次会议修正，2009 年 6 月 27 日再次经第十一届全国人民代表大会常务委员会第九次会议修订通过，2010 年 1 月 1 日起施行。2024 年 9 月 13 日，《全国人民代表大会常务委员会关于修改〈中华人民共和国统计法〉的决定》在中华人民共和国第十四届全国人民代表大会常务委员会第十一次会议上通过，并以中华人民共和国主席令第三十一号公布。这部法律使我国的统计工作走上了法制的轨道，为科学、有效地组织统计工作，保障统计资料的真实性、准确性、完整性和及时性，发挥统计在我国社会主义现代化建设事业中的服务和监督作用，提供了法律保证。

任务三 统计学中的常用概念

统计学中有许多概念，有些是最基本的，贯穿于统计学的各个章节，这里先作一个简单的介绍。这些概念主要包括统计总体和总体单位、指标和标志、变异和变量等。

一、 统计总体和总体单位

（一） 统计总体

统计总体是指由客观存在并在某一相同性质基础上结合起来的许多个别事物所构成的整体，简称“总体”。例如，研究全国上市公司，全国所有上市公司便是统计总体。统计总体的类型是多种多样的，可以是人群，可以是物品，还可以是客观事物或现象。例如，研究全国大学生，所有大学生便构成了统计总体。又如，研究某地区的农业机械化情况，就以该地区的所有农业生产机械为统计总体。

1. 统计总体的特征

作为统计研究对象的总体必须同时具备同质性、大量性和变异性三个特征。

（1）同质性。同质性是指总体中的每个个体必须具有某一方面的共性，这是组成总体的前提条件。当统计研究的目的确定后，各单位在某一特定点上应具有共通性。例如，上市公司总体中，尽管各上市公司的规模大小不同、经营方向不同、所有者不同，但有一点是相同的，那就是它们都是经我国证券管理部门批准成立并上市交易的股份有限公司。

（2）大量性。大量性是指总体必须由许多个体组合而成，仅仅个别单位或少数单位的组合不足以构成总体。大量性是组成总体的基本要求，总体的本质特征只有在对众多个体的数量特征进行综合时才能反映出来。例如，少数几家上市公司不能客观、全面地反映上市公司总体的全貌。

（3）变异性。变异性是指同一总体中的各单位必须至少在某一方面具有共同性，但在其他很多方面必须存在差异，这是进行统计研究的必要条件。例如，上市公司在规模、经营范围、所有者等方面都存在差异。

2. 统计总体的分类

统计总体可分为有限总体和无限总体。

（1）有限总体。若一个统计总体中所包含的个体单位数是可计数的，则称为有限总体。例如，人口数量、商店数量、企业数量等均可数，它们都是有限总体。

（2）无限总体。若一个统计总体中所包含的个体单位是大量的、无穷的，是不可数的，则称为无限总体。例如，连续生产流水线上的零件数量，只要这种零件连续生产下去，这一统计总体就会无限扩大下去，因而它是无限总体。

一般来说，对于有限总体，既可进行全面调查，也可进行非全面调查；而对于无限总体，只能进行非全面调查。

（二）总体单位

总体单位是指构成统计总体的每个独立的个体，它是组成统计总体的基本单位，也是各项调查项目的直接承担者，简称个体。例如，全国上市公司调查中的每个上市公司就是总体单位。

（三）统计总体和总体单位之间的关系

统计总体和总体单位是互为条件地连接在一起的，没有总体单位，统计总体也就不存在；在某一特定范围、特定目的的统计研究下，统计总体与总体单位是不容混淆的，两者的含义是确定的，是包含与被包含的关系。但是，随着统计研究任务、目的及范围的变化，统计总体和总体单位可以相互转化。也就是说，要判定某个分析研究对象是统计总体还是总体单位，它不是固定不变的，而是相对的，会随着研究目的及范围的变化而变化。例如，当研究全国所有的上市公司时，每家上市公司都是总体单位；而当研究其中某一上市公司时，该公司则成为统计总体，它的下属各分公司是总体单位。

二、标志、统计指标和指标体系

（一）标志

标志是说明总体单位属性和特征的名称。每个总体单位从不同角度考虑，都具有许多属性和特征。例如，每家上市公司作为总体单位，它们都具有所有制、行业、员工人数、股东结构、每股收益等属性或特征。总体单位与标志之间的关系是十分明确的，总体单位是标志的直接承担者，标志是依附于总体单位的。

1. 按反映总体单位特征的性质分类

标志按反映总体单位特征的性质不同分为品质标志和数量标志。

（1）品质标志。品质标志反映的是总体单位属性或质的特征，它只能用文字或语言来描述，如性别、民族、职业等。

（2）数量标志。数量标志反映的是总体单位数量方面的特性，如年龄、体重、产量等，可以用数字来表示和计量。

无论品质标志还是数量标志，其在总体单位上的具体表现均被称为标志的表现形式。

2. 按总体中各总体单位的具体表现分类

按标志在总体中各总体单位的具体表现是否完全相同分为不变标志和可变标志。

统计总体中所有总体单位在某一标志下的具体标志表现都是相同的，则该标志称为不变标志。例如，研究全国大学生时，每个人的社会成分都是“学生”，则“社会成分”这个标志就是学生总体中所有总体单位的不变标志，这是构成学生总体的基础；而学生总体中其他标志，如性别、年龄、专业、学历等，因在每个学生中的标志表现是不尽相同的，则这些标志就是可变标志。

（二）统计指标

统计指标是指表明总体数量特征的概念、名称及其具体数值，简称指标。例如，2024年全年国内生产总值1 349 084亿元，比上年增长5.0%；全年人均国内生产总值95 749元，比上年增长5.1%；全员劳动生产率为173 898元/人，比上年提高4.9%。

1. 统计指标按其内容分类

统计指标按其内容不同，可分为数量指标与质量指标。

（1）数量指标。数量指标是反映现象总体的总规模、总水平、工作总量等方面的绝对数量多少的统计指标，一般以绝对数的形式表现。例如，国内生产总值、工资总额、员工人数等。其特征在计算方法上的表现是不同空间的数值可以相加求和，并且数量指标的数值大小随着总体范围的扩大或缩小而相应地增加或减少。由于它们表明的是现象的总量规模，所以又称为总量指标。

（2）质量指标。质量指标是反映现象总体内部数量关系的相对水平和总体单位一般水平的统计指标，一般以相对数或平均数的形式出现，如价格、发展速度、比例等。其特征在计算方法上的表现是指标数值通过相除求商得到的，并且不同空间的数值不能直接相加。质量指标的数值大小与总体范围大小没有直接关系。由于它们表明的是现象变动的相对发展程度、经济效果和工作质量，所以称为质量指标。

2. 统计指标按其作用和表现形式分类

统计指标按其作用和表现形式的不同，可分为绝对指标（又称为总量指标、数量指标）、相对指标和平均指标，它们的含义、内容、计算方法等将在项目四中的任务一、任务二、任务三中介绍。

（三）标志与统计指标的关系

标志与统计指标之间既有联系，又有区别。

1. 联系

（1）统计指标的数值通常由总体单位的数量标志的标志值汇总或计算而来，例如，要了解和分析某班英语课程的考试成绩，该班英语成绩的总分及平均成绩就是由每位学生的分数汇总和计算得出的。

（2）随着研究目的的不同，统计指标与标志可以互相转化。它们的地位是随着被说明对象地位的变化而改变的，即当原来的统计总体变为总体单位时，相应的统计指标就变成了标志；反之，相应的标志就变成了统计指标。

2. 区别

（1）概念不同。标志是说明总体单位的，通常不具有综合的特征；统计指标是说明总体的综合数量特征的，具有综合的特征。

（2）表现形式不同。统计指标分为数量指标和质量指标，它们通常可以用数值来表示；标志分为数量标志和品质标志，数量标志可以用数值表示，品质标志只能用文字表示。

（四）指标体系

每个指标只能反映现象总体的一个侧面或一个方面，不可能反映总体的全面情况。为了全面、客观地揭示总体的数量特征，必须把一系列相互联系、相互补充的指标结合起来应用。若干个相互联系、相互补充的指标结合在一起形成的整体称为指标体系。例如，研究一个地区的国民经济和社会发展情况时，可以从社会经济、文化、科技、教育、国防等方面综合反映，相应地可建立一个指标体系。又如，一系列反映单位经济效益的指标可以构成经济效益指标体系，构成经济效益指标体系的指标有产量、总产值、净产值、增加值、资本额、职工人数、税收等。再如，商品销售额、商品价格和商品销售量之间存在函数关系，即“商品销售额 = 商品价格 × 商品销售量”，这三个指标也构成了指标体系。

指标体系可有多种分类。按作用，可将指标体系分为两大类：基本统计指标体系和专题统计指标体系。

三、变异与变量

（一）变异

统计上，将各总体单位的标志表现相互之间存在的差异称为变异，它包括品质差异和数量差异。例如，各上市公司注册资本规模、流通股股份数等有量的差异，股票种类（A 股、B 股、H 股等）有质的差异。在统计的对象中，变异是普遍存在的，这是统计的前提条件。统计是研究变异的，有变异才有统计，如果没有变异，统计就失去了意义。

（二）变量

可变的数量标志称为变量，可变的数量标志的具体表现称为变量值，也称为标志值。例如，某农用车厂生产的各种农用车的价格分别为 500 元、800 元、1 200 元、2 500 元、

5 000 元。这里价格是变量，500 元、800 元、1 200 元、2 500 元、5 000 元是变量值。

说明：可变的品质标志只存在变异，不能用数值表现，所以不是变量。

1. 按变量值是否连续分类

变量按变量值是否连续，可分为连续变量和离散变量。

（1）连续变量。连续变量的数值之间是可以连续不断的，不能以整数位断开，相邻数值之间可以进行无限分割。例如，身高、体重、年龄、价格、销售额等都属于连续变量。在统计工作中，通常对有些变量值取整数反映，但这并不改变变量的性质。连续变量的数值可通过测量或计算的方法取得。

（2）离散变量。离散变量的各变量值只能取整数，不能连续取值，也就是说，不能取小数值。例如，职工人数、机器台数、医院家数等，都是按整数计算，不可能有小数。

2. 按性质的不同分类

变量按性质的不同可以分为确定性变量和随机变量。

（1）确定性变量。确定性变量是指该变量是由基本因素引起的，其数值能够事先被确定。例如，企业将要发行债券的数量和利率等就属于确定性变量。

（2）随机变量。随机变量是指在相同条件下由偶然因素引起的，在一定范围内可能取各种不同的值，事先无法确定的变量。例如，每只股票的价格、每年产品的销量、债券将来的市场价格都是未知的，是无法事先确定的，所以它们都是随机变量。

任务四 统计学的产生与发展

人类进行统计实践活动的历史已有几千年，而统计学产生于 17 世纪中期。统计学家把 17 世纪中期产生的统计学称为古典统计学，把 19 世纪中期引进概率论之后的统计学称为近代统计学，把 1950 年以后的统计学称为现代统计学。

（一）古典统计学的产生与发展

一般来说，古典统计学的产生与发展，按时间顺序，先有德国的国势学派，后有英国的政治算术学派，最后汇合为古典统计学。

国势学派的代表人物是 17 世纪德国的康令（Conring，1606—1681），他以叙述国家显著事项和国家政策关系为内容，在大学开设了“国势学”课程，很受当时学者的欢迎。该学派的主要继承人阿亨瓦尔（Achenwall，1714—1772）继续开设“国势学”课程，并于 1749 年首次使用“统计学”一词代替“国势学”这一称谓。他认为，“统计学”是关于各国基本制度的学问，是一个国家显著事项的整体。但“国势学”缺乏数字内容，用文字表述，因而，后人认为其有统计学之名而无统计学之实。

政治算术学派产生于英国，格朗特（Graunt，1620—1674）和配第（Petty，1623—

1687）是其杰出的代表。它的最大特点是使用数字表述，用数字、质量和尺度表述，并配有朴素的图表。这些正是现代统计广为采用的方法和内容，但政治算术学派不使用“统计学”一词。对此，后人评述其有统计学之实而无统计学之名，存在名不副实的缺陷。

随着社会经济和科学技术的发展，以及国际学术交流和传播，各国统治者和政界人物越来越要求进行社会经济数量关系的研究，要求以数字来表现事物。德国社会统计学的先驱克尼斯（Knies，1821—1898）于1850年出版了《作为独立科学的统计学》一书，他主张把“统计学”的名称转让给政治算术学派。从内容来说，配第对于统计学的形成有着巨大的功绩。

古典统计学是从研究国家显著事项，包括人口、领土、财政、军事、政治、法律等出发而产生的，即以社会经济现象为研究对象，并且通过数量来表示。因而，古典统计学实际上就是社会统计学或社会经济统计学。总体性和数量性是它的两个不可分割的重要特征。对此，德国的社会统计学派，如恩格尔（Engel，1821—1896）、梅尔（Mayr，1841—1925）等都做了很多有成效的工作，设计了指标和指标体系，并且就指标和指标体系分析了其变化规律。有名的恩格尔系数或恩格尔定律，就是恩格尔在对英、法、德、比诸国工人家庭的调查资料分析中发现的，至今仍为人们广泛采用。后来，德国的社会统计学理论和方法传到了俄国，在俄国统计学界引起了很大的反响。特别是在十月革命以后，苏联推行计划经济体制，作为计划制订、计划执行和计划检查手段和工具的社会经济统计有了迅速发展，在社会经济指标和指标体系方面有了很大的充实。由于经济活动分部门管理，部门统计指标体系有了巨大的增长，并且编写出版了以部门统计指标和指标体系为主要内容的各部门统计学，其主要内容是政府统计。新中国成立后，当时苏联的整套统计理论与方法被我国统计界所吸收，建立了我国的统计理论和指标体系，其主要内容也是政府统计。

（二）近代统计学的产生与发展

近代统计学是以比利时统计学家阿道夫·凯特莱（Quetelet，1796—1874）把概率论引入统计学为标志的。他根据以概率论为基础的大数定律，提出了大量观察法，进行统计资料的收集和研究，可以消除和控制误差，从数量上揭示其运动规律，并加以分析和运用。凯特莱开创了统计理论和应用的新领域，但当时凯特莱并没有给予确切名称。直到1867年，德国数学家威特斯坦（Wittstein）发表了题为《数理统计学及其在经济学和保险学中的应用》的论文，由此才将这套理论命名为数理统计学。以后，经过高尔顿（Galton，1822—1911）、皮尔逊（Pearson，1857—1936）、鲍莱（Bowley，1869—1957）、费希尔（Fisher，1890—1962）的研究，数理统计学取得了很大的进展，使其成为一门系统、完整的，包括数理统计基本内容和各种应用的数理统计学科体系。随着社会经济和科学技术的发展，从线性到非线性、从低维到高维、从连续到离散、从显在到潜在、从随机到模糊、从确定到不确定、从限定分布到自由分布等，数理统计基本上都有了相应的理论与解决方法，特别是运用数理统计方法研究和解决多变量的定量分析，近年来获得了迅速的发展。聚类分析、判别分析、因子分析、对应分析等方法在特定的经济统计研究中获得了应用，而且新的课题和研究方法仍在继续推进和深入。

（三）现代统计学的产生与发展

一般认为从 20 世纪 50 年代以后统计理论、方法和应用进入了一个全面发展的新阶段，开始了现代统计学。统计学受到计算机科学、信息论、混沌理论等现代科学技术的影响，新的研究领域层出不穷，如多元统计分析、现代时间序列分析、贝叶斯统计、非参数统计、线性统计模型等。另外，统计方法的应用领域不断扩展，几乎所有科学研究都离不开统计方法。因为不论自然科学、工程技术、农学、医学、军事科学还是社会科学研究，都离不开数据，而数据研究和分析必然要用到统计方法，因而可以说，统计方法与数学、哲学一样成了所有学科的基础。

学习小结

（一）统计的含义、研究对象、特点和方法

统计的含义
- 收集数据资料
- 整理数据资料
- 分析数据资料

统计的研究对象

社会经济现象总体的数量方面（数量特征和数量关系）

统计的特点
- 数量性
- 总体性
- 具体性
- 社会性

统计的基本方法
- 大量观察法
- 统计分组法
- 综合指标法
- 统计模型法
- 统计推断法

（二）统计的工作过程和职能

统计的工作过程
- 统计设计
- 统计调查
- 统计整理
- 统计分析

统计的职能
- 信息职能
- 咨询职能
- 监督职能

（三）统计的标志和统计指标

标志
- 表现内容
  - 数量标志
  - 品质标志
- 表现形式
  - 可变标志
  - 不变标志

统计指标
- 表现内容
  - 数量指标
  - 质量指标
- 表现形式
  - 绝对指标
  - 相对指标
  - 平均指标

巩固练习

一、填空题

1. 统计学的产生与发展可分为__________、__________和__________三个阶段。

2. 统计学的研究对象是____________________。

3. 社会经济统计具有________、________和________三大职能，其中________是统计最基本的职能。

4. 社会经济统计活动具有________、________、________和________四个方面的特点。

5. 形成统计总体的三个基本条件（或称为统计总体的特点）是________、________和________。

6. 统计标志按说明总体单位特征的表现形式不同，分可为________和________。

7. 统计指标按说明总体特征的内容的性质不同，可分为________和________。

8. 统计指标按其指标值的作用和表现形式的不同，可分为__________、__________和__________。

9. 统计认识的基本方法有________、________、________、________和________。

10. 统计工作过程一般包括________、________、________和________四个阶段。

二、单项选择题

1. 下列属于质量指标的是（　　）。

A. 产品的产量　　B. 产品的产值

C. 产品中的一级品数量　　D. 产品价格

2. 某城市进行工业企业未安装设备普查，总体单位是（　　）。

A. 工业企业的全部未安装设备　　B. 工业企业的每一台未安装设备

C. 每个工业企业的未安装设备　　D. 每一个工业企业

3. 工业企业的设备台数、产品产值是（　　）。

A. 连续变量　　B. 离散变量

C. 前者是连续变量，后者是离散变量　　D. 前者是离散变量，后者是连续变量

4. 政治算术学派的创始人是（　　）。

A. 康令　　B. 恩格尔

C. 凯特莱　　D. 威廉·配第

5. 就一次统计活动来讲，一个完整的过程包括的阶段主要有（　　）。

A. 统计调查、统计整理、统计分析、统计设计

B. 统计调查、统计整理、统计设计、统计分析

C. 统计设计、统计调查、统计整理、统计分析

D. 统计设计、统计调查、统计整理、统计整理

6. 社会经济统计学的研究对象是（　　）。

A. 社会经济现象总体　　B. 社会经济现象总体的数量特征和数量关系

C. 社会经济现象总体的规律性　　D. 社会经济统计的理论和方法

7. 下列属于连续变量的是（　　）。

A. 企业个数　　B. 人数

C. 产值　　D. 设备台数

8. 对某省饮食行业从业人员的健康状况进行调查，统计总体是该省饮食行业的（　　）。

A. 全部网点　　B. 每个网点

C. 每个从业人员　　D. 所有从业人员

9. 在一个总体中，某标志在所有总体单位中的具体表现都相同，这一标志称为（　　）。

A. 可变标志　　B. 不变标志

C. 品质标志　　D. 数量标志

10. 统计指标按所反映的总体数量特征不同，可以分为数量指标和质量指标，其中数量指标的指标值是（　　）。

A. 绝对数　　B. 相对数

C. 平均数　　D. 不能确定

三、 多项选择题

1. 在统计学发展史中，（　　）。

A. 威廉·配第是政治算术学派的创始人

B. 阿道夫·凯特莱把概率论引入统计，标志着近代统计学的产生

C. 康令是国势学派的创始人

D. 阿亨瓦尔把政治算术命名为统计学

2. 在对某市工业企业的调查中，属于统计指标的有（　　）。

A. 企业的总个数　　B. 每个企业的总产值

C. 平均每个企业的职工人数　　D. 每个企业的职工人数

3. 统计总体的基本特征表现在（　　）。

A. 差异性　　B. 数量性

C. 大量性　　D. 同质性

4. 下列标志中，属于数量标志的有（　　）。

A. 年龄　　B. 工种

C. 工资　　D. 民族

5. 下列统计指标中，属于数量指标的有（　　）。

A. 工资总额　　B. 单位产品成本

C. 职工人数　　D. 人口密度

6. 在全国人口普查中，下列说法正确的有（　　）。

A. 男性是品质标志的表现　　B. 人的年龄是一个变量

C. 每一户是总体单位　　D. 全国人口的平均年龄是统计指标

7. 要了解某地区全部成年人的就业情况，那么（　　）。

A. 全部成年人是研究的总体　　B. 成年人总数是统计指标

C. 成年人就业率是统计标志　　D. 某人的职业是教师是标志表现

8. （　　）是连续变量。

A. 住房面积　　B. 商品销售额

C. 人的年龄　　D. 高校的大学生人数

9. （　　）是离散变量。

A. 每千人口医院床位数　　B. 洗衣机台数

C. 进口的粮食数量　　D. 城乡集市个数

10. 下列统计指标中，属于质量指标的有（　　）。

A. 人均国内生产总值　　B. 物价指数

C. 城镇登记失业率　　D. 利润总额

11. 统计的职能有（　　）。

A. 信息职能　　B. 咨询职能

C. 监督职能　　D. 协调职能

12. 用来描述一个人的特征的品质标志的有（　　）。

A. 年龄　　B. 性别

C. 职业　　D. 身高

四、判断题

1. 某同学各科的平均成绩是 80 分，这里的“平均成绩”是指统计指标。（　　）

2. 统计学是对统计实践活动的经验总结和理论概括。（　　）

3. 一般而言，说明总体数量特征的是指标，表明总体单位特征的是标志。（ ）

4. 大量观察法就是要对统计总体中的所有总体单位进行观察分析。（ ）

5. 某人的职业是教师，这里的“职业”是品质标志。（ ）

6. 品质标志和质量指标都不能用数值来表示。（ ）

7. 统计指标的指标值有绝对数、相对数和平均数三种表现形式。（ ）

8. 变异是普遍存在的，它是统计的前提条件，有变异才有统计，如果没有变异，统计就失去了意义。（ ）

9. 统计的研究对象是社会经济现象总体的数量方面。（ ）

10. 总体和总体单位是一对相对的概念，随着统计研究任务、目的及范围的变化，统计总体和总体单位可以相互转化。（ ）

五、简答题

指标和标志之间有何联系与区别？试举例说明。

课堂实训

请同学们利用课余时间到统计实训室，登录国家统计局官网浏览资料，并下载以下统计资料：（1）《统计法》；（2）《统计法实施条例》；（3）2024 年国民经济和社会发展统计公报等，作为你的课后阅读材料。

知识延伸

衡量国家经济形势、社会稳定最常用的四大统计指标

分析判断一个国家的经济发展形势是否良好、社会是否稳定，常常围绕以下四大目标进行：经济增长、充分就业、物价稳定、国际收支平衡。这四大目标相互联系、相互影响、相互制约，宏观调控的目的在于恰当处理这四方面的关系，寻求最佳平衡点。通过全面观察这四大指标，可以了解社会总供给和总需求的变化，掌握经济运行的总体状况。

一、经济增长

经济增长通常是指在一个较长的时间跨度上，一个国家经济总产出或人均产出水平的持续增加。经济增长是一个宽泛、综合的概念，狭义的经济增长主要指国内生产总值（简称 GDP）增长。国内生产总值是一个国家或地区的所有常住单位在一定时期内所生产的全部最终产品和服务的价值总和。GDP 可以反映一个国家或地区的总体经济规模，GDP 增长率可以反映经济总量的增长速度。经济增长可以从供给和需求两方面来反映。从供给端看，主要参考指标有农林牧渔业增加值、工业增加值、建筑业增加值、服务业增加值等；从需求端看，主要参考指标有社会消费品零售总额、固定资产投资、进出口总额等。

二、充分就业

充分就业，也称完全就业，是经济学中的一个假设，是指在某一工资水平之下，所有愿意接受工作的人，都获得了就业机会。充分就业不等于全部就业，在充分就业的情况下，仍然会存在摩擦性失业和结构性失业。经济学家把在这种情况下的失业率称为自然失业率，有时被称作长期均衡的失业率或充分就业的失业率。我国经常用来衡量就业的指标有登记失业率、城镇调查失业率、就业人数以及城镇新增就业人数等。

三、物价稳定

作为反映社会总供求状况的“晴雨表”，物价是观察经济运行状况的重要方面。宏观调控的目标之一就是要维护物价稳定，即抑制通货膨胀、避免通货紧缩、维护币值稳定。货币的现实购买力大于产出供给，导致货币贬值，引起一段时间内物价持续而普遍的上涨现象，被称为通货膨胀，其实质是社会总需求大于社会总供给。衡量通货膨胀的常用指标有居民消费价格指数、工业生产者出厂价格指数、国内生产总值平减指数等。居民消费价格指数（CPI），反映某一时期消费领域价格的变动情况。工业生产者出厂价格指数（PPI），反映某一时期生产领域价格的变动情况。国内生产总值平减指数则反映了全社会物价总水平的变动情况。

四、国际收支平衡

国际收支平衡是指国际收支差额处于一个相对合理的范围内，既无巨额的国际收支赤字，又无巨额的国际收支盈余。一国国际收支的状况主要取决于该国进出口贸易和资本流入流出状况。国际收支平衡表是反映一定时期一个国家或地区同外国的全部经济往来的收支流量表，可以系统反映一国的国际收支状况、收支结构以及储备资产的变动情况。按照国际货币基金组织《国际收支手册》（第五版），国际收支平衡表的标准组成包括两个基本部分：经常账户、资本和金融账户。除了国际收支平衡表，分析国际收支状况时通常还会用到进出口差额、外汇储备、人民币汇率等辅助指标。

五、分析宏观经济的新视角

党的十九大报告明确指出，中国特色社会主义进入了新时代，我国经济已由高速增长阶段转向高质量发展阶段。为适应我国发展阶段和社会主要矛盾的变化，要坚持从“五位一体”总体布局和“四个全面”战略布局出发，结合我国经济发展的实际，及时完善宏观分析视角。分析研究经济形势不仅要注重总量分析，更要注重反映高质量发展的结构调整、动能转换、提质增效等情况。具体来看，结构分析主要从产业结构、需求结构、区域结构、城乡结构、收入分配结构等方面入手，常用的指标有三次产业增加值占国内生产总值的比重、三大需求贡献率、地区生产总值占全国的比重、常住人口城镇化率、城乡居民人均可支配收入之比等。我国正处在转换增长动力的攻关期，要充分利用“三新”（新产业、新业态、新模式）统计调查结果，分析新产业新业态新模式发展以及传统动能改造升级的情况，常用的指标有科技进步对经济增长的贡献率，战略性新兴产业、装备制造业、高技术产业增加值及固定资产投资增长情况，战略性新兴服务业企业营业收入和利润总额增长情况，网上零售额、新登记市场主体、专利申请量增长情况等。判断经济运行状况还必须考察质量效益变化情况，常用的指标有全员劳动生产率，企业利润、财政收入、居民收入增长情况，单位国内生产总值能耗，单位国内生产总值二氧化碳排放强度，单位国内生产总值用水量，清洁能源消费量占比等。

思政元素

思政教育切入点：各级政府、统计机构、单位负责人及统计工作人员等必须严格遵守、认真履行《统计法》，遵循统计职业道德规范的要求。

《中华人民共和国统计法》规定的法律责任

（节选《统计法》第六章、法律责任部分）

《统计法》于1983年12月8日第六届全国人民代表大会常务委员会第三次会议通过，2009年6月27日第十一届全国人民代表大会常务委员会第九次会议修订通过，2010年1月1日起施行。《统计法》规定的法律责任如下：

第三十七条　地方人民政府、政府统计机构或者有关部门、单位的负责人有下列行为之一的，由任免机关或者监察机关依法给予处分，并由县级以上人民政府统计机构予以通报：

（一）自行修改统计资料、编造虚假统计数据的；

（二）要求统计机构、统计人员或者其他机构、人员伪造、篡改统计资料的；

（三）对依法履行职责或者拒绝、抵制统计违法行为的统计人员打击报复的；

（四）对本地方、本部门、本单位发生的严重统计违法行为失察的。

第三十八条　县级以上人民政府统计机构或者有关部门在组织实施统计调查活动中有下列行为之一的，由本级人民政府、上级人民政府统计机构或者本级人民政府统计机构责令改正，予以通报；对直接负责的主管人员和其他直接责任人员，由任免机关或者监察机关依法给予处分：

（一）未经批准擅自组织实施统计调查的；

（二）未经批准擅自变更统计调查制度的内容的；

（三）伪造、篡改统计资料的；

（四）要求统计调查对象或者其他机构、人员提供不真实的统计资料的；

（五）未按照统计调查制度的规定报送有关资料的。

统计人员有前款第三项至第五项所列行为之一的，责令改正，依法给予处分。

第三十九条　县级以上人民政府统计机构或者有关部门有下列行为之一的，对直接负责的主管人员和其他直接责任人员由任免机关或者监察机关依法给予处分：

（一）违法公布统计资料的；

（二）泄露统计调查对象的商业秘密、个人信息或者提供、泄露在统计调查中获得的能够识别或者推断单个统计调查对象身份的资料的；

（三）违反国家有关规定，造成统计资料毁损、灭失的。

统计人员有前款所列行为之一的，依法给予处分。

第四十条　统计机构、统计人员泄露国家秘密的，依法追究法律责任。

第四十一条　作为统计调查对象的国家机关、企业事业单位或者其他组织有下列行为之一的，由县级以上人民政府统计机构责令改正，给予警告，可以予以通报；其直接负责的主管人员和其他直接责任人员属于国家工作人员的，由任免机关或者监察机关依法给予处分：

（一）拒绝提供统计资料或者经催报后仍未按时提供统计资料的；

（二）提供不真实或者不完整的统计资料的；

（三）拒绝答复或者不如实答复统计检查查询书的；

（四）拒绝、阻碍统计调查、统计检查的；

（五）转移、隐匿、篡改、毁弃或者拒绝提供原始记录和凭证、统计台账、统计调查表及其他相关证明和资料的。

企业事业单位或者其他组织有前款所列行为之一的，可以并处五万元以下的罚款；情节严重的，并处五万元以上二十万元以下的罚款。

个体工商户有本条第一款所列行为之一的，由县级以上人民政府统计机构责令改正，给予警告，可以并处一万元以下的罚款。

第四十二条　作为统计调查对象的国家机关、企业事业单位或者其他组织迟报统计资料，或者未按照国家有关规定设置原始记录、统计台账的，由县级以上人民政府统计机构责令改正，给予警告。

企业事业单位或者其他组织有前款所列行为之一的，可以并处一万元以下的罚款。

个体工商户迟报统计资料的，由县级以上人民政府统计机构责令改正，给予警告，可以并处一千元以下的罚款。

第四十三条　县级以上人民政府统计机构查处统计违法行为时，认为对有关国家工作人员依法应当给予处分的，应当提出给予处分的建议；该国家工作人员的任免机关或者监察机关应当依法及时作出决定，并将结果书面通知县级以上人民政府统计机构。

第四十四条　作为统计调查对象的个人在重大国情国力普查活动中拒绝、阻碍统计调查，或者提供不真实或者不完整的普查资料的，由县级以上人民政府统计机构责令改正，予以批评教育。

第四十五条　违反本法规定，利用虚假统计资料骗取荣誉称号、物质利益或者职务晋升的，除对其编造虚假统计资料或者要求他人编造虚假统计资料的行为依法追究法律责任外，由作出有关决定的单位或者其上级单位、监察机关取消其荣誉称号，追缴获得的物质利益，撤销晋升的职务。

第四十六条　当事人对县级以上人民政府统计机构作出的行政处罚决定不服的，可以依法申请行政复议或者提起行政诉讼。其中，对国家统计局在省、自治区、直辖市派出的调查机构作出的行政处罚决定不服的，向国家统计局申请行政复议；对国家统计局派出的其他调查机构作出的行政处罚决定不服的，向国家统计局在该派出机构所在的省、自治区、直辖市派出的调查机构申请行政复议。

第四十七条　违反本法规定，构成犯罪的，依法追究刑事责任。

项目二

统计调查

知识目标

理解统计调查的概念，了解统计调查在统计工作中的地位、作用和要求，以及统计调查的种类，理解各种统计调查组织形式的特点，掌握统计调查方案、调查问卷的设计方法和内容。

能力目标

能描述各种统计调查方式的特点，能根据不同的统计目的选择恰当的调查方式，能根据调查的主题和目的要求，设计调查问卷，设计、撰写调查方案。

重要概念

统计报表　普查　重点调查　抽样调查　典型调查

情境导入

关于在校大学生中开展日常学习生活消费支出情况调查的调查方案

一、调查背景

随着经济水平的不断发展，一种新型经济——学生经济逐渐发展起来。学校的学生，特别是大学生，已成为推动社会经济发展的一支不可忽视的、重要的力量。他们对餐饮、服务、教育、文化、信息网络等行业的发展起到了重要作用。虽然大学生普遍缺乏独立经济来源，却进行着一些不相称的消费行为，个别学生的价值观发生了转变，如享乐主义、奢侈浪费等现象出现在个别大学生的学习与生活中。

二、调查目的和任务

为了解在校大学生的消费水平、消费支出结构及消费观念，为杜绝某些大学生不健康的消费习惯和观念，引导学生如何安排好自己的学习和生活各个方面的需要，做一个理性的消费者。经学院批准，院学生处拟定于4月组织各系部的学生会成员对在校大学生的消费情况进行一次调研活动，并形成调查报告并向有关部门汇报。

通过这次调研活动主要达到以下目的：首先是了解、掌握学生的学习和生活方面的消费情况；其次是让学生学会如何开展社会调查活动；最重要的是要引导大学生树立正确的价值观、人生观，为构建社会主义节约型社会从我做起。

三、调查对象和调查单位

（1）调查对象：在校的所有大学生。

（2）调查单位：在校学生。

四、调查项目与调查内容

主要针对学生消费支出的经济来源，每月的伙食费用、服装费用、学习费用、电话网络费用等学习和生活方面的消费支出、消费方式、消费理财观念等方面进行调查。

五、调查组织方式与调查方法

1. 调查组织方式

以全校12 000名在校学生为总体，在大一、大二、大三、大四四个年级中，每个年级随机抽取50名学生，组成200名学生样本，统计样本统计量，并推断总体参数。

2. 调查方法

（1）问卷调查。根据调查目的和调查内容，设计好调查问卷，向样本总体中的每位同学发放调查问卷，共计200份。

（2）按年级组织座谈交流讨论会。

六、调查时间及具体实施计划

（一）组织与领导

负责部门：院学生处。

调查人员：院学生会、各系学生会的成员。

（二）调查时间及实施计划

本次调查从2025年4月10日开始，历时3周，分3个阶段进行：

（1）准备阶段。4月10—15日，如设计调查方案、设计调查问卷、打印资料等。

（2）调查阶段。4月16—20日，主要任务是开展问卷调查，抽选调查学生，发放调查问卷，收回调查问卷；4月21—24日，按年级组织部分学生代表参加座谈交流讨论会；4月25—26日，对收集的数据信息资料进行审核、质量评估。

(3) 资料整理和总结阶段。4 月 25—30 日，对所搜集的调查数据信息资料进行整理汇总，开展分析研讨，形成调查结论，编印调查资料，全面总结调查工作，完成调查报告。

(三) 经费来源

正常开支由学院实报实销。

要求结合上述调查方案，思考并分析上述方案中采用了哪些调查方法，拟写一份统计调查方案应包含哪些方面的内容，请你根据上面调查方案的目的和内容，设计一份调查问卷；如果要求你利用假期对当前大学生的就业情况进行调研，请你拟订一份调查方案。

知识储备

任务一 统计调查的概念、种类和方法

一、统计调查的概念、地位和要求

(一) 统计调查的概念

统计调查是根据统计研究的目的和任务，运用科学的调查方法，有组织、有计划、系统地向客观实际搜集统计资料的工作过程。

搜集资料的工作一般有两种：一种是对原始资料的搜集，即对调查单位的情况进行调查，以取得第一手资料；另一种是对次级资料的搜集，即对已经加工过的资料进行搜集，如从统计年鉴、会计报表、报纸杂志上有选择地搜集资料。统计调查一般是指对原始资料的搜集，但有时也包括次级资料的搜集。

(二) 统计调查的地位和基本要求

统计调查在统计研究中占有极其重要的地位，是统计工作的基础环节。一方面，统计调查是人们认识事物的起点，是人们正确认识社会及客观规律的途径。人们只有通过大量的调查研究，掌握第一手资料，才能获得丰富的感性认识，把握客观实际。另一方面，统计调查也是统计整理和统计分析的前提，没有调查所取得的大量、丰富的资料，整理和分析也就无从谈起。因此，统计调查工作的好坏将直接影响以后各个阶段工作的好坏，影响整个统计工作任务的完成。如果统计调查工作做得不好，搜集到的原始资料不准确或不完整，就会使统计分析得出错误的结论。

统计调查的基本要求是准确性、及时性、系统性和完整性。

1. 准确性

准确性是指提供的统计调查资料要符合客观实际，真实、可靠。如果提供的统计资料

不准确，就不能正确地反映客观现实，也不能由此得出正确的结论；如果统计资料不准确，企业就不可能做出正确的决策，也不能制订科学的计划及检查计划的执行情况；如果统计资料不准确，就不可能进行科学的管理，甚至会造成不应有的损失。为了保证统计调查的准确性，国家机关、社会团体、企事业单位和个体工商户都要按照《中华人民共和国统计法》和国家规定提供统计资料，不得虚报、瞒报、拒报，不能伪造、篡改统计数字。统计数据调查资料的真实性是对统计工作者的基本要求，也是保证统计资料质量的首要环节，是统计工作的生命线。

2. 及时性

及时性是指填报单位要在规定的时间内完成统计调查工作并提供调查资料。

3. 系统性和完整性

系统性和完整性是指按照调查任务的要求，做到统计资料全面、系统、毫无遗漏，具体来说，就是调查单位和调查项目都要全面、完整。

统计调查的准确性、及时性、系统性和完整性之间存在密切的联系。准确性是统计调查工作的基础，要在准中求快、准中求全，不能有丝毫的马虎、疏忽。

二、 统计调查的种类

社会现象是错综复杂的，调查目的多种多样，调查对象千差万别，因此在进行统计调查时，应根据不同的调查目的和调查对象，灵活采用不同的调查方式与方法。统计调查可以从不同的角度划分为不同的种类。

（一） 按调查对象的范围分类

统计调查按调查对象的范围不同，可分为全面调查和非全面调查。

1. 全面调查

全面调查是对调查对象的所有单位进行调查，如人口普查、工业普查、农业普查和经济普查等。全面调查主要包括普查和全面统计报表。其目的是取得全面、完整的统计资料，了解总体的全面发展，但涉及面广，组织复杂，要耗费大量的人力、物力、财力和时间，因此，一般适用于反映国情国力的重要统计指标的调查。

2. 非全面调查

非全面调查是对调查对象的一部分单位进行的调查。例如，要了解某地区职工家庭的生活状况，不需要对所有职工家庭一一进行调查，而只要选择其中一部分进行调查，即可达到调查目的。又如，在工业产品质量检验中，有些是具有破坏性和消耗性的，如灯泡的寿命、炮弹的质量等，只能从中抽取一部分产品来检验，而不能对全部产品都进行检验。非全面调查主要有重点调查、典型调查、抽样调查。非全面调查所涉及的调查单位少，可以节约大量的人力、物力、财力和时间，可调查较多的内容，搜集到较深入、细致的情况和资料，但是由于它的调查范围没有全面调查广泛，因此，常常需要与全面调查结合使用。

（二）按调查登记的时间是否连续分类

统计调查按调查登记的时间是否连续，分为经常性调查和一次性调查。

1. 经常性调查

经常性调查是连续性调查，它是随着调查对象发生的变化而进行的连续不断的登记，以了解事物在一定时期内发生、发展的全部过程。例如，产值、产品产量、原材料消耗量、商品销售额等经常变动的指标，随着生产、销售过程的变化必须连续、经常地进行登记，以反映事物发展变化的全过程。

2. 一次性调查

一次性调查是不连续性调查，它是指间隔一段时间才对调查对象进行的调查，以了解事物在一定时点上的状况。例如，企业职工人数、设备数量、固定资产价值等指标。经常性调查是定期进行的，而一次性调查一般是不定期的，根据统计研究目的确定调查时间。

（三）按调查的组织形式分类

统计调查按调查的组织形式不同，可分为统计报表和专门调查。

1. 统计报表制度

统计报表制度是指国家统计部门或各行业主管部门遵循有关规定自上而下进行统一安排和布置，并按照统一规定的表格形式、统一的指标和内容、统一的报送程序和报送时间，自下而上逐级提供统计资料的一种调查方式，是国家对国民经济实行宏观调控和业务指导而建立的统计报告制度。

2. 专门调查

专门调查是为了解和研究某项问题而专门组织的调查。这种调查方式大多是一次性调查。统计报表反映的是社会、经济、科技发展状况的基本目标，这些指标在一定时期内是相对稳定的，但客观形势是在不断发展变化的，并且不断出现新问题和新情况。对于这些情况，不适宜采用经常性调查的统计报表方式，只能采用专门的统计调查。例如，为了解全国人口状况而进行的人口普查；为掌握粮食和其他农作物的产量情况而进行的农产量调查；为了解某地区居民的收入与支出水平而进行的抽样调查；等等。这些都是专门组织的调查。专门调查根据其形式不同，又分为普查、重点调查、典型调查和抽样调查 4 种。

三、统计调查的方法

统计调查按搜集资料的方法不同，可分为直接观察法、访问法、报告法和问卷法等。

（一）直接观察法

直接观察法是由调查人员直接到现场对被调查对象进行观察和计量，以取得资料的一种调查方法。其具体做法有：调查人员到现场直接观察被调查对象的直接观察法；利用各种仪器对被调查对象的行为进行测录的行为记录法；还有通过一定的途径，观察事物发生变化后的痕迹，搜集有关信息的痕迹观察法。例如，为了及时了解农作物的产量情况，调查人员到现场进行实地观察、计数、测量；为了解某商业企业期末的库存量，调查人员到现场进行观察、计数；等等。这种方法的优点是：

（1）观察的直接性及可靠性。可以实地观察现象的发生，能够获得直接的、具体的、生动的材料。对于现象的实际过程，对当时的环境气氛都可以了解，这是其他任何方法都无法比拟的。由于观察的直接性，所得到的资料一般都具有较高的可靠性。

（2）适应性强。直接观察法对各种现象具有广泛的适应性。直接观察法基本上是由调查主体一方为主，而不像其他调查方法，要求被调查者具有配合调查的相应能力，如语言表达能力或文字表达能力，这就大大提高了直接观察法的适用性。

（3）简便易行，灵活性较大。在观察过程中，观察人员可多可少；观察时间可长可短；只要在现象发生的现场，就能比较准确地观察到现象的表现。

当然，直接观察法也有其局限性，主要表现在以下几个方面：

（1）观察活动必须在现象发生的现场进行。这种特点使观察活动带有一些局限性，需要较多的人力、物力。对于一些带有较大偶然性的现象，往往不容易把握其发生的时间和地点，或在现象发生时不能及时到达现场。

（2）明显受到时空限制。直接观察法要求必须在现象发生的当时当地进行观察。从空间上，它只能观察某些点的情况，对现象过去和未来的情况都无法观察。

（3）有些现象不能用直接观察法。有些现象只能通过口头或书面形式来搜集资料，如消费者的消费观念，对某些问题的观点、意见等。

此外，直接观察法还常常由于观察活动使被观察者受到一定程度的干扰，而不能处于自然状态；同时，这种方法不易对现象进行重复观察，因为现象不会在不同的时间或空间出现完全相同的表现。

（二）访问法

访问法也称访谈法，是访问者应用口头交谈的方式，向被调查者提出问题，由被调查者回答，以此了解现象的实际情况，搜集有关资料，获得信息的一种方法。根据一次访问人数的多少，访问法可分为个别访问和集体访问。

（1）个别访问。所谓个别访问，是指每次只访问一名被调查者，这是访问调查通常所用的方式。个别访问对每个访问者分别记录，然后对资料进行整理、汇总、分析，得出对访问对象总体的认识。

（2）集体访问。所谓集体访问，是指每次访问多名被调查者，通常被称为座谈会或调查会。集体访问的特点非常突出，它不仅具有个别访问中所有访问者与被调查者之间的相互影响和作用，而且会出现被调查者之间的相互影响。这就要求访问者能够熟练地掌握和运用访谈技巧，并发挥组织协调能力。

访问法的优点是不仅能广泛、深入地了解各种现象，还能保证调查资料有比较高的可靠性。由于访问者是面对面地与被调查者交谈，所以它可以发挥调查双方的积极性和主动性。访问者可以通过各种手段对访问过程加以控制，这就使得访问调查取得资料的可靠程度远远高于其他方法获取资料的可靠程度，对于现象的分析研究是很有利的。访问法自身的特点也使其存在不可避免的局限性。在访谈过程中很难完全排除主观因素的影响，这里所说的主观因素，既包括访问者，也包括被调查者。调查双方具有的社会经验、社会地位、价值观念、思维方式等，都会或多或少地影响调查结果，使调查结果难以做到完全客观。其中访问者的主观因素影响，可以通过有意识地采取中立客观的态度，尽可能减少诱导和倾向性；而被调查者的主观因素是无法完全控制的。在访问调查中，对于一些比较敏感的问题，是不宜当面询问的，这也是访问法的局限性。此外，访问法对人力、物力、财力、时间的耗费都比较大。

（三）报告法

报告法是指由原始单位利用原始记录和核算资料作为基础，依据统计报表格式的要求，按照隶属关系，逐级向有关部门提供资料的一种调查方法。目前，我国各企事业单位向上级递送的统计报表就属于报告法。这种资料的提供方法是各地、各部门、各单位按照有关法规的规定，必须履行的一种义务。报告法具有统一项目、统一表式、统一要求和统一上报程序的特点，其取得的资料一般比较可靠和准确。

（四）问卷法

问卷法是根据统计调查的要求，将调查项目编制成调查问卷，由被调查者按照要求回答，以取得统计资料的一种方法。问卷调查始于20世纪30年代的美国，我国改革开放以来也广泛使用问卷法研究社会经济领域的问题，并将问卷调查纳入统计制度的范围，使其成为统计调查的一个重要组成部分。由于调查问卷的设计较为复杂，特在本项目任务四中予以详细阐述。

任务二 统计调查方案

统一调查是一项复杂、细致的工作。为了保证统计调查工作的顺利进行并达到预期的目标，在进行统计调查前，必须制订一个科学、可行的统计调查方案作为指导性文件，这样才能做到统一认识、统一内容、统一方法和统一行动。一个完整的统计调查方案应该包括以下几方面的内容。

一、确定调查目的和任务

在制定调查方案时，首先要确定调查目的和任务。确定调查目的，就是明确为什么要进行调查、调查要解决什么问题，这样才能进一步确定调查的内容和范围以及采用的方式和方法。目的不明，任务不清，就无法确定向谁调查、调查什么、怎样调查，整个调查工作就会陷入盲目混乱，造成人力、物力、财力的浪费。

二、调查对象、调查单位和报告单位

确定调查对象和调查单位，是为了回答向谁调查、由谁来提供调查资料的问题。确定调查对象和调查单位必须以调查目的为依据。

调查对象是调查中需要调查研究的某现象的总体，它是由性质相同的许多调查单位组成的。调查单位是所要调查的现象总体中的个体，也就是调查对象中所要调查的具体单位，它是调查项目的承担者。例如，为了研究全国工业企业的基本情况，全国所有的工业企业就是调查对象，每一个工业企业则是一个调查单位。

报告单位是指在统计调查中负责填报调查资料的单位。在实际工作中，要注意不要把调查单位和报告单位相混淆。报告单位一般在行政上、经济上具有一定的独立性；而调查单位是调查项目的直接承担者，可以是人或企事业单位，也可以是物。由于调查目的不同，两者有时一致，有时不一致。例如，在工业企业普查中，每一个工业企业既是调查单位，又是报告单位，两者是一致的；而在工业企业设备普查中，调查单位是工业企业的每一台设备，报告单位则是每一个工业企业，两者是不一致的。

三、确定调查方式和方法

调查目的和范围确定后，需要确定适当的调查方式和方法，即确定采用何种组织方式进行调查，以及采用什么方法取得资料。由于社会经济现象情况复杂，采用单一的调查方式或方法往往达不到既定目的，必须根据调查对象的特点和需要，将多种调查方式和方法结合起来，才能搜集到所需的资料。

四、确定调查项目，设计调查表

确定调查项目就是要对调查单位登记哪些标志，即要调查什么内容。确定调查项目应根据调查目的和调查单位的特点而定，具体说，确定调查项目要注意：

（1）取得资料的必要性和可能性，即调查项目只应列出切实满足调查目的而又可能得到答案的内容。答案的表达形式有文字式、是否式、数字式三种，对数字式还应标明计量单位。

（2）解释的统一性，即对各调查项目的表述必须明确、易懂、统一，不能模棱两可，避免引起误解而造成登记的差错。

（3）项目的衔接性，即调查项目之间彼此联系和衔接，以便有关项目之间相互核对和对错误进行检查，提高调查资料的质量。

（4）时间上的可比性，即本次调查项目与过去同类项目尽可能一致，以便进行动态对

比，研究其发展变化。

调查项目通常按一定的顺序在一定的表格上形成统计调查表。调查表是调查项目的表现形式，它是统计调查中收集原始资料的重要工具。调查表有单一表和一览表两种基本形式。单一表是在一张调查表上只登记一个调查单位有关项目的调查表。它的优点是每张调查表可容纳较多的调查项目，适用于较深入、细致的调查，如学生档案表。一览表是一张登记多个调查单位有关项目的调查表，由于多个单位集中在一张表中，故调查项目不宜太多，如学生花名册。

五、确定调查时间和空间

（一）调查时间

调查时间包括两方面的内容：一是指调查资料所属的时间，即登记的各项数字资料发生的时间。当调查的资料是时期现象时，调查时间就要规定资料所属的时间范围。例如，调查某商业企业某年 5 月的商品销售额，就要登记该年该月 1 日至 31 日的全部商品销售额。当调查的资料是时点现象时，就必须统一规定调查的标准时点，一般称为标准时间。我国第七次全国人口普查的标准时间是 2020 年 11 月 1 日零时。二是开展调查工作的工作时间，如规定调查工作的开始时间和完成时间，即调查期限或调查时限。

规定调查期限，一要考虑调查内容的复杂程度；二要保证调查资料的时效性；三要考虑现象本身的特点。

（二）调查空间

调查空间是指统计调查在什么地区进行、在多大的范围内进行。调查空间的选择要有利于达到调查目的，有利于资料收集工作的进行，有利于节省人力、物力和财力。

六、制订调查工作的组织实施计划

为了保证调查工作的顺利进行，在调查方案中还必须制订调查工作的组织实施计划，其内容主要包括：

（1）调查工作的组织领导机构和调查人员的组成。

（2）调查前的准备工作，包括宣传教育、人员培训、调查文件的准备及试点工作等。

（3）调查资料的报送方法。

（4）调查经费的预算和开支办法。

（5）调查结果的提交或公布时间。

任务三 统计调查方式

一、统计报表

（一）统计报表制度

统计报表制度是指国家统计部门或各行业主管部门遵循有关规定自上而下进行统一安排和布置，并按照统一规定的表格形式、统一的指标和内容、统一的报送程序和报送时间，自下而上逐级提供统计资料的一种调查方式，是国家对国民经济实行宏观调控和业务指导而建立的统计报告制度。

统计报表所包括的范围比较全面，项目比较系统，分组比较齐全，指标内容和调查周期相对稳定，是我国定期收集基本资料的一种重要形式。

（二）统计报表的种类

1. 按内容和实施范围分类

统计报表按其内容和实施范围的不同，分为国家统计报表、部门统计报表和地方统计报表。

（1）国家统计报表。国家统计报表是国民经济的基本统计报表，是由国家统计局根据国家统计调查项目和统计调查计划制定的，在全国范围内实施。

（2）业务部门统计报表。业务部门统计报表是根据有关部门的统计调查项目和统计调查计划制定的，只在本系统内实施，用来收集有关部门的业务技术资料。

（3）地方统计报表。地方统计报表是根据地方统计调查项目和统计调查计划制定的，用来满足地方的专门需要，只在本地区有关单位实施。

业务部门统计报表和地方统计报表都是国家统计报表的补充。

2. 按报表周期分类

统计报表按报送周期长短不同，分为日报、旬报、月报、季报、半年报和年报。日报、旬报为短期报表，时效性强，但内容少，指标粗，也叫进度报表；月报、季报为中期报表，周期稍长，主要用于计划的检查；半年报和年报是长期报表，其中年报周期长，是全年的总结性报表，具有指标多、分组细、统计范围广的特点。

3. 按报送方式分类

统计报表按报送方式的不同，分为电信报表和邮寄报表。电信报表是采取电话、电报、电传等方式报送的报表。一般日报、旬报要求迅速上报，通常属于电信报表；月报、季报、半年报和年报一般都通过邮寄报送。

4. 按填报单位分类

统计报表按填报单位的不同，分为基层统计报表和综合统计报表。基层统计报表是由基层企事业单位根据原始记录汇总整理编报的统计报表；综合统计报表是由各级国家统计部门和业务主管部门根据基层报表汇总整理编报的统计报表。

5. 按调查范围分类

统计报表按调查范围的不同，分为全面统计报表和非全面统计报表。全面统计报表要求调查对象中的每一个单位都要填报；非全面统计报表只要求调查对象中的一部分单位填报。

（三）统计报表的内容

统计报表主要包括报表目录、表式和填表说明等。

1. 报表目录

报表目录是说明要求报送的表号、表名、报告期、填报单位、报出日期等有关填报和报送要求的一览表。

2. 表式

表式是由国家统计部门根据任务与目的专门设计制定的统计报表表格，用于搜集各项统计资料，是统计报表的主体。表格中包括填表的指标项目和其他内容。每张表列有表名、表号、审批单位、制表单位、批准文号、填报单位、报出日期，以及报送单位负责人和填表人的签章等。

3. 填表说明

填表说明是对统计报表的统计范围、指标、填写要求、有关数据的计算方法等做出的规定。填报范围即统计报表的实施范围，它明确规定了每种统计报表的报告单位和填报单位及各统计部门和主管部门的综合范围。指标解释是对列入表式的统计指标的口径、计算方法、计算中应注意的问题，以及其他有关问题的具体说明，以保证资料的准确性。分类目录是指标主栏中应填报的有关项目分类，如工业部门分类目录、工业产品目录等。其他有关事项的规定，包括报送日期、受表机关、报送方式、报送份数等。

（四）统计报表的资料来源

统计报表的资料来源于基层单位的原始记录。从原始记录到统计报表，中间还要经过统计台账和企业内部报表。

1. 原始记录

原始记录是基层单位通过一定的表格形式，对生产经营活动的具体内容和状况所进行的最初的数字和文字的记载，如出勤记录、工时记录、领料单、销售票据等。原始记录是填报统计报表和进行统计的基础资料，直接影响统计报表的质量。设置原始记录应注意：

（1）根据本单位的生产经营特点和实际需要进行设置。

（2）与业务核算和会计核算协调一致地进行设置。

（3）原始记录项目要简明易懂，便于填表人准确填写。

2. 统计台账

统计台账是基层单位根据编制统计报表和本单位经营管理的需要，按时间顺序设置的一种系统积累统计资料的表册，如设备台账、工时台账、产品台账等。统计台账能把分散的、不断发生的原始记录积累起来，使之分门别类且条理化、系统化，既有利于填报统计报表，又可保证统计报表的质量。

3. 企业内部报表

企业内部报表是基层单位编制的用以反映企业内部车间或班组一定时期内生产、劳动、设备、原材料和财务成本的情况及综合成果的报表，是编制企业统计报表、制订计划、指导生产的依据。

二、专门调查

（一）普查

1. 普查的意义

普查是一种专门组织的一次性全面调查，它主要用来搜集不适宜用定期的全面统计报表搜集的统计资料，如人口普查、工业普查、农业普查，也可用来搜集那些反映国情国力的基本情况，但又不是经常变动的统计资料或用以核对定期统计报表的数字，如耕地面积普查、物资库存普查等。通过普查，可以系统地掌握国家的人力、物力、财力资料及其利用的详细情况，对于制定国民经济和社会发展的长远规划、安排人民物质和文化生活都具有重要的意义。

普查主要用于调查一定时点上的社会经济现象总量。由于进行一次普查需要动用大量的人力、物力、财力和时间，工作量大，涉及面广，组织工作比较繁重、复杂，因此，普查不像定期报表那样制度化、经常化，一般不宜经常进行。

2. 普查的组织

普查规模大、范围广、要求高，因此，其组织工作必须认真、细致，通盘考虑。

（1）建立统一、专门的普查机构，并配备一定的专门人员，对广大群众进行广泛的宣传动员。

（2）设计和颁布普查方案。

（3）做好物资准备，如印刷普查文件、表格，配备汇总工具等。

（4）组织普查试点，特别是重大的普查，还应该层层试点，总结经验，修订普查工作规程，培训干部。

（5）对各个环节进行严格的质量控制，逐级负责，层层把关，以保证普查资料的高质量，并应事后进行抽查和对普查结果进行修正。

3. 组织普查工作应注意的问题

根据普查的特点，组织普查比其他任何调查方式更强调集中领导和统一行动。组织普查工作应注意以下问题：

（1）必须统一规定普查资料所属的标准时间。普查资料主要用来反映社会现象在某一时点上的状态，为了避免重复和遗漏，应明确规定统一的普查时点，即标准时点。

（2）在普查范围内，各调查点要尽可能同时进行普查，并尽可能在最短时间内完成，以便在方法上、步调上取得一致，保证普查资料的真实性。

（3）同类普查每一次调查的项目要尽可能一致，以便对比和分析；调查项目一经确定，不能任意改变和增减，以免影响综合汇总，降低资料质量。

（二）重点调查

重点调查是一种非全面调查，它是在调查对象中选择一部分重点单位进行调查，以了解总体基本情况的一种调查方式。所谓重点单位，是指那些单位数目不多，在总体单位数中所占比重不大，但其标志值在总体标志总量中占有很大比重的单位。例如，鞍钢、宝钢、武钢、攀钢等几家大型钢铁企业，虽然在全国钢铁企业中只是少数，但它们的钢铁产量占绝大比重。对这些重点企业进行调查，就比进行全面调查省时、省力，而且能及时了解全国钢铁生产的基本情况。所以，当调查任务只要求掌握基本情况，而总体中又确实存在重点单位时，采用重点调查是比较适宜的。

重点调查既可用于经常性调查，如向重点单位布置定期报表；也可用于一次性调查。进行重点调查时，由于单位比较少，调查项目可以多一些。在选择重点单位之前，必须对调查对象有所了解和认识。重点单位可以是一些企业、行业，也可以是一些地区、城市。例如，我国钢铁产量的重点单位是鞍钢、宝钢、武钢、攀钢等几家钢铁企业；甘蔗产量的重点单位是广东省、广西壮族自治区、福建省、海南省等几个产区。选择重点单位数量的多少，要根据调查任务来确定。一般来说，调查单位应尽可能少些，而它们的标志值在总体中所占的比重应尽可能大些。同时，选中单位的管理应比较健全，统计力量应比较充实，统计基础应比较巩固，这样才能准确、及时地取得资料。

（三）典型调查

典型调查是一种非全面调查，它是指根据调查目的和要求，在对被调查对象进行全面分析的基础上，有意识地选择若干个具有典型意义或有代表性的单位进行深入、细致的调查研究，以认识事物发展变化规律的一种调查方式。典型调查大体可以分为两种：一种是对个别典型单位进行“解剖麻雀”式调查，其目的在于通过个别单位特征说明现象的一般情况或规律性；另一种是“划类选典”式的典型调查，即在对调查总体进行分类的基础上，选择一部分典型单位，由这一部分典型单位构成一个代表性的样本总体，然后对这个样本总体进行调查，根据其调查结果，从数量上对总体进行统计推断和统计分析。

典型调查具有以下特点：一是对个别或少数具有代表性的单位进行调查；二是对选定的典型单位进行“解剖麻雀”式调查，做深入、细致的了解；三是调查的内容不限于数量方面，还包括全部情况。

典型调查与其他调查方式相比有着特殊的作用，主要表现在：

（1）应用典型调查，可以研究新生事物，反映国民经济发展中不断出现的新情况、新问题。例如，经济体制改革要求建立现代企业制度。对于这类新问题，不可能从经常的统计报表指标中得到反映，那么可以以全国最早进行现代企业制度试点的企业为典型单位进行调查，研究和分析其产生和发展的过程，探索其发展方向。

（2）应用典型调查，可以反映事物发展变化的真实情况和各方面联系，总结经验和教训。

（3）应用典型调查，可以反映同类事物发展的一般规律或基本趋势。

（4）在一定条件下，可利用典型调查资料近似地估算总体的数值。

典型调查由于调查单位少，可以进行深入、细致的调查，并且有举一反三的效果，但在选择典型单位时，在很大程度上受人们主观认识的影响，难免有一定的误差，因此，必须将典型调查同其他调查方式结合起来使用，才能避免片面性。

（四）抽样调查

抽样调查是一种非全面调查，是指在总体上按照随机原则抽取一部分单位作为样本进行调查，根据调查的结果推断总体特征的一种调查方式。抽样调查与其他调查方式相比，组织容易，可以排除个人主观意图的影响，并且在一定程度上可以预计和控制调查误差。这种调查方式既能节省人力、物力、财力，又可以提高资料的时效性，而且能取得比较准确的全面统计资料，是一种比较完善、科学的调查方式。因此，这种调查方式被广泛应用于产品的质量检验、市场调查、科学实验等方面。

上述各种统计调查方式各有其优越性，但也各有其局限性。在实际工作中，要根据不同情况灵活运用，也可以把几种调查方式结合使用。我国已建立以必要的周期性普查为基础，以经常性的抽样调查为主体，同时辅之以统计报表、重点调查、科学推断等多种方法的统计调查方法体系。

任务四 问卷调查

一、问卷调查的概念与作用

（一）问卷调查的概念

问卷调查又称调查问卷法，如前所述，它是指根据统计调查的要求，将调查项目编制成统一设计的调查问卷，由被调查单位按照要求书面回答，以取得统计资料的一种方法。所谓问卷，即事先准备好的询问提纲或调查表，它以书面的形式系统地记载所需调查的具体内容，是了解统计信息、实现调查目的和任务的一种重要形式。采用问卷进行调查是国际上普遍使用的一种调查方式，也是我国近年来推行最快、应用最广的一种调查手段。

（二）问卷调查的作用

问卷调查具有以下几方面的作用：

（1）调查范围广，适用于各种范围与环境。问卷调查可以在一个部门或企业内部进行，也可以在全国范围内进行。

（2）通俗易懂，实施方便。可以在问卷中列出需要提出的各种问题，并给出一定的答案，可以让被调查者有足够的时间、有针对性地回答。

（3）有利于对资料进行统计处理和定量分析。调查问卷一般为选择题，有利于调查资料的整理和定量分析。

（4）节省调查时间，提高调查效率。被调查者可以自行回答问题，而无须调查人员逐个解释说明，加快了调查进度。

二、调查问卷的基本结构

调查问卷一般由标题、说明信、指导语、问题和答案、编码及其他资料组成。

（一）标题

标题即调查问卷的题目，是对问卷调查内容的概括。问卷的标题可以反映调查的主题。

（二）说明信

说明信也称封面信，是一封致被调查者的短信，用来向被调查者说明调查者的身份、调查的目的和意义、调查的内容以及对被调查者的希望和要求等。说明信的篇幅不宜过长，文字要简洁、准确，语气要谦虚、诚恳。虽然说明信的篇幅短小，但在问卷调查中有着特殊的作用。被调查者能否认真地接受调查，在很大程度上取决于说明信的质量。

首先，说明信中必须说明调查者的身份。身份可以在说明信的最开始说明，也可以在说明信的落款中说明。调查者说明身份时，应尽量打消被调查者的疑虑，除写清楚单位或组织的名称外，最好还附上地址、电话号码、邮政编码等具体情况，这样能够充分体现出调查的正规性，以取得被调查者的信任。

其次，说明信还应说明调查的大致内容、目的及意义。说明信中对调查内容既不能不谈，也不必谈得过细，只需用一两句话概括地说明调查内容的范围即可。对于调查目的，则应尽可能说明其对于整个社会的意义，尤其是对于被调查者自身的现实意义。

最后，要说明调查对象的选择方法和对调查结果保密的措施，并向被调查者提出配合调查的希望等。为了消除被调查者的顾虑，应说明填卷者不必署名，其切身利益不会受到损害等。

此外，在说明信的结尾，应向被调查者的合作表示诚恳的谢意。

（三）指导语

调查问卷中的指导语是指导被调查者正确填写问卷的说明。一般可放在说明信之后，集中对问卷的填答方法、要求、注意事项等加以说明；也可放在某类或某个需要特别说明的问题之后，用括号括起来，对该类问题的填写加以说明。如果是集中说明，可标以“填写说明”的字样。

（四）调查问卷的问题和答案

问题和答案是调查问卷的主体。从形式上看，可分为开放式问题和封闭式问题两大类；从内容上看，可分为有关行为的问题、有关态度的问题和有关个人背景资料的问题等。

（五）编码及其他资料

在较大规模的问卷调查中，为了将被调查者的回答转换成数据，以便输入计算机进行处理和分析，往往需要对问题和答案进行编码，即赋予每一个问题及其答案一个数字或字母作为代码。除了编码以外，有些采访问卷还需要附上访问者姓名、访问日期、被调查者住址等有关资料。

三、设计调查问卷的步骤

要设计一份调查问卷，第一步并不是马上动手写调查问卷，而是先做一段时间的探索性工作，然后才是设计问卷初稿，并经过试用和修改，最后形成正式问卷。

（一）做探索性工作

所谓探索性工作，通俗地说，就是先摸摸底，熟悉和了解一些基本情况，以便对各种问题的提法和可能的回答有一个初步、感性的认识。它是研究者在设计问卷前必须进行的一项工作。探索性工作常常是到被调查对象中了解和熟悉情况，取得感性认识，为设计问卷打好基础。它是整个调查研究工作从研究设计阶段向资料搜集阶段的过渡。

（二）设计问卷初稿

通过探索性工作分析研究后，我们对所要调查的各种问题及其可能的答案有了初步印象，就可以动手设计问卷初稿了。在实际工作中，有两种具体的设计方法：卡片法和框图法。卡片法是将一个问题和答案分别写在一张卡片上，有多少个问题和答案就写多少张卡片。然后根据卡片上问题的内容不同，将卡片分成若干类；再按一定顺序把各类卡片排列起来。用卡片法设计调查问卷的好处在于，每一个问题和答案独立成卡，便于对问题分类、排序。框图法是根据研究现象的需要和对现象的探索性分析研究，在一张纸上先画出问卷整体各组成部分的框图，再具体设计出各部分中的问题与答案，并按顺序排列好，最后经过必要的调整形成问卷。用框图法设计问卷的好处是，在一张框图上可以一目了然地看出问卷的整体结构，有利于合理安排问卷的各部分及其中的问题与答案。为了采用两者的长处，可以将两者相结合。例如，在纸上画出问卷的各大部分及其前后顺序，然后在卡片上写出各部分的问题，并调整问题间的顺序，最后将调整好的卡片上的问题抄在纸上，形成问卷初稿。

（三）试用和修改调查问卷

任何调查问卷都不可能一次设计成功，往往要经过若干次修改，特别要把设计好的问卷初稿用于一次试调查，而不能直接用于正式调查。

试用问卷初稿的具体方法有两种：一种叫作客观检验法；另一种叫作主观评价法。客观检验法的具体做法是，将问卷初稿印制若干份（一般为 30～100 份），然后在欲进行调查的总体中抽取（随机或不随机均可）一个小样本，用这些问卷初稿对他们进行调查。最后认真检查和分析调查结果，从中发现问题和缺陷并对问卷初稿进行修改。主观评价法的具体做法是，将设计好的问卷初稿复印若干份，分别送给该研究领域的专家、研究人员以及典型的被调查者，请他们阅读和分析问卷初稿，并根据他们的经验和认识进行评论，指出不妥之处。就目前情况看，除了某些小型调查仅仅采用主观评价法进行试用外，大部分调查往往采用客观检验法，还有一些调查同时采用两种方法进行试用。只有经过试用，找出问题并进行修改，才能把问卷用于正式调查中。

四、问题和答案的设计

问题和答案是问卷的主体部分，对问题和答案的设计也是问卷设计的关键。

（一）问题的设计

问卷调查是以书面方式向被调查者提出各种问题，并根据其回答收集有关研究现象的资料的一种调查方法。问卷中问题的形式、表达、数量和排列顺序等都直接影响问卷的质量。

1. 问题的选择

用问卷收集资料，有各种各样的问题可以提问。在问卷中提问什么、不提问什么，必须经过认真的思考和选择。问题的选择一般要考虑以下几点：

（1）必须结合调查目的选择最必要的问题。如果问题设计得过于简单，就无法满足调查研究的需要；但如果问题设计得过于烦琐，又会造成人力、财力、物力和时间的浪费，还会直接影响问卷的回收率和有效率。

（2）必须符合现象在一定时间、地点、条件下的客观实际表现。随着时间、地点、条件的变化，所选择的问题也不相同。

（3）必须符合被调查者回答问题的能力和愿望，即根据被调查者回答问题的可能性来选择问题。不能将被调查者根本不可能知道的问题、不愿意回答的问题以及难度大大超出被调查者理解和回答能力的问题选入问卷。

2. 问题的形式

调查问卷中的问题有两种基本形式，即开放式问题和封闭式问题。

开放式问题，是统计调查者在提出问题时并不给被调查者提供任何具体答案，而是由被调查者根据实际客观情况自由填写。开放式问题的主要优点是比较适合搜集更深层次的信息，特别适合那些尚未弄清各种可能答案或潜在答案类型较多的问题，而且可以使被调查者充分发表自己的意见，有利于被调查者发挥自己的创造性。但开放式问题需要被调查者具有较高的文字表达能力，花费较多的时间和精力；由于会出现各种各样的答案，会给资料的整理带来一定的困难。

封闭式问题，是调查者在提出问题的同时，还将问题的一切可能答案或几种主要可能答案全部列出，由被调查者从中选出一个或多个答案作为自己的回答，而不作答案以外的回答。对于封闭式问题，被调查者填写问卷很方便，节省时间；由于答案的标准化程度高，有利于调查者对资料进行整理和综合分析。但封闭式问题在设计中对调查者有较高的技术要求，在调查中也无法得到更多答案以外的资料。

开放式问题和封闭式问题各有其特点，适用于对不同现象进行调查。在一份统计调查问卷中，完全用开放式问题或完全用封闭式问题往往不能满足研究各种现象的需要。所以，在设计问卷时，常常采用以一种形式的问题为主，另一种形式的问题为辅，两种形式的问题相结合的方式进行设计，以便充分发挥不同形式问题的优点。

开放式问题在提出问题时不提供任何答案，只需在所提出的问题后留出一块大小合适的空白，由被调查者根据实际情况填写。在提出封闭式问题的同时，还必须将答案设计出来。封闭式问题的具体方式有以下几种：

（1）填空式。在问题的后面画一条短横线，由被调查者将问题答案写在短横线上。例如：

您的年龄？______岁

您的月工资收入是多少？______元

您的家庭有几口人？________口

填空式问题一般用于对被调查者来说既容易回答又容易填写，只用几个字或一个数字就能回答的问题。

（2）两项选择式。这种问题只有两个答案，被调查者从中选择一项回答，一般有是或否、有或无等。例如：

您的性别？　男□　女□

您家有空调吗？　有□　无□

您有子女吗？　有□　无□

两项选择式问题的答案简单、明确，对被调查者来说比较容易回答。但它仅适用于只有两个答案的问题。

（3）多项选择式。它是列出问题的两种以上答案，由被调查者根据自己的实际情况，选择一个或一个以上的答案。例如：

您的文化程度是：______

A. 大学本科及以上　B. 大学专科　C. 高中或中专　D. 初中　E. 小学及以下

（4）矩阵式。它是将同类的若干问题和答案排列成矩阵，以一个问题的形式表达出来。其优点是可以大大节省问卷的篇幅，还有利于被调查者阅读和填写。例如：

您对自己所在地区华为手机的销售情况了解得怎样？

	很满意	比较满意	不太满意	很不满意
商品价格	□	□	□	□
商品品种	□	□	□	□
商品质量	□	□	□	□
售后服务	□	□	□	□

（5）表格式。它是矩阵式的一种变形，与矩阵式相似，对有些被调查者来说，表格式问卷更易于接受。例如：

你觉得下列现象在你们学校是否严重？（请在每一行适当的空格中打“√”）

状况 现象	很严重	比较严重	不太严重	不严重	不知道
迟到					
早退					
请假					
旷课					

（二）答案的设计

1. 设计问题答案的原则

封闭式问题在问卷中占有重要地位，而问题的答案设计又是重中之重。为了保证问题设计的质量，在设计问题的答案时必须遵守以下原则：

（1）互斥性原则。所谓互斥性，是指答案之间不能相互重叠或相互包含。例如：

您平均每月支出中，最多的是哪项？

①食品　②服装　③书籍　④日用品　⑤报刊　⑥饮料　⑦娱乐　⑧其他

备选答案中的食品和饮料、书籍和报刊都不是互斥的。

（2）穷尽性原则。所谓穷尽性，是指所列出的答案包括了所有可能的情况。这是为了使所有被调查者都能在给定的备选答案中至少选择一项适合自己的答案，不至于因所列出的答案中没有合适的选项而放弃回答。例如：

您家目前的收支情况是：

①较多结余　②略有结余　③收支平衡

对该问题，若只设计以上三个备选答案就违背了穷尽性原则。这三个答案反映的都是“顺差”的情况，而对于“逆差”的情况完全没有反映。因此，必须加上第四个答案“入不敷出”，这样答案才完整。

2. 对数量问题答案的设计

在统计调查中，不但要了解调查单位的品质标志，也要了解其数量标志。对数量问题采取填空式或选择式都是可以的。例如：

您的家庭有______人？或您家有几口人？（请选择一个适合的答案在□内划“√”）

①1人 □

②2~3人 □

③4~5人 □

④5人以上 □

类似人口数、企业数等都是用整数表示的，但还有很多变量（如收入、产值等）出现小数。对于这类连续型变量，必须采用连续型答案。例如：

你每月的生活消费支出在下列哪个范围中？

①800元以下 ②800~1 200元 ③1 200~1 500元 ④1 500元以上

五、调查问卷设计中应注意的问题

要设计一份科学、合理的调查问卷，除了掌握一些必要的原则和技巧外，还要注意以下几个方面的问题：

1. 用词要尽可能简单明了

无论设计问题还是设计答案，都要尽可能使用简单明了、通俗易懂的语言，而不要使用一些复杂、抽象的概念以及专业术语。

2. 问题的陈述要尽可能简短

调查问卷讲究语言简短精炼，问题的陈述越长，越容易产生含糊不清的地方，被调查者的理解就可能越不一致。因此在陈述问题时，最好不要用长句子，要使问题尽可能清晰、简短，使被调查者一看就明白。

3. 问题要避免带有双重含义

双重含义是指在一个问题中，同时询问了两件事情，或在一句话中问了两个问题。由于一题两问，一些被调查者无法回答。

4. 问题要避免带有诱导性

问题的提法和语言不能使被调查者感觉到应按提问者的意见来填写，也就是说，不能对被调查者产生诱导性，应保持中立的提问方式。例如，应提问“你觉得这种包装怎么样”，而不能问“你觉得这种包装精美吗”。

5. 不要直接提敏感性问题

当被问及某些个人隐私问题时，人们往往有一种自我防卫心理。如果直接提问，往往会产生很高的拒答率。因此，对这些问题最好采取间接的询问方式，并且语言要特别委婉。

6. 要避免问题与答案不一致

所提问题与所设答案应一致。例如：

你经常看哪个栏目的电视?

A. 经视新闻　B. 娱乐天地　C. 电视书场　D. 经常看　E. 偶尔看

对于类别的提问和对于程度的提问一般不能在同一个问题的答案中出现，两者宜分别进行设问，否则会出现多余或矛盾的选择。

7. 要注意问题和答案的排列顺序

设计调查问卷，都存在合理排列问题与答案顺序的问题。所谓问题与答案的合理顺序，一方面要便于被调查者顺利地回答问题，另一方面要便于调查者在调查后对资料进行整理和分析。一般应考虑以下几点：

（1）应按问题的性质和类别排列。把同一性质和同一类别的问题排列在一起，这样被调查者可以按一定的思路连贯地回答问题。一般是先排列事实、行为方面的问题，后排列观念、态度、意见方面的问题。

（2）应按问题的难易程度排列。一般把比较容易回答的问题放在前面，把比较难回答的问题放在后面；把被调查者熟悉的问题放在前面，把被调查者比较生疏的问题放在后面；把比较好回答的封闭式问题放在前面，把比较难回答的开放式问题放在后面；把被调查者比较感兴趣的问题放在前面，把比较严肃的问题放在后面；等等。

（3）应按问题的时间顺序排列。可以采取由过去到现在的顺序排列，也可以用由现在到过去的顺序排列，使被调查者可以按由前到后或由后到前的时间顺序连贯地回答问题。

（4）应按被调查者的心理承受能力排列问题。在调查中，往往无法完全避免一些敏感性问题。当问卷调查中必须提问这类问题时，考虑到被调查者的心理承受能力，应该把这些问题放得靠后一些。

学习小结

（一）统计调查的种类

- 调查对象的范围
  - 全面调查
  - 非全面调查
- 调查登记的时间
  - 经常性调查
  - 一次性调查
- 调查组织的方式
  - 统计报表
  - 专门调查 ⇒
    - 普查
    - 抽样调查
    - 重点调查
    - 典型调查

（二）统计调查的方法

- 直接观察法
- 访问法
- 报告法
- 问卷调查法 —结构→
  - 标题
  - 说明信
  - 指导语
  - 问卷的主体 —设计→ 问题与答案（注意技巧）
  - 编码及其他资料
- 卫星遥感法

（三）统计调查方案

- 调查目的
- 调查范围（空间） 调查对象 调查单位 报告单位
- 调查项目（内容） 调查表
- 调查方式 调查方法
- 调查时间 调查期限
- 调查工作的组织实施计划

（四）抽样调查、重点调查、典型调查，三种非全面调查的区别

	调查单位的选择	调查的目的
抽样调查	无意识，随机抽样，无主观性	从数量上推算总体
重点调查	客观存在的重点单位，无主观性	反映总体的基本情况
典型调查	有意识选择典型单位，有主观性	反映现象的一般特征或规律性

巩固练习

一、填空题

1. 统计调查的基本要求是______、______、______和______。

2. 统计调查按组织形式的不同，可分为____________和________；按调查对象的范围不同，可分为____________和____________；按调查登记的时间是否连续，可分为__________和__________。

3. 若要调查某市工业企业职工的收入情况，调查对象为____________________，调查单位为____________________，填报单位为________________。

4. 对在全国钢产量中占较大比重的十大钢铁企业钢产量的生产情况进行调查，这种调查方式称为__________。

5. __________是按照国家有关法律和规定，自上而下地统一布置，自下而上地逐级报告基本统计资料的一种调查方式。

6. 专门调查根据其形式不的同，分为__________、________、________和________四种。

7. 统计数据调查资料的____________是保证统计资料质量的首要环节，是统计工作的生命线。

二、单项选择题

1. 统计调查的标准时间是指（　　）。

A. 调查工作的起始时间　　B. 调查资料所属时间

C. 调查资料的登记时间　　D. 进行调查的时间

2. 统计报表一般属于（　　）。

A. 一次性的全面调查　　B. 经常性的全面调查

C. 经常性的非全面调查　　D. 一次性的非全面调查

3. 要了解我国农村社会保障实施的具体情况，最适合的调查方式是（　　）。

A. 重点调查　　B. 抽样调查

C. 典型调查　　D. 普查

4. 为了了解企业库存产品数量，调查者到现场清数，这种收集资料的方法属于（　　）。

A. 大量观察法　　B. 报告法

C. 直接观察法　　D. 采访法

5. 重点调查中的重点单位是指（　　）。

A. 数量占总体单位总数比重大的单位

B. 在本领域中具有代表性的单位

C. 相关标志值在总体标志值总量中所占比重很大的单位

D. 被人们重点关注的、存在重要部门的单位

6. 在工业企业生产设备普查中，工业企业的每一台生产设备都是（　　）。

A. 填报单位　　B. 调查对象

C. 调查项目　　D. 调查单位

7. 通过调查湖南省、湖北省、海南省等几个主要产粮区来了解我国粮食生产的基本情况。这种调查方式属于（　　）。

A. 重点调查　　B. 典型调查

C. 普查　　D. 抽样调查

8. 为了解生产经营状况，进行经济普查，则每个第一产业、第二产业、第三产业的经济组织都是（　　）。

A. 调查对象　　B. 调查单位

C. 组织单位　　D. 统计总体

9. 湖南卫视电视节目的收视率调查是（　　）。

A. 典型调查　　B. 重点调查

C. 抽样调查　　D. 普查

10. 某灯泡厂为了了解该厂的灯泡质量情况，应选择的调查方式是（　　）。

A. 抽样调查　　B. 重点调查

C. 典型调查　　D. 普查

11. 要调查经常上网浏览信息的群体的年龄、性别、职业等情况，比较适宜的调查方法是（　　）。

A. 直接观察法　　B. 访问法

C. 实验法　　D. 网络调查法

12. 在下列调查中，调查单位与填报单位一致的是（　　）。

A. 公司设备调查　　B. 农村耕地调查

C. 学生学习情况调查　　D. 汽车养护情况调查

13. 统计调查中用于登记初级资料的表格称为（　　）。

A. 汇总表　　B. 整理表

C. 调查表　　D. 分析表

14. 统计报表的资料来源于（　　）。

A. 财务核算资料　　B. 基层单位原始记录

C. 企业内部报表　　D. 统计台账

15. （　　）在统计工作中处于基础阶段，是决定整个统计工作质量的重要环节。

A. 统计分析　　B. 统计整理

C. 统计调查　　D. 统计设计

三、多项选择题

1. 在工业企业设备普查中，（　　）。

A. 全部工业企业是调查对象　　B. 工业企业的全部设备是调查对象

C. 每台设备是调查单位　　D. 每台设备是填报单位

2. 在全国工业企业普查中，（　　）。

A. 每个工业企业的总产值是变量值　　B. 调查单位是全国的每个工业企业

C. 所有工业企业的总产值是变量值　　D. 工业企业的所有制形式是品质标志

3. 普查是一种（　　）。

A. 专门组织的调查　　B. 全面调查

C. 一次性调查　　D. 经常性调查

4. 要检查节日期间市场上肉制品的质量，有关部门采用随机原则抽取部分肉制品进行调查。此项调查属于（　　）。

A. 全面调查　　B. 非全面调查
C. 典型调查　　D. 抽样调查
E. 专门调查

5. 要调查某地区每一所学校教学质量方面的基本情况，每所学校属于（　　）。
A. 填报单位　　B. 调查单位
C. 调查对象　　D. 总体单位

6. 典型调查（　　）。
A. 属于专门组织的调查
B. 在一定条件下，可根据调查结论推断总体指标数值
C. 其调查单位是随意抽选的
D. 可用采访法取得资料

7. 第七次全国人口普查中，（　　）。
A. 调查对象是每一户家庭　　B. 调查单位是每一个人
C. 填报单位是每一个人　　D. 调查对象是全国所有人口

8. 对于全国人口数及其构成情况的统计资料，通常可以通过（　　）方法取得。
A. 典型调查　　B. 全面统计报表
C. 普查　　D. 抽样调查
E. 重点调查

9. 第七次全国人口普查的标准时点是2020年11月1日零点，下列人员中不应计入人口总数的有（　　）。
A. 2020年11月1日23时出生的人口　　B. 2020年11月10日死亡的人口
C. 2020年10月30日零点死亡的人口　　D. 2020年11月5日出生的人口

10. 非全面调查包括（　　）。
A. 典型调查　　B. 重点调查
C. 统计报表制度　　D. 普查
E. 抽样调查

四、判断题

1. 全面调查和非全面调查是根据调查结果所取得的资料是否全面来划分的。（　　）
2. 我国的人口普查每10年进行一次，因此它是一种经常性调查方法。（　　）
3. 典型调查与抽样调查的根本区别是取得调查单位的方法不同。（　　）
4. 调查单位和报告单位总是一致的。（　　）
5. 统计报表多属于经常性的全面调查。（　　）
6. 专门调查多属于一次性调查。（　　）

7. 调查时间就是调查工作所需要的时间。 （ ）

8. 典型调查主要有“解剖麻雀”式和“划类选典”式两种形式。 （ ）

9. 对全国几个大型汽车生产厂家进行调查，以掌握汽车产量的基本情况。这种调查属于典型调查。 （ ）

10. 单一调查表就是在一张表上只登记一项调查内容的表格。 （ ）

11. 一般来说，当调查项目较多而调查单位较少时，宜采用一览表形式。 （ ）

12. 统计报表是国家收集统计资料的主要方式。 （ ）

13. 重点调查中的重点单位是指其标志值在总体标志值总量中占很大比重的单位。 （ ）

14. 在统计调查中，调查对象就是调查单位。 （ ）

15. 在统计调查中，调查单位可以同时是报告单位。 （ ）

16. 一次性调查是指只调查一次，以后不再进行的调查。 （ ）

17. 某市2024年工业企业的生产情况年报规定在2025年1月31日之前必须呈报，则调查期限应为1个月。 （ ）

18. 调查对象是统计调查标志的直接承担者。 （ ）

课堂实训

在新形势下，大学生就业难已成为客观的现实问题，这个问题一直困扰着刚来“学生就业咨询服务中心”工作的小张。为了解、收集当前大学生就业的现状、困境和相关的就业政策等方面的信息资料，便于以后更好地开展就业服务工作，他想在他工作的高职院校即将毕业的三年级学生中就大学生的就业问题开展一次统计调查。调查的主要内容应包括：大学生的就业观念、求职意向、薪资水平、“五险一金”、生活食宿、工作强度和工作环境等方面的诉求，还应包括政府、有关单位和部门应采取哪些措施或制定相关政策来对他们就业方面进行有针对性的帮助、咨询、指导和政策支持？请你为小张拟定调查方案和设计调查问卷。

知识延伸

一、 国家统计局调查统计的领域及主要指标

国家统计局是我国最主要的统计数据生产部门，调查统计的数据涉及经济、社会、民生的方方面面。根据现行国家统计调查项目，国家统计局统计调查的领域包括国民经济核算、农业、工业、能源、固定资产投资、建筑业、房地产开发、批发零售、住宿餐饮业、部分服务业、人口、劳动就业、城镇及农村住户、价格、科技等。

国家统计局调查统计的领域及主要指标

领　域	主要统计调查指标
国民经济核算	国民生产总值（GNP）、国内生产总值（GDP）、总产出、中间投入、增加值、最终消费、资本形成总额、货物和服务净出口、劳动者报酬、生产税净额、营业盈余、初次分配收入、总储蓄、资本转移等
农业	农林牧渔业总产值、粮食产量、油料产量、水产品产量、猪牛羊肉产量、畜禽存栏头（只）数、耕地面积、作物播种面积、有效灌溉面积、农业机械总动力、农林牧渔、劳动力等
工业	工业总产值、工业增加值、工业销售产值、生产量、生产能力、销售量、库存量、实收资本、资产合计、负债合计、所有者权益、流动资产、产品销售收入、利润总额、成本费用利润率、工业增加值率、产品销售率、出口交货值等
能源	能源购进量、购进金额、能源消费量、工业生产能源消费、非工业能源消费、能源加工、转换投入、终端能源消费量、能源库存量等
固定资产投资	固定资产投资、房地产开发投资、资金来源、施工项目个数、本年投产项目个数、新增生产能力、房屋建筑面积、施工面积、竣工面积、新增固定资产投资等
房地产开发	计划总投资、本年完成投资、本年新增固定资产、资金来源、应付款、土地购置和开发情况、房屋建筑面积、住宅建筑面积、施工面积、商品房销售面积、商品房销售额、商品房待售面积等
建筑业	建筑业总产值、增加值、房屋建筑施工面积、竣工面积、自有机械设备年末总台数、工程结算收入、工程计算利润、企业总收入等
批发零售、住宿餐饮业	社会消费品零售总额、商品购进额、商品销售额、批发额、零售额、期末商品库存、消费品市场成交额等
劳动与就业	单位数、单位从业人员、在岗职工、其他从业人员、离开本单位仍保留劳动关系的职工、城镇单位从业人员劳动报酬、在岗职工工资总额、本单位使用的劳务派遣工、年末人数、工资总额、平均工资等
价格	居民消费价格指数及食品等分类价格指数、商品零售价 格指数及分类指数、农业生产资料价格指数及农用手工工具等分类指数、工业生产者购进价格指数、工业生产者出厂价格指数、固定资产投资价格指数及建筑安装等分类指数、70 个大中城市住宅销售价格指数
人口	总人口、出生人口、死亡人口、受教育程度、婚姻状况、生育状况、工作状况、户口性质等
城镇住户	城镇居民家庭成员基本情况、城镇居民总收入、可支配收入、消费支出等
农村住户	农村居民家庭概况、农村居民家庭收入与支出、农村劳动力就业与流动情况、农村家庭居住情况、人口与劳动力就业情况、农业生产结构及技术应用情况等

二、第五次全国经济普查的主要数据（摘录）

（一）单位基本情况

2023 年末，全国共有从事第二产业和第三产业活动的法人单位 3 327.0 万个，比 2018 年末（第四次全国经济普查，下同）增加 1 148.1 万个，增长 52.7%；产业活动单位 3 636.0万个，增加 1 181.0 万个，增长 48.1%；个体经营户 8 799.5 万个，增加 2 503.6 万个，增长 39.8%。

1. 按行业分

法人单位数量位居前三位的行业是：批发和零售业 1 019.7 万个，占 30.6%；租赁和商务服务业 460.9 万个，占 13.8%；制造业 404.9 万个，占 12.2%。

个体经营户数量位居前三位的行业是：批发和零售业 4 479.1 万个，占 50.9%；住宿和餐饮业 1 092.2 万个，占 12.4%；交通运输、仓储和邮政业 816.9 万个，占 9.3%。

2. 按区域分

东部地区拥有法人单位 1 794.1 万个，占 53.9%，比 2018 年末下降 2.0 个百分点；中部地区 733.4 万个，占 22.0%，提高 1.4 个百分点；西部地区 637.2 万个，占 19.2%，提高了 0.6 个百分点；东北地区 162.3 万个，占 4.9%，占比与 2018 年末基本持平。

（二）从业人员情况

2023 年末，全国第二产业和第三产业法人单位从业人员 42 898.4 万人，比 2018 年末增加4 574.8万人，增长 11.9%。其中女性从业人员 17 047.4 万人。第二产业从业人员16 429.5 万人，减少 826.3 万人，下降 4.8%；第三产业从业人员 26 468.9 万人，增加5 401.2万人，增长 25.6%。个体工商户从业人员 17 956.4 万人，其中女性从业人员 8 420.0 万人。

1. 按行业分

法人单位从业人员位居前三位的行业是：制造业 10 481.5 万人，占 24.4%；批发和零售业 5 325.8 万人，占 12.4%；建筑业 5 117.2 万人，占 11.9%。

个体工商户从业人员位居前三位的行业是：批发和零售业 8 224.1 万人，占 45.8%；住宿和餐饮业 2 541.0 万人，占 14.2%；制造业 1 836.1 万人，占 10.2%。

2. 按区域分

东部地区法人单位从业人员 2.2 亿人，占 52.3%，比 2018 年末下降 1.8 个百分点；中部地区 9 890.7 万人，占 23.1%，提高 1.1 个百分点；西部地区 8 632.0 万人，占 20.1%，提高了 0.8 个百分点；东北地区 1 942.8 万人，占 4.5%，下降 0.2 个百分点。

（三）资产负债和营业收入

1. 资产与负债

从资产看，2023 年末，全国第二产业和第三产业法人单位资产总计 1 439.1 万亿元，比 2018 年末增加 524.9 万亿元，增长 57.4%。其中，第二产业法人单位资产总计 252.1 万亿元，增长 45.1%；第三产业法人单位资产总计 1 187.0 万亿元，增长 60.3%。从负债看，2023 年末，法人单位负债合计 975.4 万亿元，比 2018 年末增加 351.4 万亿元，增长 56.3%。其中，第二产业法人单位负债合计 150.2 万亿元，增长 49.5%；第三产业法人单位负债合计 825.2 万亿元，增长 57.6%。

2. 营业收入

2023 年，全国第二产业和第三产业企业法人单位实现营业收入 442.6 万亿元，比 2018 年增加 148.0 万亿元，增长 50.2%。其中，第二产业营业收入 188.8 万亿元，增长 31.3%；第三产业营业收入 253.8 万亿元，增长 68.3%。

（四）其他重要细分数据

1. 数字经济核心产业

2023 年末，全国共有数字经济核心产业企业法人单位 291.6 万个，从业人员 3 615.9 万人，全年实现营业收入 48.4 万亿元。其中，数字产品制造业：单位 26.2 万个（占 9.0%），从业人员 1 337.2 万人（占 37.0%），营业收入 20.5 万亿元（占 42.3%）；数字产品服务业：单位 27.4 万个（占 9.4%），从业人员 151.9 万人（占 4.2%），营业收入 4.2 万亿元（占 8.6%）；数字技术应用业：单位 143.0 万个（占 49.0%），从业人员1 460.9万人（占 40.4%），营业收入 14.0 万亿元（占 29.0%）；数字要素驱动业：单位 95.0 万个（占 32.6%），从业人员 665.9 万人（占 18.4%），营业收入 9.7 万亿元（占 20.1%）。

2. 战略性新兴产业

2023 年末，全国从事战略性新兴产业生产的规模以上工业企业法人单位 9.60 万个，占规模以上工业企业法人单位的 19.5%。其中，新一代信息技术产业 1.50 万个（占 15.6%）；高端装备制造业 1.45 万个（占 15.1%）；新材料产业 2.04 万个（占 21.3%）；生物产业 1.49 万个（占 15.5%）；新能源汽车产业 0.32 万个（占 3.3%）；新能源产业 1.17 万个（占 12.2%）；绿色环保产业 1.63 万个（占 17.0%）；航空航天产业 0.12 万个（占 1.3%）；海洋装备产业 0.02 万个（占 0.2%）。

3. 科研、教育、卫生等领域

科学研究和技术服务业：法人单位 211.8 万个，从业人员 1 700.3 万人，分别比 2018 年末增长 66.0% 和 43.7%；教育：法人单位 81.8 万个，从业人员 2 677.0 万人，分别比 2018 年末增长 22.8% 和 20.0%；卫生和社会工作：法人单位 33.7 万个，从业人员1 461.9 万人，分别比 2018 年末增长 23.4% 和 27.4%；文化、体育和娱乐业：法人单位 81.7 万个，从业人员 519.5 万人，分别比 2018 年末增长 44.1% 和 23.7%。

数据资料来源：国家统计局 2019 年 11 月 20 日发布的《第四次全国经济普查公报》。

思政元素

思政教育切入点：1930 年 5 月，毛泽东同志在《反对本本主义》一文中提出“没有调查，没有发言权”。2023 年 3 月 13 日 上午十四届全国人大一次会议闭幕后，国务院总理李强在人民大会堂回答记者提问时，提出“要在全党大兴调查研究之风，推动党中央大政方针和决策部署在基层落实”。统计调查必须坚持实事求是、严谨求真的精神和工作作风，统计数据必须从群众中来，再到群众中去，统计数据资料必须真实可靠，不出假数。

《反对本本主义》：毛泽东失而复得的著作

侯爱萍　何惠芳

“没有调查，没有发言权。”这句耳熟能详的马克思主义名言就像鲜红的血液，深深流淌在中国共产党人的血脉之中。这句话出自毛泽东早期写的一篇文章《反对本本主义》。

《反对本本主义》原名《调查工作》，是毛泽东在土地革命战争时期为反对当时党内和红军中的教条主义思想而写的。1930 年 5 月，毛泽东率领红四军到达寻乌县城，在这里进行了为期 20 多天的社会调查，除写下 8 万多字的《寻乌调查》，还写下了 3 000 余字的《调查工作》，对调查研究的重要性、目的和方法等，作了既生动具体又有高度思想性的系统阐述。1930 年 8 月 21 日，中共闽西特委把这篇文章翻印成小册子。

一贯注重调查研究的毛泽东，十分珍视自己的这些调查研究成果，尽管当时国民党反动派向中央苏区连续发动了几次大规模“围剿”，在资料难以保存的情况下，他仍然坚持把《寻乌调查》《调查工作》等材料捆好，带在身边。遗憾的是，《调查工作》在转战中不幸遗失。为此，毛泽东非常惋惜，多次与人谈起它，说想念这篇文章就像想念自己的孩子一样。

这一遗失就是整整三十年。

在那白色恐怖的年代，冒死藏下这本小册子并使它重现于世的是福建省上杭县的一位老党员赖茂基。

赖茂基是上杭县茶地官山村人。20 世纪 30 年代，赖茂基以在代英县苏区做贩牛生意为掩护，为红军送信送物。他家是红军的地下兵工厂，生产了大量的枪支弹药。红军长征后，赖茂基偶然在家中发现了中共闽西特委翻印的《调查工作》石印本及当时党组织和苏维埃政府发的一些文件。凭借着一名共产党员的政治觉悟，他觉得这是一本很重要的书。当时，茶地已沦为国民党统治区，家里私藏毛泽东的书如果被敌人发现，后果不堪设想。因此，赖茂基把《调查工作》用油纸包好，装在一个小木盒子里，在家里墙壁上凿开一个洞，把小木盒子藏匿在洞里，然后把洞封好，没有告诉任何人。他相信，总有一天革命会胜利，这些东西会重见天日。

1955 年 4 月，中共中央办公厅发出在全国范围内征集革命历史资料的通知。1957 年 2 月，赖茂基老人毅然把小木盒子及藏在里面的《调查工作》作为重要革命文物捐献了出来。1961 年 1 月，毛泽东的秘书田家英从中央政治研究室工作人员那里发现了《调查工作》，立即送交给毛泽东。

当这本纸张已泛黄的小册子送到毛泽东面前时，他高兴地说，失散多年的“孩子”终于找回来了。

1961 年 3 月，毛泽东将《调查工作》的题目改为《关于调查工作》，并加了按语。1964 年，在《毛泽东著作选读》甲种本文稿审定时，毛泽东把它的名字改成了《反对本本主义》，还亲自作了批示：“这是一篇老文章，是为了反对当时红军中的教条主义思想而写的。那时没有用‘教条主义’这个名称，我们叫它做‘本本主义’。”

现在，注重调查研究已经成为我们党的优良传统和作风，习近平总书记号召全党同志大兴调查研究之风。毛泽东同志的《反对本本主义》在新时代更加熠熠生辉，继续指导全党同志克服官僚主义、形式主义，对贯彻落实党的思想路线具有重要作用。

资料来源：《党建》杂志，2022 年第 4 期。

项目三

统计整理

知识目标

了解统计整理的内容和步骤、统计分组的作用和方法、统计表的结构、统计图的种类；理解分配数列的特点，掌握编制变量数列、编制统计表和绘制统计图的方法。

能力目标

能根据实际数据资料进行统计分组、编制分配数列、编制统计表和绘制统计图，并能利用整理好的数据资料进行统计分析。

重要概念

统计整理　统计分组　分配数列　组中值　统计表　统计图

情境导入

第七次全国人口普查公报（第六号）
——人口受教育情况

2021 年 5 月 11 日

根据第七次全国人口普查结果，现将 2020 年 11 月 1 日零时我国 31 个省、自治区、直辖市（以下简称省份）和现役军人的人口受教育基本情况公布如下：

一、受教育程度人口

全国人口中，拥有大学（指大专及以上）文化程度的人口为218 360 767人；拥有高中（含中专）文化程度的人口为213 005 258人；拥有初中文化程度的人口为487 163 489人；拥有小学文化程度的人口为349 658 828人（以上各种受教育程度的人包括各类学校的毕业生、肄业生和在校生）。与2010年第六次全国人口普查相比，每10万人中拥有大学文化程度的由8 930人上升为15 467人；拥有高中文化程度的由14 032人上升为15 088人；拥有初中文化程度的由38 788人下降为34 507人；拥有小学文化程度的由26 779人下降为24 767人。

表3－1　　各地区每10万人口中拥有的各类受教育程度人数　　单位：人/10万人

地　区	大学（大专及以上）	高中（含中专）	初中	小学
全　国	15 467	15 088	34 507	24 767
北　京	41 980	17 593	23 289	10 503
天　津	26 940	17 719	32 294	16 123
河　北	12 418	13 861	39 950	24 664
山　西	17 358	16 485	38 950	19 506
内蒙古	18 688	14 814	33 861	23 627
辽　宁	18 216	14 670	42 799	18 888
吉　林	16 738	17 080	38 234	22 318
黑龙江	14 793	15 525	42 793	21 863
上　海	33 872	19 020	28 935	11 929
江　苏	18 663	16 191	33 308	22 742
浙　江	16 990	14 555	32 706	26 384
安　徽	13 280	13 294	33 724	26 875
福　建	14 148	14 212	32 218	28 031
江　西	11 897	15 145	35 501	27 514
山　东	14 384	14 334	35 778	23 693
河　南	11 744	15 239	37 518	24 557
湖　北	15 502	17 428	34 280	23 520
湖　南	12 239	17 776	35 636	25 214
广　东	15 699	18 224	35 484	20 676
广　西	10 806	12 962	36 388	27 855
海　南	13 919	15 561	40 174	19 701
重　庆	15 412	15 956	30 582	29 894
四　川	13 267	13 301	31 443	31 317
贵　州	10 952	9 951	30 464	31 921
云　南	11 601	10 338	29 241	35 667

续表

地　区	大学（大专及以上）	高中（含中专）	初中	小学
西　藏	11 019	7 051	15 757	32 108
陕　西	18 397	15 581	33 979	21 686
甘　肃	14 506	12 937	27 423	29 808
青　海	14 880	10 568	24 344	32 725
宁　夏	17 340	13 432	29 717	26 111
新　疆	16 536	13 208	31 559	28 405

二、平均受教育年限

与2010年第六次全国人口普查相比，全国人口中，15岁及以上人口的平均受教育年限由9.08年提高至9.91年。

31个省份中，平均受教育年限在10年以上的省份有13个，在9年至10年之间的省份有14个，在9年以下的省份有4个。

表3－2　　各地区15岁及以上人口平均受教育年限　　单位：年

地　区	2020年	2010年
全　国	9.91	9.08
北　京	12.64	11.71
天　津	11.29	10.38
河　北	9.84	9.12
山　西	10.45	9.52
内蒙古	10.08	9.22
辽　宁	10.34	9.67
吉　林	10.17	9.49
黑龙江	9.93	9.36
上　海	11.81	10.73
江　苏	10.21	9.32
浙　江	9.79	8.79
安　徽	9.35	8.28
福　建	9.66	9.02
江　西	9.70	8.86
山　东	9.75	8.97
河　南	9.79	8.95
湖　北	10.02	9.20
湖　南	9.88	9.16

续表

地区	2020 年	2010 年
广　东	10.38	9.55
广　西	9.54	8.76
海　南	10.10	9.22
重　庆	9.80	8.75
四　川	9.24	8.35
贵　州	8.75	7.65
云　南	8.82	7.76
西　藏	6.75	5.25
陕　西	10.26	9.36
甘　肃	9.13	8.19
青　海	8.85	7.85
宁　夏	9.81	8.82
新　疆	10.11	9.27

三、文盲人口

全国人口中，文盲人口（15 岁及以上不识字的人）为 37 750 200 人，与 2010 年第六次全国人口普查相比，文盲人口减少 16 906 373 人，文盲率由 4.08% 下降为 2.67%，下降 1.41 个百分点。

数据资料来源：国家统计局官网发布的公报。

知识储备

任务一　统计整理的意义和内容

一、统计整理的意义

统计整理是指根据统计研究的任务和要求，对统计调查所取得的原始资料进行科学的分类、汇总或对已整理过的资料进行再加工，使之成为系统化、条理化，且能反映现象总体特征的综合资料的工作过程。

通过统计调查所搜集的数据资料是杂乱无序的，仅仅反映了总体单位的具体情况和事物的表面现象，不能深刻说明事物的本质，难以揭示事物内在的发展规律。因此，必须对这些资料进行科学加工整理，以便概括说明总体的特征和认识其内在的规律性。

统计整理在统计工作中是不可或缺的重要环节，具有承前启后的作用。统计整理不仅仅是一个简单的汇总工作，它既是统计调查的继续，也是统计分析的前提。如果没有统计整理，即使统计调查所得到的资料再丰富、再完善，其作用也发挥不出来，统计工作也就无法进行下去。对于统计调查所搜集到的大量资料，只有通过科学的加工整理，形成反映总体特征的综合资料，才能为下一步的统计分析工作做好准备。统计整理的结果是否如实反映客观情况，决定了统计资料的价值，进而影响统计分析的准确性与真实性。

二、 统计整理的内容

统计整理工作是一项细致、科学的工作，包括对统计资料的审核、分组、汇总和编制统计图表等环节。统计整理工作的主要内容包括以下几个方面。

（一） 拟订统计整理纲要

在进行统计整理之前，需要根据目的，确定对统计调查所搜集的资料中哪些内容需要整理、对统计资料如何分组，以及确定整理中所涉及的指标和指标体系。因此，统计整理的首要工作就是拟订统计整理纲要。统计整理纲要的主要形式是一整套整理表格，在表格上列出了指标体系和分组，另外还要编制相关说明。统计整理纲要是保证统计整理工作有计划、有步骤、有组织地进行的前提。

（二） 审核原始资料

在收集资料的过程中，经常会由于某些原因出现一些差错。因此，为了确保统计资料准确无误以及符合统计研究目的的要求，必须对统计调查所获得的原始资料进行严格的审核，发现问题及时纠正。它是统计整理中的一个重要环节，主要包括审核资料的准确性、及时性和完整性。

审核资料的准确性，就是检查所填报的资料是否准确、可靠。它主要从两个方面进行：一是逻辑检查，主要从理论上或常识上检查资料的内容是否有悖常理、有无不切实际或不符合逻辑的地方及各项目之间有无相互矛盾之处；二是计算检查，主要检查填报单位有无遗漏、调查表项目是否填齐、所填内容和表格规格是否一致、计量单位与法定单位是否一致，以及各项数字之间的关系是否正确等。

审核资料的及时性，主要检查资料是否符合调查规定的时间，是否在规定的调查期限内报送。

审核资料的完整性，主要检查调查单位资料是否齐全、是否上报了规定的份数、调查项目是否完整等。

（三） 分组汇总

分组汇总就是用一定的组织形式和方法对经过审核的资料进行分组、汇总和计算。根据研究目标和统计分析的需要，选择整理的标志，并进行划类分组。科学的分组是搞好统计整理的前提条件，只有正确地分组才能整理出有科学价值的综合指标，并借助这些指标揭示现象的本质与规律。

（四）编制统计表和绘制统计图

根据统计分析的要求或社会经济现象之间的联系，将整理好的资料编制成统计表或绘制成统计图，以简明扼要地反映社会经济现象的数量特征。

（五）统计资料的保管与积累

统计研究中经常要进行动态分析，需要有长期累积的历史资料，而根据积累资料的要求，对已有的统计资料进行筛选，以及按历史的口径对现有的统计资料重新调整、分类和汇总等，都必须通过统计整理工作完成。

任务二 统计分组

一、统计分组的概念和作用

统计分组是根据统计研究的需要和总体的内在特征，将总体按照一定的标志划分为若干个组成部分的一种统计方法。简而言之，统计分组就是把性质相同的总体单位归为一组，将不同性质的总体单位区别开来形成不同的组。社会现象是复杂的，现象之间既有某种共同的性质，同时又存在差异。统计分组可以揭示现象各部分之间存在的差异，结合统计分析，能够认识事物的发展变化规律。例如，将企业按资产大小划分为大型企业、中型企业和小型企业；我国将国民经济产业结构划分为第一产业、第二产业和第三产业；将考试成绩划分为不及格、及格、中等、良好、优秀五个等级，等等。统计分组的结果是保持组内资料的一致性和组间资料的差异性。

理解统计分组应从两个方面进行：一方面，对统计总体而言是“分”，即将统计总体按某个标志划分为若干性质相异的组成部分；另一方面，对总体单位而言是“合”，即将具有某种相同性质的总体单位归入同一组。

统计分组是统计整理的关键，只有对统计总体进行科学的分组，才能对统计资料进行进一步的科学整理和分析，以得到有价值的结论。

统计分组是统计研究中应用的基本方法之一，贯穿于统计研究的整个过程，在统计研究中占有非常重要的地位。统计分组的作用主要体现在以下三个方面。

（一）划分现象的类型

划分现象的类型是统计分组的主要作用之一。社会经济现象千差万别，存在不同的类型，而且各种不同的类型具有不同的特点及发展规律，要了解各种社会经济现象的性质、特点、相互关系以及变化规律，必须运用统计分组将现象总体划分为性质不同的类型，以便揭示不同社会经济现象的质的差异。例如，根据企业所有制类型进行划分时，2024 年某地区城镇从业人员的就业情况统计表，见表 3－3。

表 3－3　　2024 年某地区城镇从业人员的就业情况统计

单位性质	人数/万人
国有单位	6 488
城镇集体单位	810
股份合作单位	188
联营单位	45
有限责任公司	1 750
股份有限公司	699
私营企业	3 458
中国港澳台商投资单位	557
外商投资单位	688
个体	2 778
城镇就业人员合计	17 431

通过这种分类，可以反映某地区城镇就业人员在不同类型企业就业的情况，也为进一步研究某地区城镇就业人员的就业结构提供了依据。

（二）反映现象总体的内部结构

从数量上反映总体的内部结构是统计研究的重要任务。社会现象包含大量的单位，它们在性质上不尽相同，而且在各种类型的总体中所占的比重不同，因而所处的地位和对总体的影响程度也不同。不同的类型分布决定了不同的总体性质。社会经济现象总体经过统计分组后被划分为不同性质的组成部分，可计算总体内部各组成部分占总体的比重，分析总体各部分的性质、结构和比例关系。另外，还可以将总体内部结构分组资料按时间的发展顺序进行对比分析，从而认识现象发展变化的规律。例如，2020—2025 年某地区按产业分类的从业人员的构成情况见表 3－4。

表 3－4　　2020—2025 年某地区按产业分类的从业人员的构成情况

年份	第一产业	第二产业	第三产业	合计
2020	50.00%	22.50%	27.50%	100%
2021	50.00%	22.30%	27.70%	100%
2022	50.00%	21.40%	28.60%	100%
2023	49.10%	21.60%	29.30%	100%
2024	46.90%	22.50%	30.60%	100%
2025	44.80%	23.80%	31.40%	100%

从表 3－4 中可以看出，2020—2025 年的 6 年间，某地区在三类产业中的从业人员发生了变化，第一产业的从业人员有所下降，第二产业的从业人员比较平稳，第三产业的从

业人员有所上升。

（三）分析现象之间的依存关系

统计研究的社会经济现象不是彼此孤立的，它们总是存在相互依存和相互制约的关系。例如，国民收入与居民储蓄额、市场商品价格与其需求量、企业销售额和流通费用率、家庭的工资收入与生活费支出、工人技术等级与产品质量、工人劳动生产率与产品成本等，都在一定程度上存在相互依存的关系。这些依存关系，可通过统计分组来发现影响因素与其结果之间的变动规律，并可进一步从数量上描述依存关系的密切程度。我国民营企业规模与品牌竞争力的关系见表 3－5。

表 3－5　我国民营企业规模与品牌竞争力的关系

企业规模（员工人数）/人	品牌竞争力均值	企业个数/个
100 以下	17.249 3	15
100～200	19.593 9	28
200～500	21.126 2	10
500～1 000	24.514 9	44
1 000～2 000	28.913 2	186
2 000 以上	44.990 2	107

资料来源：中国社会科学院民营经济研究中心，2025 年中国制造业民营企业品牌竞争力指数 500 家数据库。

从表 3－5 中可以看出，企业规模按员工人数分为不同的级别，随着民营企业规模的不断扩大，其对应的品牌竞争力指数也在增长，这说明我国民营企业规模的发展，使品牌竞争优势增强，可见规模与竞争力之间存在相互依存的关系。

二、统计分组的种类

（一）按分组标志的多少及其排列形式划分

按分组标志的多少及其排列形式，统计分组可分为简单分组、复合分组和平行分组体系。这种分组的类型主要是从分组时所选用的分组标志数量的角度出发的。统计分组时，可以以单一标志作为分组标志，也可以同时采用多个标志作为分组标志。

1. 简单分组

简单分组也称为单一分组，就是对总体只按一个标志进行分组。例如，计算机上网按上网方式，可分为拨号上网、专线上网、ISDN 上网、宽带上网和其他方式上网等；企业按生产规模，可分为大型、中型和小型三组；货物运输按运输方式，可分为铁路运输、公路运输、水路运输、航空运输与管道运输五组。

2. 复合分组

复合分组就是对所研究的总体按两个或两个以上的标志进行的多层次分组，即在按某一标志分组的基础上再按另一标志进行进一步分组。例如，人口按性别分组后再按年龄分组；企业在先按所有制分组的基础上再按规模分组，见表 3－6。

表 3－6　　某地区某年年底各类工业企业及规模构成情况

按所有制性质及规模分组	企业/个	比重
全民所有制企业	3 204	64.08%
大型	512	10.24%
中型	708	14.16%
小型	1 984	39.68%
集体所有制企业	1 286	25.72%
大型	286	5.72%
中型	434	8.68%
小型	566	11.32%
私营企业	152	3.04%
大型	24	0.48%
中型	48	0.96%
小型	80	1.60%
中外合资企业	212	4.24%
大型	70	1.40%
中型	74	1.48%
小型	68	1.36%
外商独资企业	102	2.04%
大型	28	0.56%
中型	36	0.72%
小型	38	0.76%
其他类型企业	44	0.88%
大型	6	0.12%
中型	10	0.20%
小型	28	0.56%
合计	5 000	100.00%

采用复合分组方式，可以从同一现象的层层分组和分组标志的联系中更深入地反映统计总体的内部结构，使我们能够更细致、全面地分析问题。当采用一个分组标志不能充分说明现象受两个或两个以上因素影响时，复合分组比简单分组能更清晰地反映现象的结构。但是，复合分组的组数会随着分组标志的增加而成倍增加，使每组包括的单位数相应减少，若处理不好，就会影响对问题的分析。因此，在采用复合分组时，分组标志的选择要适量，而且总体包括的单位数应较多。究竟采用几个分组标志进行分组，要根据统计研究的目的和任务决定。

3. 平行分组体系

平行分组体系就是采用一系列相互联系、相互补充的并列标志对被研究对象总体进行的分组。社会现象是复杂的，无论简单分组还是复合分组，都只能对现象从一个或几个方面进行观察与分析。为获得对复杂现象全面的认识，就应采用平行分组体系对某一经济现象从不同角度、不同方面进行观察和分析研究。例如，研究我国网民状况时，可按性别、婚姻状况、年龄、受教育程度、个人月收入、职业、行业等多种标志进行分组，这些标志互相联系、互相补充，充分说明了我国网民的构成状况。

（二） 按分组标志的性质划分

按分组标志的性质，统计分组可分为品质标志分组和数量标志分组。

1. 品质标志分组

品质标志分组就是按品质标志进行的分组，即按事物的某种属性分组。品质标志分组可以反映总体内部的性质差异。例如，企业按经济类型分组；人口按性别、民族、受教育程度、职业分组；等等。

2. 数量标志分组

数量标志分组就是按数量标志进行的分组。例如，人口按年龄分组、企业规模按固定资产价值分组、网民按个人月收入分组等。数量标志分组可以反映现象在总体数量上的差异。

三、 分组标志的选择及分组界限的确定

统计整理的关键在于统计分组，统计分组的关键在于正确选择分组标志和划分各组界限。分组标志是统计分组的依据或标准，正确选择分组标志能使统计分组的作用得以充分发挥。

（一） 分组标志的选择

反映总体单位的标志有许多，标志的选择将影响统计分析结论的正确性与真实性。正确选择分组标志必须遵循以下几条原则。

1. 应根据研究的目的与任务选择分组标志

统计研究的目的是统计分组标志选择的依据。统计分组是为统计研究服务的，统计研究的目的不同，对分组的要求不同，选择的分组标志也有所不同。例如，要分析我国网民所在行业的结构分布，就要选择行业为分组标志；要分析网民的教育结构，则要选择受教育程度作为分组标志；要分析性别结构，则要选择性别作为分组标志；要分析网民的收入结构，则要选择网民的月收入作为分组标志。

2. 选择最能体现现象本质特征的标志作为分组标志

研究某一问题可能涉及许多标志，有些标志是主要标志，有些标志是次要标志。主要标志能反映现象的本质。因此，在统计分组时，要选择最能体现现象本质特征的主要标志

作为分组标志。例如，研究企业的经济效益时，可供选择的分组标志有总产值、净产值、销售收入、利税额等，而其中最能反映企业经济效益好坏的标志是利税额，故应选择这一标志作为分组标志。

3. 结合现象发展的具体历史条件和经济条件选择分组标志

社会经济现象是随着时间、地点、条件的变化而不断变化的，反映现象本质特征的主要标志也会因时、因地而不同。因此，选择分组标志时，要根据历史的发展，具体情况具体分析，“与时俱进”，客观选择。例如，研究工业企业的生产能力，在机械化程度低的情况下，应选择职工人数作为主要分组标志；在机械化程度高的情况下，应选择固定资产作为主要分组标志。又如，研究企业规模，对于劳动密集型企业，应选择职工人数作为主要分组标志；对于资金密集型企业或技术密集型企业，则应选择固定资产价值或技术拥有量作为分组标志。

（二） 分组界限的确定

确定分组标志之后，还必须划分各组界限。划分各组界限是在分组标志的变化范围内，划定两相邻组间的性质界限和数量界限。划分各组界限一定要本着保证各组组内单位的同质性和组与组之间单位差异性的原则进行。

总之，分组标志的选择与分组界限的划分是统计研究中非常关键的一步，必须遵守相关的原则认真分析，做出正确的判断，选出合理的分组标志，为进一步的统计分析做好准备。

四、 统计分组的方法

上面已经介绍过，按分组标志的性质不同，可将统计分组分为品质标志分组和数量标志分组。这种分组类型是最重要的统计分组类型，统计分组方法主要是围绕这两种分组进行阐述的。

（一） 品质标志分组的方法

品质标志分组是指选择反映事物属性差异的品质标志作为分组标志，然后根据其变化范围划定各组界限，将总体划分为若干性质不同的组成部分。

在按品质标志分组时，有些情况比较简单，有些情况比较复杂。具体来说，其组数的确定主要取决于事物本身所具有的既定属性，它是确定组数的基本依据。进行品质标志分组时，其组数的多少首先取决于事物本身的特点。例如，人口按性别分组，就只能分两组；高等学校在校生按学历，可分为专科、本科、硕士和博士四组。

对于有些事物构成比较复杂、组数可多可少的情况，需要根据统计研究的目的和要求来确定组数。例如，就业人员按行业进行分组，组数可多可少的，究竟分几组合适，只能根据统计研究的目的和要求确定。要求详细时，组数可多些；要求粗略时，组数则可少些。

在统计实践工作中，常常需要对所研究的现象进行复杂的品质标志分组。对于比较复杂的品质标志分组，为了避免认识不同而造成的混乱，保证分组的同一性和可比性，国家统计部门制定了统一的分类目录和标准，作为分组的标准和依据，如《工业部门分类目录》《商业部门统一商品目录》《职业分类目录》等，各地区、各部门进行统计资料整理时必须遵循执行。

（二）数量标志分组的方法

数量标志分组是指选择反映事物数量差异的数量标志作为分组标志，然后根据其变化范围划定各组界限，将总体划分为若干个性质不同的组成部分。

数量标志分组不是简单地确定各组间的数量差异，而是要通过分组体现数量变化来确定现象的不同性质和类型。因此，在根据变量值的大小来准确划分性质不同的各组界限时，首先要分析总体中有多少种性质不同的组成部分，然后确定各组成部分的数量界限。

按数量标志分组的方法有两种：单项式分组和组距式分组。

1. 单项式分组

单项式分组就是按每个变量值对现象总体进行的分组。单项式分组适用于离散变量且变量值变动范围不大的情况。例如，某区居民家庭拥有汽车数见表 3－7。

表 3－7　　某区居民家庭拥有汽车数量

居民家庭拥有汽车数量/辆	居民数量/户
0	68
1	24
2	6
3 以上	2
合计	100

2. 组距式分组

组距式分组就是按变量值的一定范围对现象总体进行的分组。将现象的总体变动范围划分为若干个区间，以每个区间的中点作为变量值。组距式分组适用于连续变量和变动范围较大的离散变量。例如，第 20 次中国互联网络发展状况统计报告中学生网民与非学生网民个人月收入结构对比见表 3－8。

表 3－8　　学生网民与非学生网民个人月收入结构对比

按收入分组/元	学生网民	非学生网民	网民总体
无收入	4.50%	3.00%	3.60%
1～500	73.50%	4.00%	30.30%
500～1 000	18.50%	17.30%	17.80%

续表

按收入分组/元	学生网民	非学生网民	网民总体
1 000 ~ 1 500	1. 80%	22. 10%	14. 40%
1 500 ~ 2 000	0. 50%	17. 30%	10. 90%
2 000 ~ 2 500	0. 40%	9. 10%	5. 80%
2 500 ~ 3 000	0. 70%	9. 70%	6. 30%
3 000 ~ 4 000	0. 10%	6. 50%	4. 10%
4 000 ~ 5 000	0. 00%	5. 10%	3. 20%
5 000 以上	0. 00%	5. 90%	3. 60%
合计	100. 00%	100. 00%	100. 00%

资料来源：中国互联网络信息中心，第 20 次中国互联网络发展状况统计报告。

任务三 分配数列

一、 分配数列的意义和种类

在统计分组的基础上，将总体的所有单位按组进行归类整理并按一定顺序排序，计算出各组的单位数，形成一个反映总体中各单位在各组中的分布情况的数列，称为分配数列或次数分布数列。

分配数列是统计整理的一种重要形式，也是进行统计描述和统计分析的基础。它可以反映总体的结构分布状况和分布特征，并且由此可以分析研究总体中某一标志的平均水平及其变动规律。

分配数列由两个要素构成：一是总体中按某标志分的组；二是各组对应的分配次数或频率。在分配数列中，分布在各组的总体单位数称为次数，又称为频数；各组次数占总体总次数的比重，称为比率或比重，又称为频率。次数和频率从不同角度反映了各组标志值出现的频繁程度，说明了总体单位在各组中的分布，是分配数列的两种表现形式。

分配数列按分组标志特征的不同，分为品质分配数列和变量分配数列。

（一） 品质分配数列

品质分配数列，简称品质数列，是按品质标志分组形成的分配数列。它是在品质标志分组的基础上形成，主要用于研究总体构成情况。它由各组名称和次数或比重构成，各组次数以绝对数表示，即频数；以相对数表示，即频率。品质分配数列的一个例子见表 3 - 9。

表 3－9 我国 2024 年年末城乡人口构成表

按城乡分组	人数/万人	比重
城镇	66 557.53	49.68%
乡村	67 414.95	50.32%
合计	133 972.48	100.00%
（组的名称）	（次数或频数）	（比率或频率）

从表 3－9 中可以看出，该品质数列反映了我国 2024 年年末的城乡人口特征：乡村人口与城镇人口基本各占一半。只要品质标志分组正确，形成的分配数列就能准确地反映总体的分布特征。

（二） 变量分配数列

变量分配数列，简称变量数列，是按变量标志分组形成的分配数列。它在变量分组的基础上形成，主要用于反映不同变量值在各组的分布情况。它由变量值和次数构成。变量数列按其分组方法不同，可以分为单项式变量数列和组距式变量数列。

1. 单项式变量数列

单项式变量数列简称单项数列，是按单项式分组形成的变量数列，每个变量值是一个组，各组按变量值的大小顺序排列。在单项式变量数列中，有多少个不重复的变量值就有多少组。单项式变量数列仅适用于变动幅度比较小、不重复的变量值较少的离散型变量分组的情况。

2. 组距式变量数列

组距式变量数列，简称组距数列，是由组距式分组形成的变量数列。每个组由若干个变量值形成的区间表示。组距式变量数列适用于连续变量分组或变动幅度比较小、不重复值较多的离散型变量分组的情况。

二、 变量数列的编制

（一） 变量数列次数分布表的编制

变量数列次数分布表的编制也分为单项式变量数列和组距式变量数列两种情况。

对于总体单位数不多的离散变量，可以直接编制单项式变量数列次数分布表。具体编制方法：将变量值分组列于左方，然后将各变量值出现的次数列于右方。

对于连续变量或变动幅度较大、不重复值较多的离散变量，则要编制组距式变量数列。组距式变量数列次数分布表的编制比较复杂，下面对其编制方法进行详细讲解。

1. 原始资料按数值大小依次排序

【例 3.1】 某高校经济管理系 2015 年某班 40 名学生的英语成绩资料如下：

69 61 75 60 80 72 82 86 90 78 62 87 71 77 79 87 85 97

85 63 94 78 65 85 96 88 89 82 87 78 95 83 56 81 58 75

78　74　67　75

解：将上述资料进行排序，结果如下：

56　58　60　61　62　63　65　67　69　71　72　74　75　75　75　77　78　78
78　78　79　80　81　82　82　83　85　85　85　86　87　87　87　88　89　90
94　95　96　97

2. 确定组距、组数和组限

编制组距式变量数列时，必须确定组距和组数。首先应对标志值的分布情况进行仔细观察，找出最大变量值与最小变量值，并计算出它们的差，即全距；确定大多数标志值分布在什么范围内，然后确定组距和组数。

组距是每个组的上限值与下限值的差。

$$全距 = 最大变量值 - 最小变量值$$

$$组距 = 上限值 - 下限值$$

组限是组与组之间的界限。每个组的最大值称为上限，每个组的最小值称为下限。既有上限又有下限的组称为闭口组；只有上限缺下限，或只有下限缺上限的组称为开口组。开口组一般使用“××以上”或“××以下”表示。开口组的组距以相邻组的组距为参照。

组距与组数关系密切，对同一现象的变量分组，组距越大则组数越少，组距越小则组数越多。确定组距与组数应遵循下列原则：尽可能反映总体单位的分布情况及总体单位的集中趋势，体现组内资料的同质性和组与组之间资料的差异性。

组距式变量数列根据组距是否相等，分为等距变量数列和异距变量数列。对于等距变量数列的编制，一般依据总体内部情况的定性分析确定组数，然后用全距除以组数确定组距，并由此划分各组界限。设 R 为全距，K 为组数，i 为等组距，则 $i = R/K$。

在例 3.1 中，最小值为 56，最大值为 97，全距 = 97 - 56 = 41。根据考试成绩的性质，将组距确定为 10，组数确定为 5。

确定组数和组距之后，还要确定组限。组限的确定要遵循这一原则：按这样的组限分组后，标志值在各组的变动能反映总体单位分布的规律性。确定组限时要注意，特殊的界限点必须作为组限（如反映水温的 0 ℃和 100 ℃、反映计划完成程度的 100%、反映学习成绩的 60 分和 100 分等）。最小组的下限要略低于最小变量值，最大组的上限要略高于最大变量值。

对于连续变量分组，相邻两组的上限与下限通常是相同的，每一组的上限同时是下一组的下限。因此，这种分组又称为“同限分组”。为了避免计算时总体单位数出现错误，统计各组单位数时，应将到达上限值的单位数计入下一组内，即遵循所谓的“上组限不在内”的原则。表 3 - 10 所示的成绩刚好为 60 分的计入 60 ~ 70 分这一组。

表 3-10　　40 名学生英语成绩次数分布表

按考试成绩分组/分	人数/人	比重
50~60	2	5.0%
60~70	7	17.5%
70~80	12	30%
80~90	14	35%
90~100	5	12.5%
合计	40	100.0%

对于离散变量分组，相邻两组的上限与下限可以相同，也可以不相同。相邻两组的上限与下限相同时也遵循“上组限不在内”的原则。当相邻两组的上限与下限不同时，又称为异限分组。例如，工业企业按职工人数分组见表 3-11。

表 3-11　　离散变量分组的两种表示方法

相邻两组的上限与下限相同/人	相邻两组的上限与下限不同/人
100 以下	99 以下
100~500	100~499
500~1 000	500~999
1 000 以上	1 000 以上

3. 编制组距式变量数列次数分布表

确定了组距、组数和组限，经过整理就可绘制组距式变量数列表，见表 3-11。

组距式变量数列是以变量的区间进行分组的，掩盖了各组总体单位的实际变量值。为了反映每个组的一般水平，我们一般采用组中值表示。组中值是各组变量的中间数值，代表该组的平均水平。组中值的计算公式分为开口组和闭口组两类，开口组的组中值包括缺上限的开口组组中值和缺下限的开口组组中值两种情形。

闭口组组中值的计算公式为：

$$组中值=\frac{上限值+下限值}{2}$$

缺上限的开口组组中值的计算公式为：

$$组中值=下限值+\frac{相邻组组距}{2}$$

缺下限的开口组组中值的计算公式为：

$$组中值=上限值-\frac{相邻组组距}{2}$$

【例 3.2】计算表 3－12 中各组的组中值。

表 3－12　　某工厂工资水平组中值计算结果

按月工资分组/元	人数/人	组中值
3 000 以下	80	2 750
3 000～3 500	160	3 250
3 500～4 000	270	3 750
4 000～4 500	240	4 250
4 500～5 000	140	4 750
5 000 以上	110	5 250
合计	1 000	—

解：第一组的组中值为：

$$3\,000-\frac{3\,500-3\,000}{2}=2\,750$$

第二组的组中值为：

$$\frac{3\,000+3\,500}{2}=3\,250$$

第三、第四、第五组的组中值计算类似于第二组的计算。

最后一组的组中值为：

$$5\,000+\frac{5\,000-4\,500}{2}=5\,250$$

（二）变量数列次数分布图的绘制

一般情况下，我们不仅可以用次数分布表表示总体单位的分布状况，还可以通过绘制变量数列次数分布图直观、形象地揭示总体单位的分布状况和规律性。

单项式变量数列次数分布图的绘制比较简单，具体绘制方法为：直接以变量值为横轴，以次数为纵轴，在坐标轴上描绘出各组变量值与相对应的次数对应的坐标点，连接各坐标点即可得分布图。

组距式变量数列次数分布图一般有直方图和次数分配曲线图，但是，次数分配曲线图也是在直方图的基础上绘制的。绘制组距式变量数列次数分布图时，需注意等距变量数列与异距变量数列的处理方法不同。等距变量数列的各组单位数只受变量变化的影响，各组单位数可以直接比较，分组后直接统计整理即可绘制等距变量数列次数分布图。例如，利用表 3－10 中的资料绘制等距变量数列次数分布图，如图 3－1 所示。

绘制等距变量数列次数分布图的具体步骤如下：以横轴代表变量值，并在上面标出各组组限值所在的位置；以纵轴代表次数，并在上面标出各组次数所对应的位置。然后以组距为宽，以次数为高，绘制相对应的矩形，各组矩形组合构成变量数列总体次数分布特征的直方图。若需要绘制次数分配图，只要在直方图的基础上，连接各矩形顶边的中点（各组的

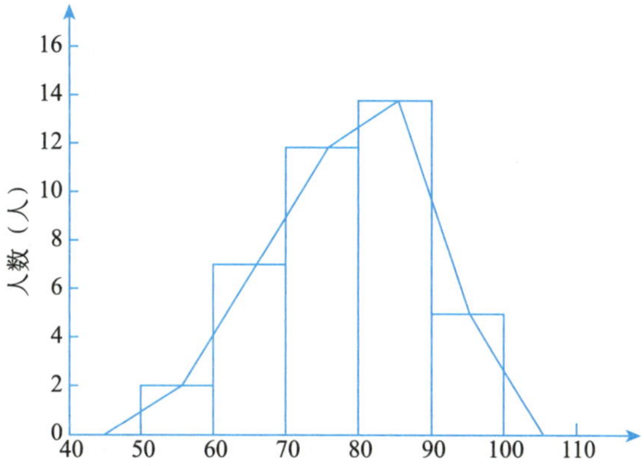

图 3－1　学生英语成绩次数分布图

组中值），形成一条折线，并且应在直方图的左、右两端假设各有一个组，将折线与两个假设组的中点连接，就形成了次数分配曲线。这时，曲线所覆盖的全部面积与直方图的面积相等。

对于异距变量数列，由于各组单位数受到组距大小和变量值两种因素的影响，因此需要计算次数密度，以消除不等组距对各组次数的影响，进而准确地反映实际的次数分布。次数密度也称为频数密度，就是单位组距内分布的次数，其计算公式如下：

次数密度＝各组次数/各组组距

通过计算次数密度，将不等组距的次数换算为标准组距次数。某组标准组距次数等于该组标准组距与该组次数密度的乘积。标准组距为异距变量数列中各组组距中最小的组距。标准组距次数的计算公式如下：

某组标准组距次数＝该组次数密度×标准组距

绘制异距变量数列次数分布图的具体步骤与绘制等距数列次数分布图类似，不同处在于：以纵轴代表各组标准组距次数，并在上面标出各组标准组距次数所在位置；然后以组距为宽，以标准组距次数为高，绘制相对应的矩形，各组矩形组合构成直方图。

【例 3.3】根据某厂工人的工资水平编制变量数列次数分布表和绘制变量数列次数分布图，如表 3－13 和图 3－2 所示。

表 3－13　　某厂工人工资水平次数分布表

按月工资分组/元	人数/人	组距	次数密度	标准组距人数/人
3 800～4 000	80	200	0.4	80
4 000～4 200	160	200	0.8	160
4 200～4 500	270	300	0.9	180
4 500～4 800	240	300	0.8	160
4 800～5 000	140	200	0.7	140
5 000～5 500	110	500	0.22	44
合计	1 000	—	—	—

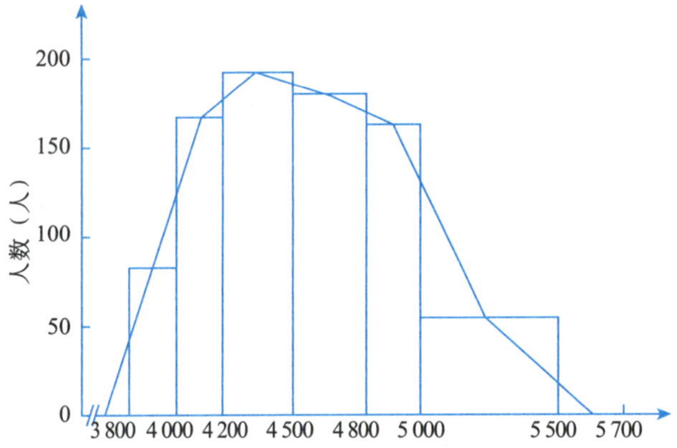

图 3－2　某厂工人工资水平次数分布图

（三） 累计次数分布

借助次数分布表和次数分布图，可以观察分配数列中各组的次数和总体单位数的分布特征。但是，若要获取截至某一组变量值以上或以下的分布次数或事物发展进程等情况，就需要编制累计次数分布表。例如，在表 3－10 中，要计算每个班不及格的学生有多少、大于 80 分的学生有多少等数据。

编制累计次数分布表或绘制累计次数分布图都需要计算累计次数或累计频率。累计次数与累计频率分别表明总体的某一标志值在某一水平上下的总体次数与比率。累计次数的计算方法有两种：向上累计与向下累计。

1. 向上累计

向上累计也称为较小制累计，是将各组次数和比率从变量值低的组向变量值高的组逐组累计。组距数列向上累计次数或累计比率表明各组上限以下总共包含的次数或比率的数值。

2. 向下累计

向下累计也称为较大制累计，是将各组次数和比率从变量值高的组向变量值低的组逐组累计。组距数列向下累计次数或累计比率表明各组下限以上总共包含的次数或比率的数值。

例如，以表 3－10 中的学生大学英语成绩的次数分布表编制的累计次数分布表见表 3－14，绘制的累计次数分布图如图 3－3 所示。

表 3－14　　40 名学生英语成绩累计次数分布表

按考试成绩分组/分	成绩分布		向上累计		向下累计	
	人数/人	比重	频数	频率	频数	频率
50～60	2	5.0%	2	5.0%	40	100.0%
60～70	7	17.5%	9	22.5%	38	95%

续表

按考试成绩分组/分	成绩分布		向上累计		向下累计	
	人数/人	比重	频数	频率	频数	频率
70 ~ 80	12	30%	21	52.5%	31	77.5%
80 ~ 90	14	35%	35	87.5%	19	47.5%
90 ~ 100	5	12.5%	40	100.0%	5	12.5%
合计	40	100.0%	—	—	—	—

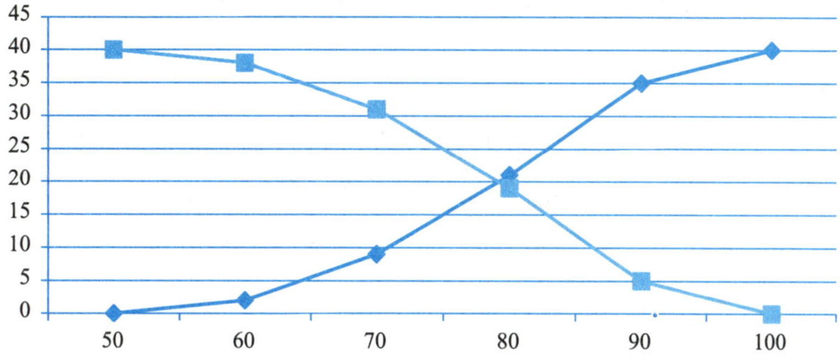

图 3-3　40 名学生英语成绩累计次数分布图

从累计次数分布表和累计次数分布图中可以发现，累计次数的特点是：同一数值的向上累计和向下累计次数之和等于总体总次数，累计比率之和等于 100% 或 1，累计次数分布是计算位置平均数的依据。

（四）次数分布的主要类型

由于社会经济现象的复杂性，不同的统计总体有不同的次数分配，形成各种不同的次数分布类型。概括起来，主要有三种类型：钟形分布、U 形分布、J 形分布。

1. 钟形分布

钟形分布的特征是“两头小，中间大”，即靠近中间的变量值分布的次数多，靠近两边的变量值分布的次数少，如图 3-4 所示。社会经济现象中许多变量的分布属于钟形分布，如工人完成的产量、学生的学习成绩、居民家庭人均收入等。

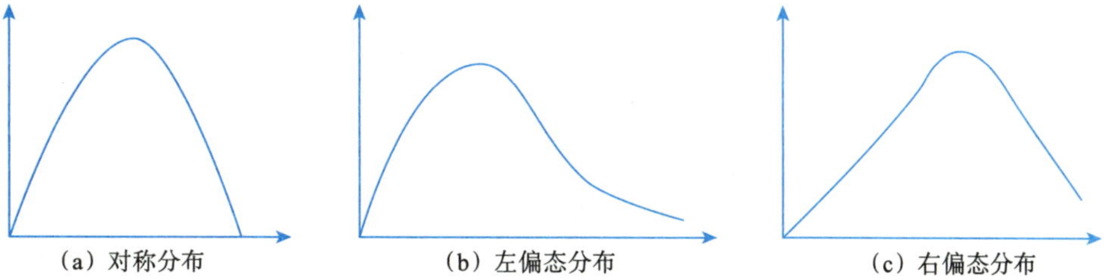

图 3-4　钟形分布

在统计学中，钟形分布根据是否对称分为两种。一种是对称分布，也称为正态分布，其分布特征是中间变量值分布的次数最多，两侧变量值分布的次数随着中间变量值距离的增大而渐次减少，两侧减少的速度相同，使分布曲线呈对称分布，如图 3－4（a）所示。在实际中，许多社会现象统计总体的分布都趋于对称分布中的正态分布。正态分布是统计中的一种主要分布，它在社会经济统计分析中具有重要的意义。另一种是非对称分布，也称为偏态分布，其分布特征是中间变量值分布的次数最多，两侧变量值分布的次数逐渐减少，但是减少速度的快慢不同，使分布曲线向一方偏斜，呈偏斜分布。根据分布曲线的偏斜方向，又可将偏态分布分为两种：左偏态分布和右偏态分布，分别如图 3－4（b）和图 3－4（c）所示。

2. U 形分布

U 形分布的特征是“两头大，中间小”，靠近中间的变量值分布次数少，靠近两端的变量值分布次数多，如图 3－5 所示。例如，人口死亡率分布就是 U 形分布，幼儿和老人的死亡率较高，而中青年死亡率较低；动物的死亡率也是 U 形分布。

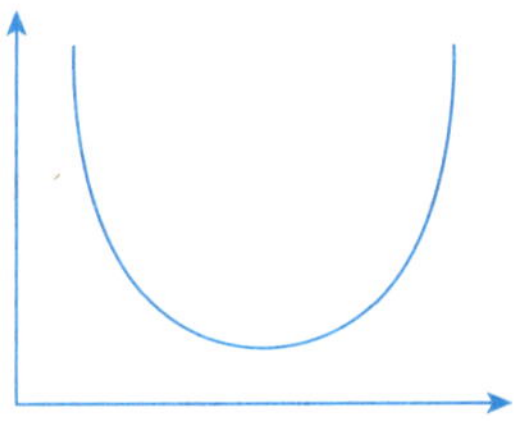

图 3－5　U 形分布

3. J 形分布

J 形分布的特征是“一头大，一头小”，大部分变量值集中在某一端点分布，如图 3－6 所示。J 形分布有两种类型：正 J 形分布和反 J 形分布。正 J 形分布是分布次数随着变量的增大而增多，如经济学中的供给曲线和投资按利润率大小的分布。反 J 形分布是分布次数随着变量的增大而减少，如需求曲线。

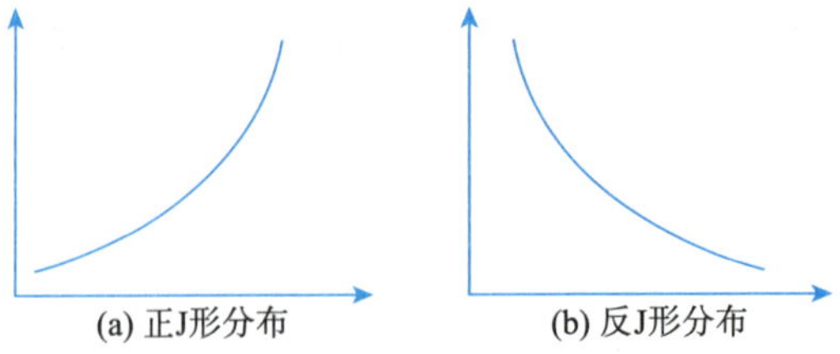

图 3－6　J 形分布

任务四 统计图表

统计表和统计图是显示统计数据的重要工具。统计调查所获得的原始资料，经过统计整理，转化为系统化、科学的统计资料，这些统计资料往往通过统计表和统计图表示出来。

一、统计表

统计表是在统计工作中应用极其广泛的一种显示统计数据的工具。

（一）统计表的定义和作用

统计表是用来显示经过汇总加工后的综合统计资料的一种表格形式。在统计工作过程中，将统计调查得到的原始资料经过统计整理后得到的、可以说明社会经济现象的特征和规律的统计数据，按一定的项目和顺序排列在表格上显示出来，这些表格就是统计表。例如，本项目所编制的变量数列统计表。

采用统计表反映统计资料，主要有以下优点：

（1）能使统计资料条理化、系统化，清晰地表达统计数据之间的相互联系。

（2）能简洁、明了、紧凑地显示统计数据资料，具有用叙述方式显示统计数据所无法比拟的优势。

（3）便于计算和检查统计数据中数字的完整性和正确性。

（二）统计表的结构

统计表的结构可以从内容和形式两方面进行分析。

1. 从内容方面分析

从内容上看，统计表包括主词和宾词两部分。

主词是统计表所要说明的总体对象及其组成部分，如总体单位名称或各类组的名称。宾词就是统计表中用来说明总体数量特征的各项统计指标及其数值。一般主词列在统计表的左方，列在横行；宾词列在统计表的右方，列在纵栏。但是，统计表中主词和宾词的位置并不是固定不变的，有时考虑到资料显示的某些因素，也可以将主词与宾词的位置加以改变。

此外，统计表中还有补充资料、注解、资料来源、填表单位、填表人等附加内容。

2. 从形式方面分析

从形式上看，统计表包括总标题、横行标题、纵栏标题和数字资料四个部分。

总标题是统计表的名称，它简明扼要地概括了全表的基本内容，并指明了时间和范围，一般放置于统计表的上端正中。横行标题（也称横标目）是横行的名称，是指总体单位名称或各类组总体的名称，一般放在统计表的左方。纵栏标题（也称纵标目）是纵行的名称，是指用于说明总体单位或各类组总体的标志或统计指标的名称，一般放在统计表的上方。数字资料是填写在统计表中的标志值或指标数值，用来说明总体单位或各类组总体的数量特征，列在横行和纵栏的交叉处，如图 3－7 所示。

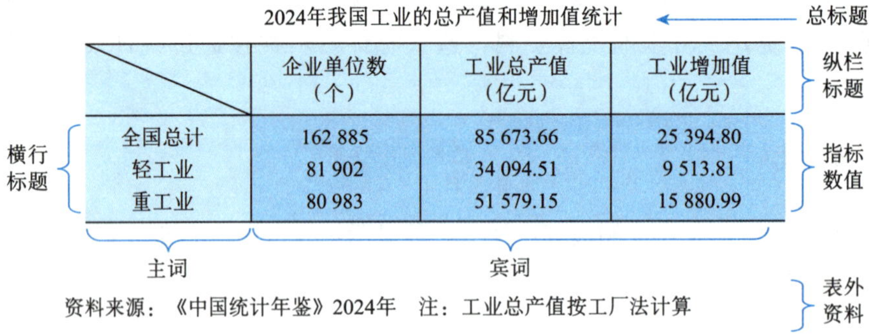

图 3－7　统计表的结构

（三）统计表的分类

根据不同的分类标志，可以将统计表划分为不同的类型。

1. 按用途划分

按用途不同，统计表可以分为调查表、整理表和分析表。

调查表是指在统计调查中用于登记、搜集和表现原始统计资料的表格。整理表是指在统计整理过程中用于统计汇总和表现汇总结果的表格。分析表是指在统计分析中用于对汇总结果进行定量分析的表格。

2. 按总体分组情况划分

按总体分组的情况不同，统计表可以分为简单表、简单分组表和复合分组表。

简单表是指主词未经任何分组所形成的统计表，也称为一览表。通常是指仅列出各总体单位名称或按时间先后顺序简单排列的统计表。简单表多用于统计整理的初级阶段，主要用于搜集调查的原始资料，见表 3－15。

表 3－15　　某地区粮食产量情况表

年份	粮食总产量/万吨
2020	49 804
2021	50 160
2022	52 871
2023	53 082
2024	54 641

简单分组表是指主词仅按某一个标志进行分组而形成的统计表。利用分组表可以揭示现象不同类型的特征，反映现象的内部结构以及分析现象之间的相互关系。例如，2021 年我国第七次人口普查的人口年龄构成情况，见表 3－16。

表 3－16　　我国第七次人口普查登记的人口年龄构成表

按年龄划分	人数/人	所占比重
0～14 岁	222 459 737	16.60%
15～59 岁	939 616 410	70.14%
60 岁及以上	177 648 705	13.26%
合计	1 339 724 852	100.00%

复合分组表是指主词按两个或两个以上的标志进行重叠式分组后形成的统计表。利用复合表可以反映所研究的现象受几个因素的共同影响而发生的变化，可以更加准确地把握现象变化的规律，详细地认识问题和说明问题，见表 3－17。分组标志增加时，组数就会成倍增加，而且分组太细不利于研究现象的特征。可见，复合分组的标志并不是越多越好。

表 3－17　　2024 年全国按性别和受教育程度划分的人口

项目	人数/人
总计（6 岁及 6 岁以上）	15 878 355
男	7 975 386
女	7 902 969
不识字或识字很少	1 646 360
男	450 088
女	1 196 272
小学	5 285 045
男	2 581 633
女	2 703 412
初中	6 088 659
男	3 316 912
女	2 771 747
高中	1 975 098
男	1 120 964
女	854 134
大专以上	883 193
男	505 789
女	377 404

资料来源：2024 年全国 1% 人口抽样调查样本数据，抽样比为 1.325%。

（四） 统计表的设计

统计表一般是按宾词进行设计的。统计表的设计分为简单设计和复合设计。简单设计是将所要反映的指标平行排列，见表3－18。简单设计是通过平行分组直接说明指标内容。复合设计是将各个指标结合起来进行层叠排列，见表3－19。

表3－18　　某高校某年招收的新生性别与城乡状况统计表

学历	学生人数/人	性别/人		城乡/人	
		男生	女生	城镇	农村
本科	15 000	10 000	5 000	9 000	6 000
专科	5 000	3 000	2 000	2 800	2 200
合计	20 000	13 000	7 000	11 800	8 200

表3－19　　某高校某年招收的新生性别与城乡状况统计表

学历	学生人数/人			城乡/人					
				城镇			农村		
	男	女	小计	男	女	小计	男	女	小计
本科	8 200	6 800	15 000	5 000	4 000	9 000	3 200	2 800	6 000
专科	2 800	2 200	5 000	1 600	1 200	2 800	1 200	1 000	2 200
合计	11 000	9 000	20 000	6 600	5 200	11 800	4 400	3 800	8 200

（五） 统计表编制的规则

为了使统计表更好地反映被研究对象的数量特征，便于比较分析，应遵循以下编制规则，使统计表更加科学、实用、简明、美观。

1. 统计表的表式设计规则

（1）表格样式。统计表的表格样式应设计成由纵横交叉的线条组成的长方形表格，长与宽之间保持适当的比例。统计表上、下两端的端线应当用粗线绘制，表中其他线条一律用细线绘制，表的左、右两端习惯上均不画线，采用开口式。

（2）“合计”栏的设置。表中的横行“合计”，一般列在最后一行（或最前一行），表中纵栏的“合计”一般列在最前一列。

（3）栏数的编号。如果栏数较多，应当按顺序编号，习惯上主词栏部分分别编以甲、乙、丙、丁等序号，宾词栏编以（1）、（2）、（3）等序号。

2. 统计表内容设计规则

（1）标题设计。无论是总标题，还是横行、纵栏标题，都应简明扼要而又准确地表述出统计资料的内容及所属的时间和空间范围。

（2）标题顺序。统计表中主词与宾词的排列应尽量反映出内容方面的逻辑关系。

（3）指标数值。表中数字应填写整齐，上下位置要对齐。遇有相同数字应照写，不能用“同上”“同左”等字样；当数字因小而忽略不计时，可填写为“0”；当缺某项数字资料时，可用符号“…”表示；不应有数字时用符号“—”表示。

（4）计量单位。指标数字应有计量单位。如果全表的计量单位是相同的，可以把它写在表头的右上方。如果表中指标数字的计量单位各栏之间不同时，应在各栏标题中注明计量单位。

（5）注解与资料来源。为保证统计资料的科学性与严肃性，在统计表下方应注明资料来源，以便查证。

二、统计图

（一）统计图的作用和结构

统计表的资料用几何图形或图案等形式表示即统计图。统计图也是显示统计数据的一种形式。如果说利用统计表能够集中、有序地表现统计资料，那么利用统计图能够更加形象具体、简明生动、一目了然地展示统计资料，便于人们直观地认识事物的特征。统计图可以表示现象之间的对比关系，揭示总体结构及其变化发展趋势，分析现象之间的依存关系等。随着计算机技术的不断发展，计算机制图功能日益强大，使得统计图的制作更加方便和准确。

统计图由标题、图域、标目、尺度和图例五部分构成。每个图都应有标题，标题要简明确切，通常包括内容、时间和地点，其位置在图域之外，一般放在图域的下面。图域的长宽比一般以 7:5 为美观，圆图除外。纵、横两轴应有标目，即纵标目和横标目，并注明度量衡单位。纵、横两轴都有尺度，横轴尺度自左至右，纵轴尺度自下而上，数值一律由小到大，尺度间隔要宽松，用算术尺度时，等长的距离应代表相等的数量。用不同线条或颜色代表不同事物时，需用图例说明。

（二）常见统计图的绘制

统计图的形式多种多样，本节主要介绍三种常用的统计图。

1. 条形图

条形图也称为柱形图，是用宽度相同的条形的高度或长度来表示统计数据大小或多少的一种图形。条形图可以横置，也可以纵置。纵置时又称柱形图，也就是说，当各类别放在纵轴时，称为条形图；当各类别放在横轴时，称为柱形图。条形图主要用于说明或比较同一指标在不同时间、地点、单位的变化和发展情况。例如，表 3－20 与图 3－8 反映了某地区 2014—2024 年入境旅游人数的变动情况。

表 3－20　　某地区 2014—2024 年入境旅游人数统计表

年份	人数/万人次
2014	5 112.8
2015	5 758.8
2016	6 347.8

续表

年份	人数/万人次
2017	7 279. 6
2018	8 344. 4
2019	8 901. 3
2020	9 791. 0
2021	9 166. 2
2022	10 904. 0
2023	12 029. 2
2024	12 494. 1

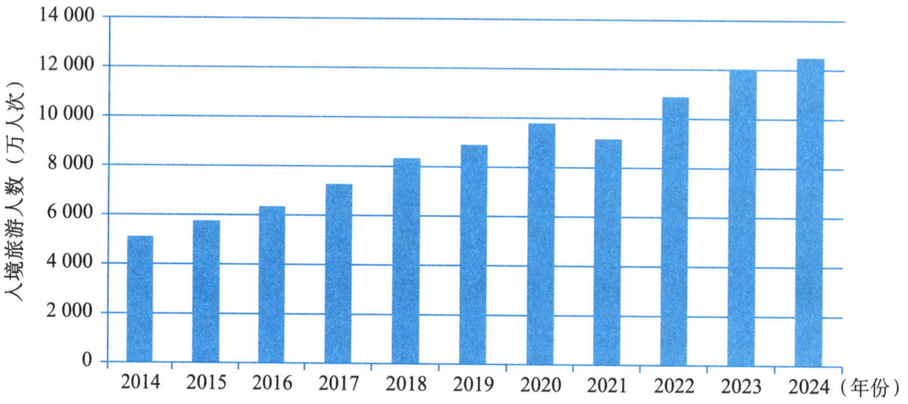

图 3－8　某地区 2014—2024 年入境旅游人数条形图

2. 圆形图

圆形图又称为饼图，是使用圆形和圆内扇形的面积大小来表示统计指标数值大小的一种图形。它用于表示总体中各组成部分所占的比例，揭示现象的内部结构及其变化。在绘制圆形图时，总体中各部分所占的百分比用圆内的各个扇形面积表示，这些扇形的中心角度是按各部分百分比占 360°的相应比例确定的。例如，图 3－9 显示了 2021 年年末某地区人口年龄构成情况。

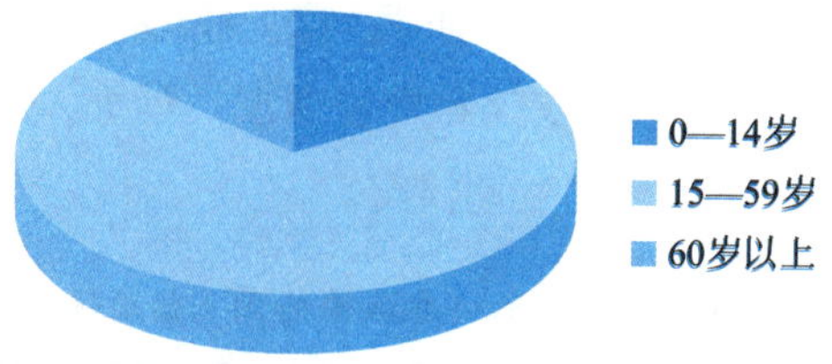

图 3－9　2021 年年末某地区人口年龄构成圆形图

3. 折线图、曲线图

折线图、曲线图是利用折线或曲线的升降变化来表示统计指标数值变化的一种图形。

它常被用于分析社会经济现象的发展变化规律、趋势以及现象之间的依存关系。

绘制折线图、曲线图时，如果是某一现象随时间变化的显示，则应将时间绘制在横坐标轴上，将指标绘制在纵坐标轴上；如果是两种现象依存关系的显示，则一般将表示原因的指标绘制在横坐标轴上，将表示结果的指标绘制在纵坐标轴上。

例如，2015—2024 年某地区城乡居民家庭人均收入如表 3－21 和图 3－10 所示。

表 3－21　　2015—2024 年某地区城乡居民家庭人均收入

年份	城镇居民家庭人均收入/元	农村居民家庭人均收入/元
2015	6 859.6	2 366.4
2016	7 702.8	2 475.6
2017	8 472.2	2 622.2
2018	9 421.6	2 936.4
2019	10 493.0	3 254.9
2020	11 759.0	3 587.0
2021	13 786.0	4 140.0
2022	15 781.0	4 761.0
2023	17 175.0	5 153.0
2024	19 109.0	5 919.0

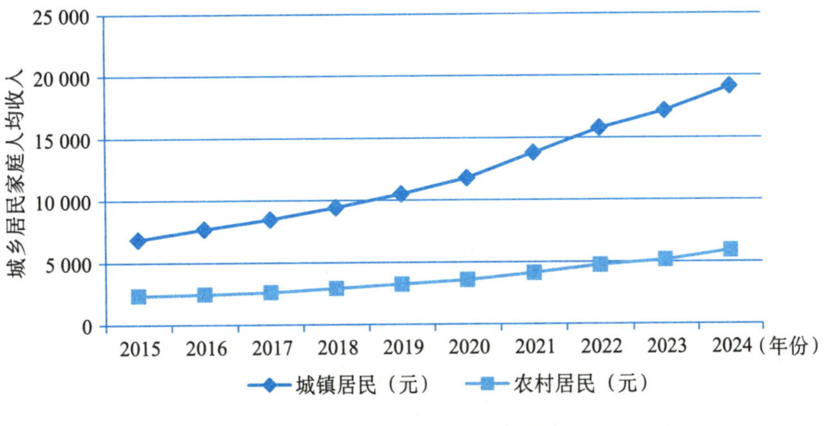

图 3－10　2015—2024 年某地区城乡居民家庭人均收入曲线图

从图 3－10 可以清楚地看出，城乡居民的家庭人均收入逐年提高，城镇居民的家庭人均收入高于农村，而且这种差距有扩大的趋势。

绘制折线图、曲线图时应注意：图形的长宽比例要适当，一般为横坐标轴略大于纵坐标轴的长方形，其长宽比例大致为 10:7。图形过扁或过于瘦高，不仅不美观，而且会给人造成视觉上的错觉，不利于对数据变化的理解。

（三）绘制统计图的基本要求和原则

为了使统计图能准确、生动地反映被研究对象的数量特征，在编制统计图时应注意以下规则：

（1）各种图形的适用条件不同，应选择恰当的图形来表示统计数据。

（2）图的标题应简明扼要地说明所要表述的内容。图的标题位于图的下方。

（3）有纵横轴的图形，横轴表示研究对象，尺度要等距，自左至右，由小到大。纵轴一般表现现象出现的频数或频率，从零开始等距分点，由下至上，从小到大。数字位于左侧，要注明单位。

（4）线条粗细有差别，图形线条较粗，坐标线条较细。

（5）在同一图形上比较多个事物时所取的尺度要相同，比较的对象不宜过多。

（6）图形上尽量不要写数字，如要说明，则应该归于图注中。

学习小结

一、统计整理的步骤

- 资料的审核
- 统计分组
- 统计汇总
- 编制统计表和绘制统计图

二、统计分组的形式

- 简单分组
- 平行分组
- 复合分组

三、分配数列的种类

- 品质数列
- 变量数列
  - 单项数列
  - 组距数列
    - 等距数列
      - 闭口式
      - 开口式
    - 异距数列
      - 闭口式
      - 开口式

四、统计表的结构

（一）从形式上看

- 总标题
- 横行标题
- 纵栏标题
- 数字资料

（二）从内容上看

- 主词
- 宾词

五、统计图的结构和种类

（一）统计图的结构

- 标题
- 标目
- 尺度
- 图域
- 图例

（二）统计图的种类

- 条形图
- 圆形图
- 折线图、曲线图

巩固练习

一、填空题

1. 统计整理是对调查得到的原始资料进行__________、__________，使其条理化、系统化的工作过程。

2. 统计资料的审核内容主要从__________、__________和__________三个方面进行审核。

3. 从形式上看，统计表包括__________、__________、__________和__________四个基本要素。

4. 分配数列的次数分布特征一般有__________、__________、__________三种类型。

5. 统计整理的关键是________________，统计分组的关键在于__________________和____________。

6. 编制组距数列，当资料中存在少数特大和特小的变量值时，可采用____________式进行分组。

7. ____________变量可以作单项式分组或组距式分组；而____________变量只能作组距式分组，其组限表示方式必须是____________。

8. 常用的统计图有__________、__________和____________三种。

二、单项选择题

1. 统计整理阶段最关键的问题是（　　）。

A. 对调查资料的审核　　B. 统计分组

C. 统计汇总　　D. 编制统计表

2. 统计分组的关键在于（　　）。

A. 分组标志的选择

B. 按品质标志分组

C. 运用多个标志进行分组，形成一个分组体系

D. 分组形式的选择

3. 在进行组距式分组时，凡遇到某单位的标志值刚好等于相邻两组上下限的数值时，一般应（　　）。

A. 将此值归入上限所在组

B. 将此值归入下限所在组

C. 将此值归入上限所在组或下限所在组应按指标的内容或性质而定

D. 不能确定

4. 划分连续变量的组限时，相邻两组的上下组限必须是重叠的，而对于离散变量，相邻两组的上下组限（　　）。

A. 必须是间断的　　B. 必须是重叠的

C. 可以是间断的，也可以是重叠的　　D. 应当是重叠的

5. 下列分组中，属于按品质标志分组的是（　　）。

A. 企业按年生产能力分组　　B. 产品按品种分组

C. 家庭按收入水平分组　　D. 人口按年龄分组

6. 统计分组法（　　）。

A. 适用于统计调查阶段　　B. 适用于统计整理阶段

C. 适用于统计分析阶段　　D. 贯穿于整个统计工作过程

7. （　　）宜编制单项数列。

A. 连续型变量且各变量值变动幅度比较小

B. 离散型变量且各变量值变动幅度比较小

C. 连续型变量且各变量值变动幅度较大

D. 离散型变量且各变量值变动幅度较大

8. 统计表中的主词是指（　　）。

A. 表中全部统计资料的内容　　B. 描述研究对象的指标

C. 各种指标所描述的研究对象　　D. 分布在各栏中的指标数值

9. 某连续变量数列，其末组为开口组，下限为 200，又知其邻组的组中值为 170，则末组的组中值为（　　）。

A. 230　　B. 560

C. 185　　D. 515

10. 有 20 名工人看管的机器台数资料如下：3，5，4，6，5，2，3，4，4，3，4，2，3，5，4，4，5，3，3，4。按上述资料编制变量数列应采用（　　）。

A. 单项分组　　B. 组距分组

C. 等距分组　　D. 异距分组

11. 按某一标志分组的结果表现为（　　）。

A. 组内同质性，组间差异性　　B. 组内同质性，组间同质性

C. 组内差异性，组间同质性　　D. 组内差异性，组间差异性

12. 某连续变量数列，其首组为开口组，上限为 100，若其相邻组的组中值为 130，则首组的组中值为（　　）。

A. 60　　B. 70

C. 80　　D. 90

13. 在对全部企业按所有制分组的基础上，再按计划完成程度分组，这种分组是（　　）。

A. 简单分组
B. 复合分组
C. 平行分组体系
D. 不能确定

14. 企业按资产总额分组，（　　）。
A. 只能用单项式分组
B. 只能用组距式分组
C. 只能进行复合分组
D. 既能用单项式分组，又能用组距式分组

15. 主要可用来反映统计总体内部构成的图形是（　　）。
A. 条形图
B. 折线图
C. 曲线图
D. 圆形图

三、 多项选择题

1. 统计分组的作用有（　　）。
A. 划分社会经济现象的类型
B. 说明总体的基本情况
C. 研究同类总体的结构
D. 说明总体单位的特征
E. 表明社会经济现象之间的依存关系

2. 下面（　　）是连续型变量的标志。
A 住房面积
B. 商品的商品销售额
C. 高校的大学生人数
D. 人口的出生率

3. 下面（　　）是离散型变量。
A. 进口的粮食数量
B. 洗衣机台数
C. 每千人口医院床位数
D. 人均粮食产量
E. 城乡集市个数

4. 下列（　　）是变量分配数列。
A. 大学生按所学专业分配
B. 大学生按年龄的分配
C. 商店按商品销售额大小的分配
D. 工人按生产每一零件时间消耗的分配
E. 2024 年某工厂每个月的工人劳动生产率

5. 在次数分配数列中，（　　）。
A. 各组的频数之和等于 100
B. 各组频率之和等于 100%
C. 频数越小，则该组的标志值所起的作用越小
D. 频率表明各组标志值对总体的相对作用程度

6. 下列只能编制组距数列的有（　　）。
A. 家庭按拥有微型计算机数分组
B. 职工按月工资额分组
C. 商场按营业收入分组
D. 学生按每周上网时间分组
E. 单位按年生产总值分组

7. 统计分组形成的组（　　）。
A. 同组中的总体单位所有的指标值都相同
B. 同组中的总体单位所有的标志都相同
C. 同组中的总体单位在分组标志上表现为同质
D. 可当作一个更小的总体
8. 对离散型变量分组，（　　）。
A. 可按每个变量值分别列组
B. 也可采用组距分组
C. 按组距分组时，相邻组的组限不宜重叠，但要相互衔接
D. 按组距分组时，相邻组的组限也可以重叠
9. 异距数列应根据（　　）来反映实际分布状况。
A. 频数　　B. 次数密度
C. 频率　　D. 标准组距次数
10. 在某班学生成绩分组中，80～90 分一组的学生人数占总数的 25%，这一数字是（　　）。
A. 频数　　B. 次数密度
C. 频率　　D. 比重
11. 在组距式数列中，组中值（　　）。
A. 是处于上限值与下限值之间的中点数值　　B. 在开口组中无法确定
C. 是用来代表各组标志值的平均水平　　D. 在开口组中可参照邻组组距来确定
12. 对连续型变量分组，（　　）。
A. 只能用每个变量值作为分组标志　　B. 要用组距分组
C. 组限必须重叠　　D. 组距必须是相等的
E. 首末两组必须采用开口组
13. 次数分配数列（　　）。
A. 是由总体分组和各组分布次数或频率构成的
B. 可以表明总体的内部结构
C. 可以用图表的形式来表现
D. 可以反映总体各单位的分布特征
E. 包括品质数列和变量数列两种
14. 选择分组标志应遵循的原则有（　　）。
A. 根据研究的目的和任务来选择　　B. 选择具有现实意义的标志
C. 能反映现象的本质特征　　D. 最好选择数量标志
15. 从统计分组的含义来看，它意味着（　　）。

A. 对总体而言是“合”　　B. 对总体而言是“分”
C. 对个体而言是“合”　　D. 对个体而言是“分”

16. 在次数分配数列中，关于频率的说法，正确的有（　　）。

A. 用频率作权数要优于用频数作权数

B. 各组频率之和等于 100%

C. 频率可反映各组标志值对总体的相对作用程度，其值越少，则表明该组的标志值所起的作用越小

D. 频率是各组分布次数与总次数之比

四、判断题

1. 对统计总体进行分组，是由总体中各个单位所具有的“同质性”特点决定的。（　　）

2. 统计分组的关键问题是确定组距和组数。（　　）

3. 分配数列的实质是把总体单位总量按照总体所分的组进行分配。（　　）

4. 统计表的主词是说明总体的各种统计指标。（　　）

5. 统计柱形图主要用来说明或比较同一指标在不同时间、地点或不同单位之间的数量对比，圆形图主要用于反映现象的内部结构及其数量对比。（　　）

6. 仅按一个标志分组称为简单分组，进行简单分组的统计表就叫简单表。（　　）

7. 对原始资料的审核主要包括资料的准确性、及时性和完整性三个方面。（　　）

8. 离散型变量只适合单项式分组，连续型变量只适合组距式分组。（　　）

9. 在进行分组时，凡遇到某单位的标志值刚好等于相邻两组上、下限数值，一般是将此值归入上限所在的组。（　　）

10. 将某市 500 家工厂按产值多少分组而形成的变量数列，各组的分布次数就是各厂的产值数。（　　）

11. 对连续型变量的分组，只能是组距式的。（　　）

12. 统计分组就是依据各不相同的分组标志对总体进行划分。（　　）

13. 在组距数列中，开口组与闭口组求组中值的公式是相同的。（　　）

14. 向上累计表示该组变量值下限值以上的次数或频率的合计数。（　　）

五、应用题（计算结果保留两位小数）

1. 从生产车间的 500 名工人中随机抽取 50 名工人，这些工人的日产量如下（单位：件）：

148	140	127	120	110	104	132	135	129	123
116	109	132	135	129	123	110	108	148	135

128	123	114	108	132	124	120	125	116	118
125	137	107	113	123	140	137	119	119	127
128	119	124	130	118	107	113	122	128	114

要求：

（1）根据上述数据资料分成5个组，编制等距数列；

（2）计算各组的组中值、各组频率、向上累计次数和向上累计频率；

（3）在同一直角坐标系中绘制次数分布条形图和折线图，并指出其分布特征（分布类型）。

2. 某市某年5月的粮食销售总额为3 000万元，其中细粮销售额为2 000万元，细粮中的大米销售额为1 500万元，面粉销售额为500万元；粗粮销售额为1 000万元，粗粮中的玉米销售额为500万元，高粱销售额为500万元。根据上述资料，编制能反映该市粮食销售情况的统计表。

课堂实训

Excel软件在数据整理中的应用

通过统计调查得到的数据是杂乱的、没有规律的，因此，必须对搜集到的大量原始数据进行加工整理，经过数据分析才能得到科学的结论。统计整理包括对数据进行分类汇总，并计算各类指标及利用统计图或统计表描述统计汇总结果等。Excel软件提供了多种数据整理工具，如频数分布函数、统计图、直方图分析工具等。本节以例3.4为例进行阐述。

【例3.4】根据抽样调查，某月某市59户居民购买消费品支出资料如下（单位：元）：

830	880	1 230	1 100	1 180	1 580	1 210	1 460	1 170	1 080
1 050	1 100	1 070	1 370	1 200	1 630	1 250	1 360	1 270	1 420
1 180	1 030	870	11 50	1 410	1 170	1 230	1 260	1 380	1 510
1 010	860	810	1 130	1 140	1 190	1 260	1 350	930	1 420
1 080	1 010	1 050	1 250	1 160	1 320	1 380	1 310	1 270	1 250

要求按800～900、900～1 000、1 000～1 100、1 100～1 200、1 200～1 300、1 300～1 400、1 400～1 500、1 500～1 600、1 600以上分为9个组。

一、利用Excel软件进行统计分组

（一）频数分布函数

Excel软件提供了一个专门用于统计分组的频数分布函数，它以一列垂直数组返回某个区域的数据分布，描述数据分布状态。用频数分布函数进行统计分组的操作过程如下。

首先，在使用此函数时，先将样本数据排成一列，本例中为 A1：A50。

其次，利用频数分布函数进行统计分组和计算频数，具体操作步骤如下。

第一步，在选定单元格区域，单击“插入”菜单，选择“函数”选项，弹出“插入函数”对话框。本例中选定的单元格区域为 C3：C11，如图 3－11 所示。

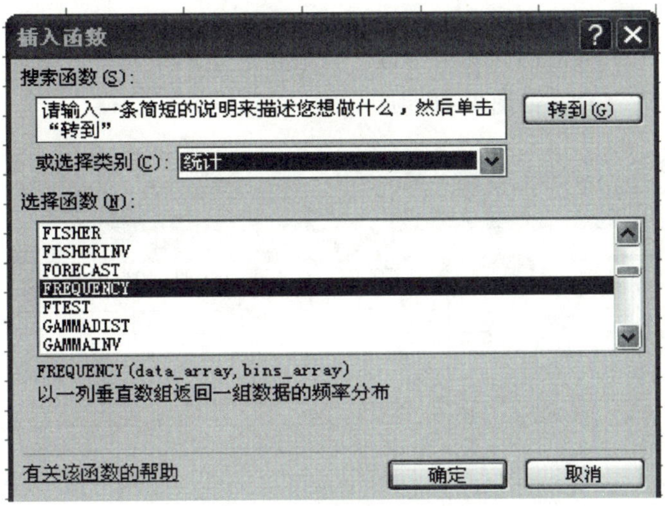

图 3－11 “插入函数”对话框

第二步，打开“函数参数”对话框，输入待分组数据与分组标志，如图 3－12 所示。在 FREQUENCY 选项区域中有 Data_ array 和 Bins_ array 两个输入框。

（1）Data_ array 用于计算频数的数组，或对数组单元区域的引用。本例中为 A1：A50。

（2）Bins_ array 为数据接收区间，即一组数或对数组区间的引用，设定 Data_ array 进行频率计算的分段点。本例中为 899、999、1 099、1 199、1 299、1 399、1 499、1 599、1 699。

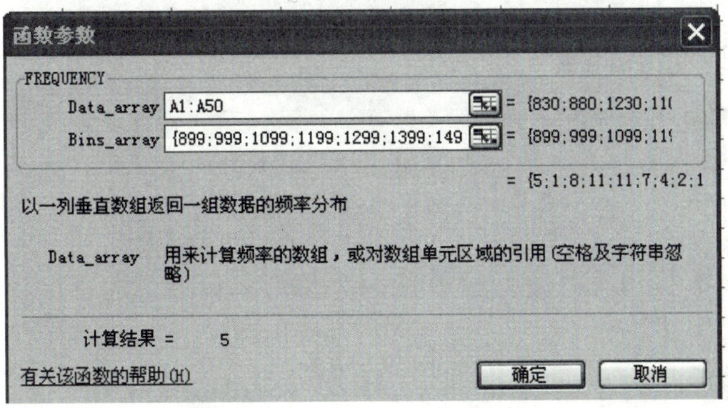

图 3－12 FREQUENCY 对话框

注意：

频数分布函数要求按组距的上限分组，不接受非数值的分组标志（如“不足××”或“××以上”等）。在输入的数据两端必须加大括号，各数据之间用分号隔开。输入完成后，由于频数分布是数组操作，所以不能单击“确定”按钮。

第三步，按 Ctrl + Shift + Enter 组合键，在最初选定的单元格区域内得到频数分布结果，在本例中为 C3：C11，如图 3－13 所示。

图 3－13　频数分布结果

至此，利用频数分布函数进行统计分析就全部完成了。如需编制频数分布表，则需配合使用 Excel 软件的其他功能。

在利用频数分布函数统计分组获得频数的基础上，再利用 Excel 软件制表计算频数分布表，如图 3－14 所示。

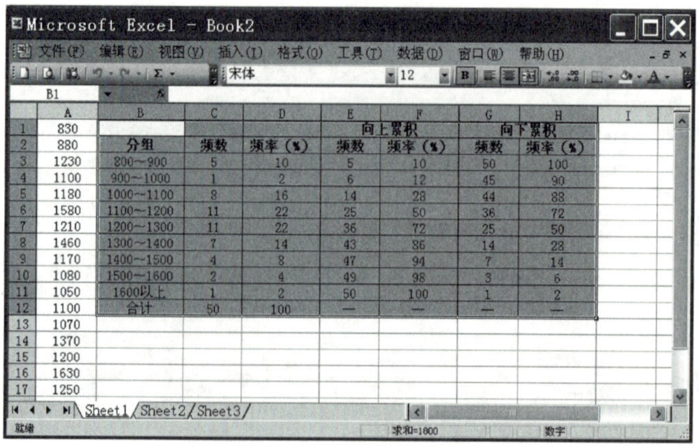

分组	频数	频率（%）	向上累积 频数	向上累积 频率（%）	向下累积 频数	向下累积 频率（%）
800～900	5	10	5	10	50	100
900～1000	1	2	6	12	45	90
1000～1100	8	16	14	28	44	88
1100～1200	11	22	25	50	36	72
1200～1300	11	22	36	72	25	50
1300～1400	7	14	43	86	14	28
1400～1500	4	8	47	94	7	14
1500～1600	2	4	49	98	3	6
1600以上	1	2	50	100	1	2
合计	50	100	—	—	—	—

图 3－14　频数分布表

利用函数和公式可获得频数分布表，计算方法如下。

C 列频数之和可利用 SUM 求和函数进行计算，单击 C12 单元格，输入“ = SUM（C3：C11)”，然后按回车键得 C12 结果。

D 列频数的计算：单击 D3，输入“ = C3 * 100/5”，然后按回车键得 D3 结果。之后，使用填充柄功能，按住鼠标左键向下拖至 D11 单元格，放开鼠标，可得 D3 ~ D11 的结果；求和类似于频数求和的做法。

E 列向上累积频数的计算：单击 E3 单元格，输入“ = C3”，然后按回车键可得结果，再单击 E4 单元格，输入“E3 + B4”，按回车键可得结果。然后，使用填充柄功能，按住鼠标左键向下拖至 E11 单元格，放开鼠标，可得 E4 ~ E11 的结果。

F 列向上累积频率的计算类似于向上累积频数的计算。

G 列向下累积频数的计算：单击 G3 单元格，输入“ = C12”，按回车键可得结果，再单击 G4 单元格，输入“G3 – C3”，按回车键可得结果。之后，使用填充柄功能，按住鼠标左键向下拖至 G11 单元格，放开鼠标，可得 G4 ~ G11 的结果。

H 列向下累积频率的计算类似于向下累积频数的计算。

（二） 直方图分析工具

与频数分布函数只能进行统计分组和频数计算相比，直方图分析工具可完成数据的分组、频数分布与累积频数的计算、绘制直方图与累积折线图等一系列操作。这里仍以例 3.4 为分析资料，阐述直方图分析工具的统计整理功能，其操作过程如下。

首先，先将样本数据排成一列，最好对数据进行排序，本例中已利用排序操作排好序，为 A1：A50。输入分组标志，本例中为 B1：B10，分别是 899、999、1 099、1 199、1 299、1 399、1 499、1 599、1 699。

> **注意：**
>
> 要求按组距的上限分组，不接受非数值的分组标志（如“不足 × ×”或“× × 以上”等)。

然后，利用直方图分析工具进行分析，具体操作步骤如下。

第一步，单击“工具”菜单，选择“数据分析”选项，弹出“数据分析”对话框，如图 3 – 15 所示。

第二步，打开“直方图”对话框，确定输入区域、接收区域和输出区域，如图 3 – 16 所示。

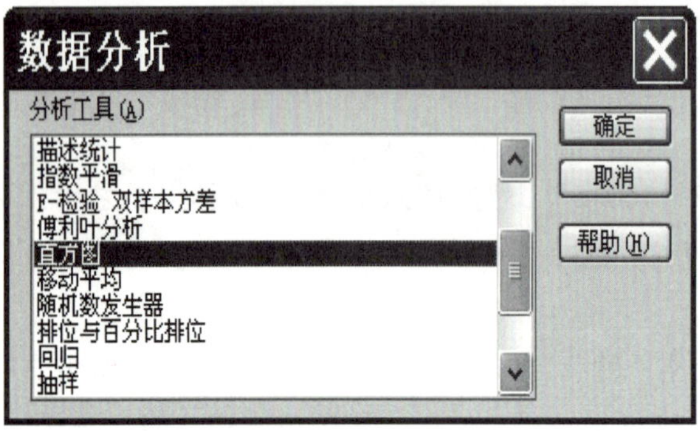

图 3－15　“数据分析”对话框

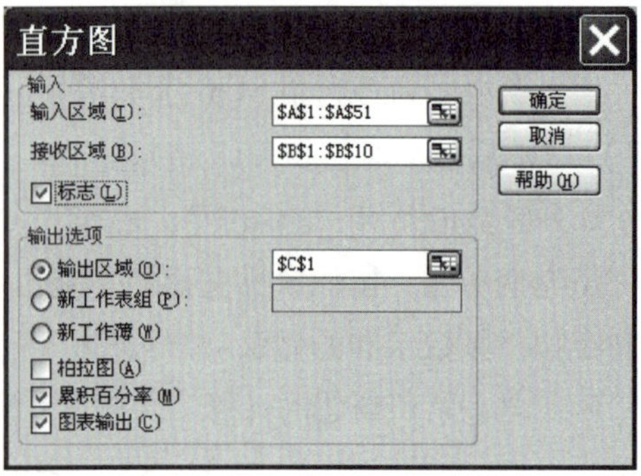

图 3－16　“直方图”对话框

在“直方图”对话框中，有“输入”和“输出选项”两个选项区域，对其操作如下：

（1）在“输入区域”文本框中输入待分析数据区域的单元格引用，若输入区域有标志项，则选中“标志”复选框；否则，系统自动生成数据标志。在“接收区域”文本框中输入接收区域的单元格引用。该框可为空，此时系统自动利用输入区域中的最小值和最大值建立平均分布的区间间隔分组。本例的输入区域为 \$A\$1：\$A\$51，接收区域为 \$B\$1：\$B\$10。

（2）在“输出选项”栏中可选择输出去向，输出去向与“抽样”对话框的输出去向类似。本例中选择“输出区域”为 \$C\$1。

（3）选择“柏拉图”可以在输出表中同时按降序排列频数数据；选择“累积百分率”可在输出表中增加一列累积百分比数值，并绘制一条百分比曲线；选择“图表输出”可生成一个嵌入式直方图。

第三步，单击“确定”按钮，在输出区域单元格得到频数分布，如图 3－17 所示。

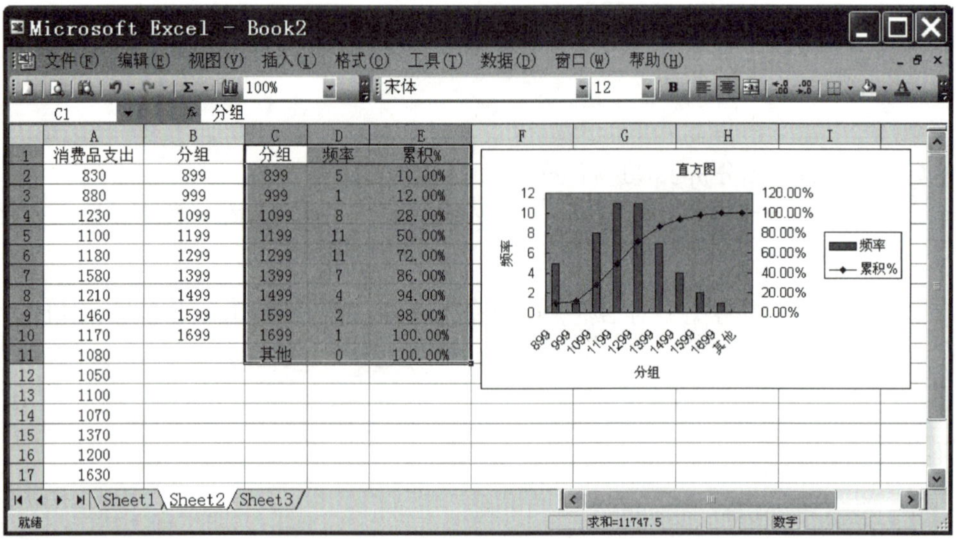

图 3－17　直方图频数分布结果

第四步，将条形图转换成标准直方图，如图3－18所示。具体做法：左键单击条形图的任意直条，再单击右键，在快捷菜单中选取“数据系列格式”，然后在“数据系列格式”对话框中选择选项标签，将间距宽度改为0，单击“确定”按钮即可。

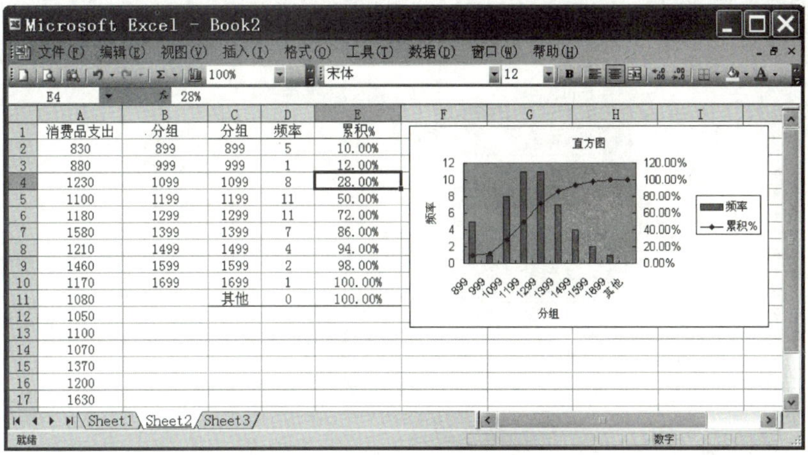

	A	B	C	D	E
1	消费品支出	分组	分组	频率	累积%
2	830	899	899	5	10.00%
3	880	999	999	1	12.00%
4	1230	1099	1099	8	28.00%
5	1100	1199	1199	11	50.00%
6	1180	1299	1299	11	72.00%
7	1580	1399	1399	7	86.00%
8	1210	1499	1499	4	94.00%
9	1460	1599	1599	2	98.00%
10	1170	1699	1699	1	100.00%
11	1080		其他	0	100.00%
12	1050				
13	1100				
14	1070				
15	1370				
16	1200				
17	1630				

图3－18　标准直方图

二、 利用Excel绘制统计图

传统的统计表需要数据使用者精心分析，而统计图显示的资料具有形象生动、一目了然的优点，通过图形可以方便地观察到数量之间的对比关系、总体的结构特征及变化发展趋势等。统计图在统计整理中的应用越来越广泛。Excel软件提供的图形工具有柱形图、折线图、饼图、散点图、面积图、环形图、股价图等。下面以柱形图为例，介绍利用Excel软件制作统计图的工作步骤。

【例3.5】根据某地区2010—2024年国内生产总值构成数据制作相应的统计图。

解：第一步，创建工作表，将统计资料输入Excel软件，如图3－19所示。

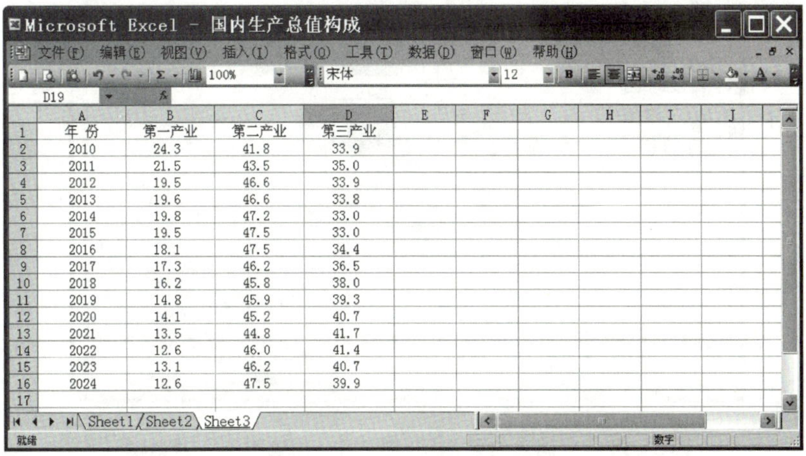

	A	B	C	D
1	年份	第一产业	第二产业	第三产业
2	2010	24.3	41.8	33.9
3	2011	21.5	43.5	35.0
4	2012	19.5	46.6	33.9
5	2013	19.6	46.6	33.8
6	2014	19.8	47.2	33.0
7	2015	19.5	47.5	33.0
8	2016	18.1	47.5	34.4
9	2017	17.3	46.2	36.5
10	2018	16.2	45.8	38.0
11	2019	14.8	45.9	39.3
12	2020	14.1	45.2	40.7
13	2021	13.5	44.8	41.7
14	2022	12.6	46.0	41.4
15	2023	13.1	46.2	40.7
16	2024	12.6	47.5	39.9

图3－19　某地区2010—2024年国内生产总值构成数据

第二步，在想要绘制图形的数据中选择任意单元格，然后在“插入”菜单中选择“图表”选项，或单击工具栏中的图表向导按钮，如图3-20所示。

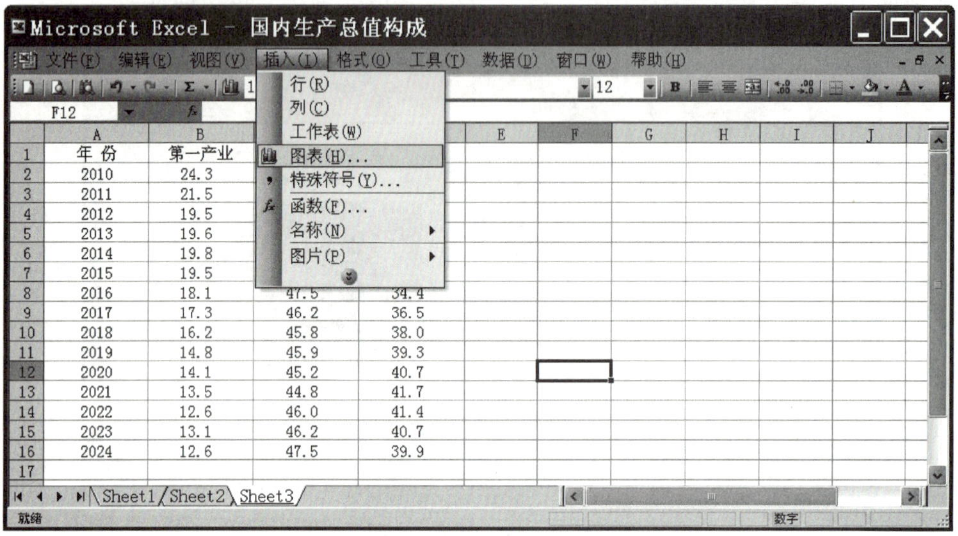

图3-20　选择“图表”选项

第三步，选定图表类型。在弹出的“图表向导—4步骤之1—图表类型”对话框中选择所需要的图表类型，然后单击“下一步”按钮，如图3-21所示。

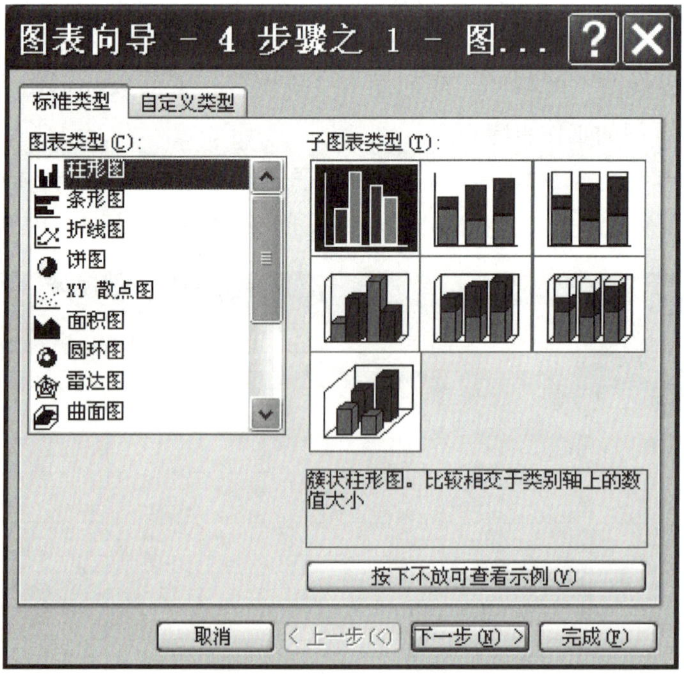

图3-21　“图表向导—4步骤之1—图表类型”对话框

第四步，确定数据范围。在弹出的“图表向导—4 步骤之 2—图表源数据”对话框中，规定数据区域和每一数据系列的名字及数值的区域，如图 3 – 22 和图 3 – 23 所示，然后单击“下一步”按钮。

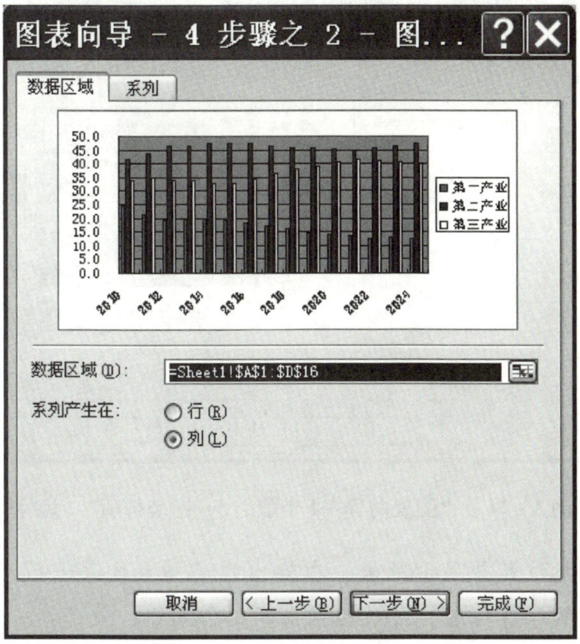

图 3 – 22　“图表向导—4 步骤之 2—图表源数据”对话框

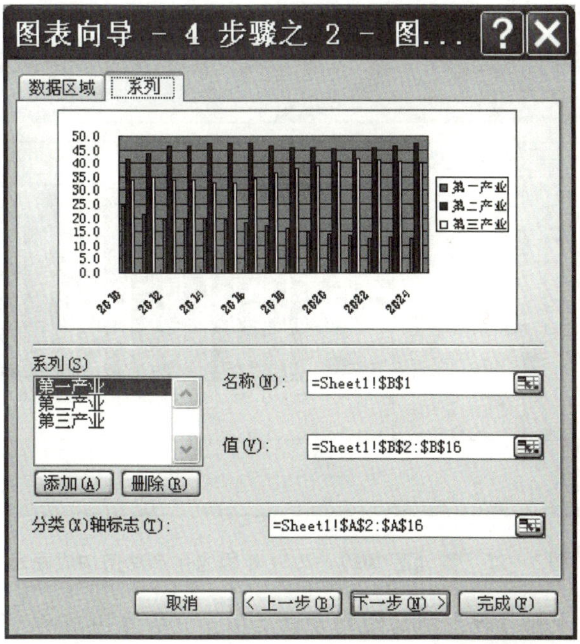

图 3 – 23　“图表向导—4 步骤之 2—图表源数据”数据区域选项界面

第五步，选择图表选项。在弹出的“图表向导—4 步骤之 3—图表选项”对话框中可给图表命名，为每一个坐标轴赋予名称等。然后单击“下一步”按钮，如图 3－24 所示。

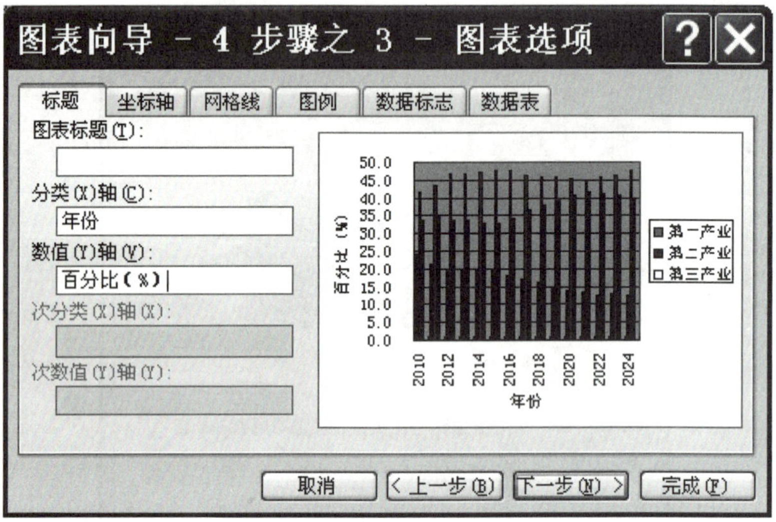

图 3－24　“图表向导—4 步骤之 3—图表选项”对话框

第六步，选择图标位置并显示结果。在弹出的“图表向导—47 步骤之 4—图表位置”对话框中可为图表选择保存位置，或放在独立的工作表中，或作为一个对象放在当前工作表中。然后单击“完成”按钮。本例中选择了作为一个对象放在工作表中，如图 3－25 所示。

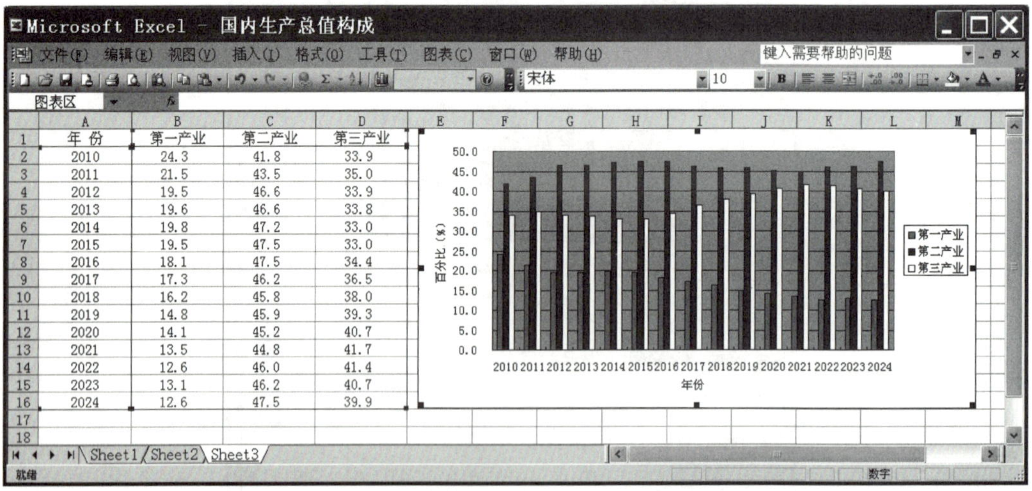

图 3－25　某地区 2010—2024 年国内生产总值构成图表

其他图形的绘制步骤与柱形图的绘制步骤类似，只需在图形类型中选择不同的图形类型即可。

知识延伸

统计数据按其量化尺度分为四种类型

统计数据是对客观现象进行计量的结果。为反映社会现象的属性和数量特征，我们能够予以计量或测量的尺度标准和量化程度是不同的。

统计数据按其计量或测量的尺度标准和量化程度的不同，通常分为以下四种类型：

（一）测量值数据

凡用度量衡工具测量得出的数据就称为计量值数据。其特点是：整数位之间可以用小数连接，因此又称连续数据，如身高、体重、年龄等。

（二）计数值数据

凡是通过清点得出的数据就称为计数值数据。其特点是：只能用整数表示，不能取小数。如不合格品数、职工人数、设备台数等。

（三）排序数据

指用顺序等次来说明总体单位属性的描述尺度。其特点是：它没有数量大小，只能描述顺序等次，而无法具体量化。如同意、中立、不同意；优质品、合格品、次品等。

（四）分类数据

通过分类获得，只能说明总体单位所属类别的描述尺度。这类数据实质上是将类别用数字符号来表示，因此又叫名义数据。如用“1”表示男性，“2”表示女性。其特点是：它既没有数量大小，又没有先后顺序；其数值的大小和顺序无任何统计学意义。

思政元素

思政教育切入点：统计数据整理必须做到去伪存真，数据处理方法必须科学有效，严格遵循统计职业道德规范，按统计数据分类分级标准规范要求传输和保管统计数据资料。要求学生在整理数据资料的过程中必须具有认真负责、严谨细致的工作态度和团结协作的工作作风。

统计数据分类分级标准规范（2022）

第一条　为全面贯彻落实党中央、国务院关于数据安全的决策部署，依法加强统计数据管理，筑牢统计数据安全屏障，提升统计数据治理能力，维护国家安全、公共利益和个人、组织合法权益，根据《中华人民共和国数据安全法》《中华人民共和国统计法》《中华人民共和国个人信息保护法》《中华人民共和国网络安全法》等相关法律法规，制定本规范。

第二条　本规范适用于各级统计部门对本单位本领域的统计数据进行分类分级、制定数据分类分级目录。

国务院有关部门参照本规范开展本部门统计数据的分类分级工作；或结合本部门实际，制定补充性的部门统计数据分类分级标准规范，按照《中华人民共和国统计法》有关规定报国家统计局审批。

第三条　本规范所称统计数据，是指在开展统计工作过程中，采集、存储、使用、加工、传输、提供、公开的任何以电子或者其他方式对信息的记录（包括数字、图表、音频、视频等）。不包括属于国家秘密的统计数据。

第四条　统计数据分为基层数据和综合数据。

基层数据是指通过各种方式，从国家机关、企业事业单位、其他组织以及个体工商户、住户和个人等统计调查对象获取的各种电子或其他方式的统计资料，包括个人数据、分户数据、企业（单位）数据、项目数据和其他基层数据。

综合数据是指对基层数据进行整理、汇总、推算等加工处理形成的总量、结构、速度、比例、均值、指数等数据，包括国民经济核算数据，国民经济各行业生产经营数据，以及人口、投资、能源、科技等经济社会重点领域的统计数据。

第五条　根据统计数据的重要性、精度、规模、安全风险等关键要素，将统计数据安全等级从高到低划分为核心、重要、一般三个级别。

第六条　核心统计数据是指对领域、群体、区域具有较高覆盖度或达到较高精度、较大规模、一定深度的重要统计数据，一旦遭到篡改、破坏、泄露或者非法获取、非法利用，可能直接危害政治安全。主要包括：

（一）关系国家安全重点领域的重要统计数据；

（二）关系国民经济命脉、重要民生、重大公共利益的重要统计数据；

（三）覆盖范围达到全国规模的重大国情国力普查基层数据；

（四）经评估确定为核心统计数据的其他重要统计数据。

第七条　重要统计数据是指特定领域、特定群体、特定区域或达到一定精度和规模的统计数据，一旦遭到篡改、破坏、泄露或者非法获取、非法利用，可能直接危害国家安全、经济运行、社会稳定、公共健康和安全。主要包括：

（一）涉及粮食、资源、能源、科技等重要领域和国家级重大工程、重大项目的有关基层数据和公开发布前的综合数据；

（二）涉及少数民族、妇女、儿童、老年人、残疾人等特定群体的有关基层数据和公开发布前的综合数据；

（三）涉及国家安全和核心利益的重要工农业产品分品种产量、产能等统计数据；

（四）覆盖范围达到省级及以上规模的基层数据，以及能够推算得到省级及以上总量数据的抽样调查样本数据；

（五）经评估确定为重要统计数据的其他统计数据。

第八条　一般统计数据是指核心统计数据、重要统计数据以外的统计数据。

第九条　同一数据类别含不同级别的统计数据时，按照其中的最高级别定级。

第十条　统计数据分类分级工作实行动态管理，根据统计数据及其处理活动的新情况、新要求和外在风险的变化，对统计数据类别和安全级别进行动态审核和更新。

第十一条　本规范自印发之日起施行，由国家统计局负责解释。

资料来源：国家统计局天津调查总队官网。

项目四

综合指标

知识目标

了解总量指标、相对指标、平均指标、标志变异指标的含义、特点。掌握各种指标的计算及应用。

能力目标

能够正确计算各种相对指标、平均指标和标志变异指标，学会正确运用各类指标分析具体问题。

重要概念

总量指标　相对指标　平均指标　标志变异指标

情境导入

杰信公司目前正在对本公司年龄在 30 岁以下的员工进行专业理论培训，在公司本部工作的 32 人组成 A 班，在公司分部工作的 42 人组成 B 班。如图 4－1 所示，在公司统一组织的第一次考试中，A 班平均 81 分，B 班平均 76 分。在刚刚结束的第二次考试中，A 班平均 80.2 分，B 班平均 79.8 分。同时，A 班不及格人数为 5 人，B 班不及格人数为 6 人。如果你是分管此项工作的管理人员，你应如何据此信息评价 A、B 两班的学习效果？

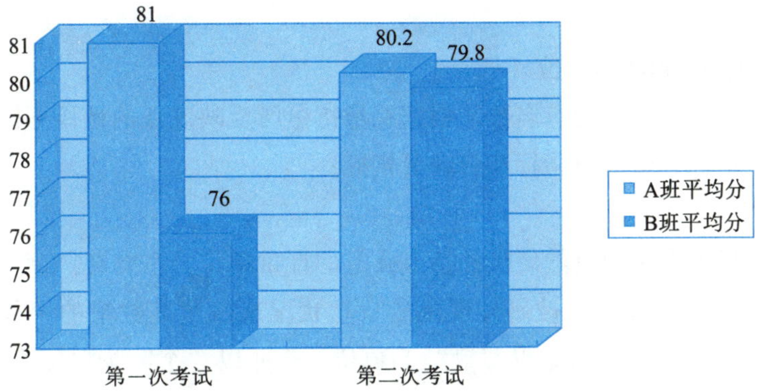

图 4－1　杰信公司员工理论培训考试结果

知识储备

任务一　总量指标

一、总量指标的概念和特点

总量指标是用来反映某一社会经济现象在一定条件下的总规模、总水平或工作总量的统计指标。总量指标用绝对数表示，也是用一个绝对数来反映特定现象在一定时间上的总量状况，它是一种最基本的统计指标。例如，2024 年国内生产总值为 1 349 084 亿元，国民总收入为 1 339 672 亿元，全国粮食总产量为 70 650 万吨，全国就业人员 73 439 万人，年末国家外汇储备为 32 024 亿美元。这些都是总量指标，用绝对数来说明我国 2024 年上述统计指标的绝对总量是多少，反映了我国经济发展的总体规模和总体水平。

（1）总量指标是绝对数形式，都有计量单位。

（2）绝对数是统计指标中最基本的形式，它是认识事物的起点数据，是计算相对数和平均数的基础。

（3）总量指标数值的大小受总体范围大小的影响。总体范围大，总量指标数值就大；反之，总量指标的数值就小。例如，一个市的学生人数肯定大于该市内某个学校的学生人数。

二、总量指标的计算方法和计量单位

（一）总量指标的计算

总量指标数值都是通过对总体单位进行全面调查登记，采用直接计数、点数或测量等方法，逐步计算汇总得出的。例如，统计报表中的总量资料、普查中的总量资料都是采用直接计量法取得的。只有在不能直接计算或不必直接计算总体的总量指标的少数情况下才

采用间接推算法。

（二）总量指标的计量单位

总量指标的计量形式都是有名数。根据总量指标所反映现象的性质不同，其计量单位一般分为实物量指标、价值量指标和劳动量指标。

1. 实物指标

实物指标是根据事物的自然属性和特点确定的计量单位，主要有：

（1）自然单位。它是按照被研究现象的自然状况来度量其数量的一种计量单位。例如，人口以“人”为单位，汽车以“辆”为单位，企业以“个”为单位等。

（2）度量衡单位。它是按照统一的度量衡制度规定的单位来度量其数量。例如，煤炭以“吨”为单位、棉布以“尺”（1 尺≈33.3 cm）或“米”为单位、粮食以“公斤”或“斤”（1 斤 =0.5 kg）为单位等。

（3）复合单位。它是将两种计量单位结合在一起以乘积表示事物的数量。例如，货物周转量是以“吨千米”为单位计量的。

（4）双重单位。它是用两种计量单位表示事物的数量。例如，发电机是以“千瓦·台”为单位计量的。

（5）标准实物单位。它是按照统一折算标准来度量被研究现象数量的一种计量单位。它主要用于计量存在差异的工业或农业产品，为了准确地反映其总量，需要把各种产品按照一定的标准折合为标准品再相加。例如，将各种不同型号的玻璃箱数都折合成厚度为 2 毫米、面积为 10 平方米的标准箱来计算其总量。

实物量可分为混合量与标准量两种：

① 混合量：指同一种类不同规格的数量之和。

② 标准量：

$$\sum（\text{不同规格量} \times \text{折合系数}）$$

$$\text{折合系数} = \text{实际规格}/\text{标准规格}$$

【例 4.1】某拖拉机厂 2024 年生产 45 马力的拖拉机 88 台，15 马力的拖拉机 92 台，12 马力的拖拉机 160 台。试分别按混合量和标准量（以 15 马力为标准）统计该厂拖拉机生产总量。

解：混合量：

$$88 + 92 + 160 = 340 \text{（台）}$$

标准量：

$$88 \times \frac{45}{15} + 92 \times 1 + 160 \times \frac{12}{15} = 484 \text{（标准台）}$$

2. 价值量指标

价值量指标也叫货币单位。它是以货币作为价值尺度来计量事物的总量的，如国内生产总值、社会商品零售额、产品成本等，都是以“元”或扩大为“万元”“亿元”来计量的。

3. 劳动量指标

劳动量指标是用劳动时间表示的计量单位，如“工时”“工日”等。工时是指一个职工干1小时的工作，工日通常指一个职工干8小时的工作。

三、总量指标的种类

（一）按说明总体的内容划分

按说明总体的内容不同，总量指标分为总体单位总量和总体标志总量。

1. 总体单位总量

总体单位总量是用来反映统计总体内包含总体单位个数多少的总量指标，用来表明统计总体的容量大小。

2. 总体标志总量

总体标志总量是统计总体各单位某一方面数量标志值的总和。

例如，研究某地区工业企业的生产经营状况时，统计总体是该地区所有的工业企业，总体单位是该地区每一个工业企业，那么该地区所有工业企业数是总体单位总量，该地区所有工业企业职工人数、年工业增加值、工业总产值是总体标志总量。

在一个特定的总体中，总体单位总量只有一个，总体标志总量却不止一个；总体单位总量和总体标志总量并不是固定不变的，会随着研究目的和对象的不同而不同。若将上例中的调查目的改为研究某地区工业企业职工的工资水平，那么，该地区所有工业企业的职工人数就不再是总体标志总量，而是总体单位总量了。

（二）按反映总体的时间状况划分

按反映总体的时间状况划分，标志总量分为时期指标和时点指标。

1. 时期指标

时期指标是反映社会经济现象在一定时期内所达到的总量。它是社会经济现象在一段时间内发展的结果。例如，国民收入、总产值、工资总额和人口出生数等。

2. 时点指标

时点指标是反映社会经济现象在某一时点上所存在的总量的指标。例如，人口数、库存量、土地面积、储蓄存款余额等都是时点指标。

3. 时期指标和时点指标的区别

时期指标和时点指标的区别是：

（1）是否具有可加性。时期指标的数值没有重复计算，可以累计相加；时点指标的数值有重复计算，相加无实际意义。例如，年内各月销售额的总和是年销售额；月末库存量的一部分被统计到年末库存量中，使得各月末库存量之和没有任何实际意义。

（2）指标数值的大小与时间长短是否相关。时期指标的数值大小与时间长短有关，一般情况下，时期越长，时期指标的数值就越大；时点指标的数值大小与时点间隔的长短没有直接关系。例如，年销售额一定大于年内某月的销售额，年末库存量并不一定比年内各月末的库存量多。

（3）是否可以连续计数。时期指标的数值一般通过连续登记取得，即把这段时间内发生的数量连续登记后再进行累计；时点指标的数值则通过间断登记取得，即只需要在某一时点上进行统计。

四、计算和运用总量指标应注意的问题

为使总量指标的资料准确，在进行总量指标统计时有以下要求：

（1）对总量指标的实质（如含义、范围等）进行明确、科学的界定。因为总量指标的计算并不是单纯的汇总技术问题。

（2）计算实物总量指标时，必须注意现象的同类性。

（3）要有统一的计量单位，选择正确、合理的计算方法。

任务二 相对指标

一、相对指标的概念和作用

（一）相对指标的概念

相对指标是用两个有联系的指标的比值来反映社会经济现象数量特征和数量关系的综合指标。相对指标也称为相对数。

（二）相对指标的作用

相对指标在统计分析中的应用广泛，它的主要作用如下：

（1）相对指标通过数量之间的对比，可以表明事物的相关程度、发展程度，它可以弥补总量指标的不足，使人们清楚地了解现象的相对水平和普遍程度。例如，某企业去年实现利润 50 万元，今年实现利润 55 万元，则今年利润增长了 10%，这是总量指标不能说明的。

（2）把现象的绝对差异抽象化，使原来无法直接对比的指标变为可比指标。不同的企业由于生产规模条件不同，直接用总产值、利润比较评价意义不大，但如果采用一些相对指标，如资金利润率、资金产值率等进行比较，便可对企业生产经营成果做出合理评价。

（3）说明总体内在的结构特征，为深入分析事物的性质提供依据。例如，计算一个地区不同经济类型的结构，可以说明该地区经济的性质。又如，计算一个地区第一、第二、

第三产业的比例，可以说明该地区社会经济现代化程度等。

二、相对指标的计量单位

相对指标的计量单位有两种：一种是无名数；另一种是有名数。

（一）有名数

有名数主要用于表示强度相对指标的数值，它保留两个对比指标原来的计量单位。例如，人口密度指标以“人/平方千米”表示。

（二）无名数

相对指标一般表现为无名数，通常用系数、倍数、成数、百分数和千分数表示，系数和倍数是将对比的基数抽象为 1 来计算相对指标；成数是将对比的基数抽象为 10 来计算相对指标，1/10 即一成；百分数是将对比的基数抽象为 100 来计算相对指标，是最常用的一种表现形式，通常用“%”表示；千分数是将对比的基数抽象为 1 000 来计算相对指标，适用于对比的分子数值比分母数值小很多的情况，通常用“‰”表示。

注意：

（1）百分点。百分点是两个对比基准相同的百分数相减之后的结果。例如，股票价格某月 5 日同1 日比为150%，6 日同1 日比为120%，则股票价格6 日比5 日下跌了30 个百分点。

（2）翻番数。某地区 2024 年财政收入为 220 亿元，计划到 2025 年翻一番即 440 亿元，翻两番即 880 亿元，翻三番即 1 760 亿元。

三、相对指标的种类和计算方法

相对指标一般有六种形式，即计划完成程度相对指标、结构相对指标、比例相对指标、比较相对指标、强度相对指标和动态相对指标。

（一）计划完成程度相对指标

计划完成程度相对指标是社会经济现象在某时期内实际完成数与计划任务数对比的结果，一般用百分数表示。基本计算公式为：

$$\text{计划完成程度相对指标} = \frac{\text{实际完成数}}{\text{计划任务数}} \times 100\% \qquad (4-1)$$

式中，计划任务数是计划规定的用于衡量计划完成情况的标准。因此，计划任务数只能作为分母，并且分子与分母的指标含义、计算口径、计算方法、计量单位以及时间长度和空间范围都必须保持一致。

由于计划任务数下达的形式有绝对数、相对数和平均数，因此，计算计划完成程度相对指标的方法也不尽相同。

1. 计划任务数为绝对数和平均数

使用绝对数和平均数计算计划完成程度的相对指标时，可直接用式（4－1）计算。

【例 4.2】某企业 2024 年产品计划产量为 1 000 件，实际完成 1 120 件，则产量的计划完成程度相对指标为：

$$产量的计划完成程度相对指标 = \frac{1\ 120}{1\ 000} \times 100\% = 112\%$$

计算结果表明，该企业超额 12% 完成了产量计划，实际产量比计划产量增加了 120 件。

【例 4.3】某企业的劳动生产率计划达到 8 000 元/人，某种产品的计划单位成本为 100 元，该企业实际的劳动生产率达到 9 200 元/人，该产品的实际单位成本为 90 元，其计划完成程度相对指标为：

$$劳动生产率的计划完成程度相对指标 = 9\ 200 \div 8\ 000 \times 100\% = 115\%$$

$$单位成本的计划完成程度相对指标 = \frac{90}{100} \times 100\% = 90\%$$

计算结果表明，该企业的劳动生产率实际比计划提高了 15%，而单位成本实际比计划降低了 10%。

注意：根据计划完成程度相对指标来判断是否完成计划，要根据指标的性质来确定。反映成果的指标，超过 100%，是超额完成计划；小于 100%，是没有完成计划，如产量、劳动生产率、利润、销售额等指标。反映消耗的指标，小于 100%，是超额完成计划；大于 100%，是没有完成计划，如成本、消耗量等。

在检查中长期计划的完成情况时，根据计划指标的性质不同，计算方法可分为水平法与累计法两种。

（1）水平法。用水平法检查计划完成程度就是根据计划末期（最后一年）实际达到的水平与计划规定的同期应达到的水平相比较，来确定全期是否完成计划。其计算公式如下：

$$计划完成程度相对指标 = \frac{中长期计划末期实际达到的水平}{中长期计划末期计划达到的水平} \times 100\% \quad (4-2)$$

【例 4.4】某产品按五年计划规定，最后一年的产量应达到 50 万吨，实际生产情况见表 4－1。

表 4－1　　某产品的实际生产情况

年　份	第一年	第二年	第三年		第四年				第五年			
			上半年	下半年	第一季	第二季	第三季	第四季	第一季	第二季	第三季	第四季
生产量/万吨	44	45	24	22	11	12	12.5	12.5	13.5	12	12.5	13

则该企业产量第五年计划完成程度相对指标为：

$$计划完成程度相对指标 = \frac{135 + 12 + 125 + 13}{50} \times 100\% = 102\%$$

计算结果表明，该企业超额 2% 完成了第五年计划产量。

（2）累计法。累计法就是将整个计划期内实际完成的累计数与同期计划数相比较，来确定计划完成程度。计算公式如下：

$$计划完成程度相对指标=\frac{中长期计划末期实际累计完成量}{中长期计划末期计划累计量}\times100\% \quad (4-3)$$

2. 计划任务数为相对数

计划任务数为相对数时，计划完成程度的计算公式为：

$$计划完成程度相对指标=\frac{实际达到的百分数}{计划规定的百分数}\times100\% \quad (4-4)$$

【例4.5】某企业某产品产量计划要求增长10%，同时该种产品单位成本计划要求下降5%，而实际产量增长了12%，实际单位成本下降了8%，则计划完成程度相对指标为：

$$产量计划完成程度相对指标=\frac{100\%+12\%}{100\%+10\%}\times100\%=101.82\%$$

$$单位成本计划完成程度相对指标=\frac{100\%-8\%}{100\%-5\%}\times100\%=96.84\%$$

计算结果表明：产量计划完成程度大于100%，说明超额完成了计划。而单位成本计划完成程度小于100%，说明实际成本比计划成本有所降低，也超额完成了成本降低计划。

注意，计划执行进度的检查公式如下：

$$计划执行进度=\frac{计划期内某段时间累计实际完成数}{全期计划数}\times100\% \quad (4-5)$$

（二）结构相对指标

结构相对指标是在对总体分组的基础上，以总体总量作为比较标准，求出各组总量占总体总量的比重，反映总体内部组成情况的综合指标。它通常用百分数表示，其计算公式为：

$$结构相对指标=\frac{各组或部分总量}{总体总量} \quad (4-6)$$

结构相对指标必须以科学的分组为基础，才能正确反映总体的结构。由于结构相对指标对比的基础相同，即都是与同一总体总量相比，因此，各部分的结构相对指标之和等于100%，见表4-2。

表4-2　我国第七次人口普查的人口年龄构成表

按年龄划分	人数/人	所占比重
0~14岁	253 383 938	17.95%
15~59岁	894 376 020	63.35%
60岁及以上	264 018 766	18.70%
合计	14 117 78 724	100.00%

表4-2显示了我国不同年龄段人口所占的比重，反映了我国人口的年龄构成。

（三）比例相对指标

比例相对指标是总体内部各个组成部分之间的数量对比，用以分析总体范围内各个部分、各个组成之间的比例关系和协调平衡状况。一般用系数或倍数表示，也可用百分比表示。其计算公式为：

$$比例相对指标=\frac{总体中某一部分数值}{总体中另一部分数值} \tag{4-7}$$

根据表4－2中的资料，可以计算出各年龄段人口的比例。例如，0～14岁与60岁以上人口的比例为253 383 938/264 018 766＝0.96∶1。

（四）比较相对指标

比较相对指标是同一时期同类现象的指标数值在不同空间内（地区与地区之间、部门与部门之间、单位与单位之间）进行的对比，表明同类现象在不同空间条件下的差异程度，它可以用百分数表示，也可以用倍数表示。其计算公式为：

$$比较相对指标=\frac{甲单位某指标值}{乙单位同类指标值} \tag{4-8}$$

【例4.6】2024年甲厂全员劳动生产率为31 500元/人，乙厂全员劳动生产率为10 680元/人，试计算甲厂的全员劳动生产率是乙厂的多少倍。

解：甲厂的全员劳动生产率为乙厂的2.95（31 500/10 690）倍。

在经济管理工作中，把企业的各项技术经济指标与国家规定的质量标准对比，与同行业的先进水平对比，找出差距，从而为提高本单位生产水平和管理水平提供依据。

计算比较相对指标，可以用绝对指标，也可以用相对指标和平均指标。但不管用何种指标计算，都必须考虑其是否具有可比性。

（五）强度相对指标

强度相对指标是将两个性质不同但又相互联系的总量指标进行对比，可以反映现象的强度、密度或普遍程度，一般用复名数表示（由分子与分母的计量单位组成）。其计算公式为：

$$强度相对指标=\frac{某一现象的指标数值}{另一有联系现象的指标数值} \tag{4-9}$$

例如，按人口平均计算的钢产量，是用全年的钢产量与全国的人口数对比得到的相对数，用来反映一个国家的钢铁发展程度，它也是反映国家经济实力的重要指标之一。

强度相对指标有正、逆指标之分。若强度相对指标数值的大小与所研究对象的发展程度或密度成正比，则称为正指标；反之，其数值大小与所研究对象的发展程度与密度成反比，则称为逆指标。在统计实践中，是采用正指标还是采用逆指标，应根据哪一个指标更能清楚地说明问题来决定。

【例4.7】某城市2024年年末人口为100万人，零售商店为5 000个，试计算该城市的零售商业网点密度。

该城市的零售商业网密度（正指标）=5 000/1 000 =5（个/千人）

以上强度相对数为5（个/千人），说明该市每千人有5个零售商业机构为他们服务。指标值越大，表示零售商业网密度越大，它是从正方向说明零售商业网密度的，所以称为正指标。

如果把分子和分母互换一下，则：

该城市的零售商业网密度（逆指标）=1 000 000 /5 000 =200（人/个）

这个强度相对数为200（人/个），说明该城市每个零售商业机构所服务的人数是200人。指标的数值越大，表示零售商业网密度越小。它是从反方向来说明零售商业网密度的，所以称为逆指标。

注意：有些强度相对数带有“平均”的含义，但并不是平均数。

（六）动态相对指标

动态相对指标，又称发展速度，是把同一现象在不同时期的指标数值进行对比，用以说明某一现象发展变化的方向和程度。通常把作为比较基础的时期称为基期，把与基期进行比较的时期称为报告期。它通常用百分数表示，也可以用倍数表示。其计算公式为：

$$动态相对指标=\frac{报告期指标数值}{基期同一指标数值} \tag{4-10}$$

【例4.8】 某企业2024年原油产量为33万吨，2023年原油产量为22万吨。则：

$$动态相对指标=\frac{33}{22}=150\%$$

说明该企业2024年的原油产量为2023年的150%，增加了50%。动态相对指标在对事物进行动态分析中很重要，本书将在项目五中对其作详细介绍。

四、计算和运用相对指标应注意的问题

（一）可比性原则

所谓可比性，就是作为对比的分子指标和分母指标所包括的内容、计算范围要有可比性，对比的结果要有实际意义。例如，计算人口密度时，人口数和土地面积必须是同一地域范围内的。

（二）相对指标与总量指标结合运用的原则

总量指标能够反映现象发展的总规模和总水平，却无法反映现象之间的联系；相对指标反映了现象之间的数量对比关系和差异程度，却又对现象的具体规模水平进行了抽象。因此，只有将相对指标和总量指标结合起来使用，才能克服片面性，达到对客观事物全面的认识。

（三）多种相对指标结合运用的原则

相对指标有很多种，每种相对指标都能从某一个侧面反映数量之间的对比关系。因此，要全面、深刻地认识事物，就需要将各种相对指标结合起来进行考察和研究。

任务三 平均指标

一、平均指标的概念和作用

（一）平均指标的概念

平均指标用以说明同质总体内某一数量标志在具体时间、地点条件下达到的一般水平。其数值表现为平均数。

总体是由许多单位构成的，在一个确定的研究目的下，各总体单位具有共同的标志，但具有不同的标志值。如果从整体上观察这些标志值，便会发现这些具有差异的标志值在分布上具有集中趋势，即向某一数值聚集，而这个数值便可代表总体各单位标志值的一般水平，称为平均指标。例如，某班学生统计测验成绩高低不同，为了反映全班同学的整体成绩，就需要一个值代表所有学生的成绩，这个代表值就是平均成绩。

（二）平均指标的作用

（1）利用平均指标可以消除因总体范围不同而带来的总体数量差异，从而使不同的总体具有可比性。

例如，比较生产同类产品的几个企业的生产情况，不能用总产值、总成本等总量指标进行对比，因为总量指标受企业规模、产品产量多少的影响，但如果用平均指标，如单位产品成本、劳动生产率来进行对比，就可以较好地评价企业的生产情况。

（2）利用平均指标可以分析现象之间的依存关系。利用统计分组分析现象之间的依存关系，首先要用影响标志对总体进行分组，然后计算出结果标志的平均值，所以平均值在研究对象的相互关系中起着重要的作用。例如，将商业企业按商品流转额的大小划分为不同规模的组，再计算出每组的平均商品流通费用率，就可以反映出商品流转额的多少与流通费用率之间的依存关系。

（3）利用平均指标还可以估计和推算其他有关指标。在抽样判断中，要利用样本平均数估计总体平均数和推算总体总量。

二、平均指标的种类及计算

平均指标有多种不同的计算方法，因而也有不同的类别。通常主要有算术平均数、调和平均数、几何平均数、中位数和众数等。其中算术平均数、调和平均数、几何平均数都是根据总体单位的全部标志值来计算的，因而称为数值平均数。而中位数和众数是根据标志值所处的位置来确定的，所以称为位置平均数。

这些平均数虽然都用来反映现象的一般水平，但它们所反映的一般水平有不同的意义，而且每种平均数无论从计算方法上，还是从适用场合上，都有各自不同的特点，下面将分别予以讲述。

（一）算术平均数

算术平均数是应用最广泛的一种平均指标，是总体标志总量与总体单位总量的比值。

$$算术平均数 = \frac{总体标志总量}{总体单位总量} \tag{4-11}$$

利用式（4－11）计算算术平均数时，要求总体标志总量与总体单位总量必须属于同一总体，即分子的各个标志值与分母的各个单位必须一一对应。这一点也是算术平均数与强度相对指标的根本区别。

若掌握了总体标志总量与总体单位总量的资料，可以直接利用基本公式计算平均数。

例如，某企业职工月工资总额为 60 万元，职工人数为 400 人，试计算该企业职工的月平均工资。

该企业职工的月平均工资＝600 000/400＝1 500（元/人）

在实际工作中，由于掌握的资料不同，计算时可分为简单和加权两种形式。

【例 4.9】某高职院校各系青年职工按工龄分组情况见表 4－3。

表 4－3　某高职院校各系青年职工按工龄分组情况

工龄/年	职工人数/人			
	经贸系	信息系	机械系	会计系
2	1	2	2	6
3	1	2	3	5
4	1	2	4	4
5	1	2	5	3
6	1	2	6	2
合计	5	10	20	20

试计算各系青年职工的平均工龄。

经贸系：（2＋3＋4＋5＋6）/5＝4（年）。

信息系：(2×2＋3×2＋4×2＋5×2＋6×2)/10＝4（年）。

机械系：(2×2＋3×3＋4×4＋5×5＋6×6)/20＝4.5（年）。

会计系：(2×6＋3×5＋4×4＋5×3＋6×2)/20＝3.5（年）。

从例 4.9 得出：

（1）简单算术平均数为：

$$\bar{x} = \frac{x_1 + x_2 + \cdots + x_n}{n} = \frac{\sum x}{n}$$

（2）加权算术平均数为：

$$\bar{x}=\frac{x_1\cdot f_1+x_2+\cdot f_1\cdots+x_n\cdot f_n}{\sum f}=\frac{\sum xf}{\sum f}=\sum\left(x\cdot\frac{f}{\sum f}\right)$$

式中，$\bar{x}$ 为算术平均数；x 为各单位标志值；n 为总体单位数；f 为各组单位数，在分配数列中，称为次数，亦称权数；$\frac{f}{\sum f}$ 为各组单位数占全部单位数的比重，也称“频率”。

从例 4.9 的计算结果可以看出：

简单算术平均数主要受标志值 x 的影响，加权算术平均数除了受标志值 x 的影响外，还受各标志值出现次数的影响。

次数对平均数的大小起着权衡轻重的作用，因此统计中就把这个次数称为权数。权数有两种形式：

（1）绝对权数（频数）f。

（2）相对权数（频率）$\frac{f}{\sum f}$。

其中 $\frac{f}{\sum f}$（比重权数）更体现了权数的实质。

简单算术平均数是加权算术平均数在权数相等情况下的一种特殊形式。

（二）调和平均数

调和平均数是根据各标志值的倒数计算的，它是标志值倒数的算术平均数的倒数。在实际工作中，有时由于缺乏总体单位数的资料而不能直接计算平均数，这时就可采用调和平均数计算。因此，在统计工作中，调和平均数经常被作为算术平均数的变形来使用。调和平均数有简单调和平均数和加权调和平均数两种形式。

【例 4.10】 有三种苹果，单价分别为 2 元/斤、4 元/斤、5 元/斤，试问：

（1）各买 1 斤的平均价格为多少？

（2）各买 8 斤、12 斤、10 斤的平均价格为多少？

（3）各买 1 元的平均价格为多少？

（4）各买 8 元、12 元、10 元的平均价格为多少？

解：（1）各买 1 斤的平均价格为：

$$\bar{x}=\frac{2+4+5}{3}=3.67\ (\text{元/斤})$$

这里运用了简单算术平均数。

（2）各买 8 斤、12 斤、10 斤的平均价格为：

$$\bar{x}=\frac{2\times 8+4\times 12+5\times 10}{8+12+10}=3.80\ (\text{元/斤})$$

这里运用了加权算术平均数。

(3) 各买1元的平均价格为：

$$\bar{x}=\frac{3}{\frac{1}{2}+\frac{1}{4}+\frac{1}{5}}=3.16(元/斤)$$

(4) 各买8元、12元、10元的平均价格为：

$$\bar{x}=\frac{8+12+10}{\frac{8}{2}+\frac{12}{4}+\frac{10}{5}}=3.33(元/斤)$$

从例4.10的(3)与(4)分别得出：

①简单调和平均数的公式为：

$$\bar{x}=\frac{n}{\sum\frac{1}{x}} \tag{4-12}$$

②加权调和平均数的公式为：

$$\bar{x}=\frac{\sum m}{\sum\frac{m}{n}}$$

式中，n为标志总量；x为各单位标志值；m为各组的标志量；$\frac{m}{x}$为各组的单位数。

从以上例子可以看出，在计算平均价格时，无论简单调和平均数还是加权调和平均数，其公式的分子指标都是采购金额，分母指标都是采购数量，即分子为标志总量，分母为单位总量。也就是说，调和平均数只是算术平均数的变形，它在公式实质含义、计算结果上均与算术平均数一致。如果所掌握的资料是各组标志值的次数，则应采用加权算术平均数。

（三）几何平均数

几何平均数是把各个标志值连乘，然后开n次方所得的平均值。若有标志值的连乘积等于总比率或总速度的现象，都可用几何平均数来计算它们的平均比率和平均速度，反映现象的一般水平。因此，它是一种使用很独特的平均数。我们将在项目五中具体讲述其计算方法。

（四）众数

1. 众数的意义

众数是总体中出现次数最多的标志值，即最经常、最普遍出现的标志值。

在总体单位数很多，且有明显的集中趋势的情况下，可以采用众数来代表现象的一般水平。因为众数在总体中出现的次数最多，在总体中占有重要地位。例如，某种商品在集市交易中绝大部分以每千克0.75元的价格成交，则0.75是平均价格。另外，男式衬衫42厘米是销售量最多的尺码，则42厘米就是众数，可代表男式衬衫尺码的一般水平，要大量生产。

2. 众数的确定

由单项数列确定众数比较容易，通过观察找出出现次数最多的那个标志值即众数。

由组距数列确定众数，首先应确定众数所在的组，然后应用差数法来推算众数的近似值。

计算众数有下限公式和上限公式两种，其计算结果相同，可根据情况任选一个。

下限公式为：

$$M_0 = L + \frac{\Delta_1}{\Delta_1 + \Delta_2} \times i \tag{4-13}$$

上限公式为：

$$M_0 = U - \frac{\Delta_2}{\Delta_1 + \Delta_2} \times i \tag{4-14}$$

式中：M_0 为众数，Δ_1 为众数组次数与下一组次数之差，Δ_2 为众数组次数与上一组次数之差，i 为众数组的组距，L 为众数组的下限，U 为众数组的上限。

下面通过举例来说明组距数列众数的计算方法。

【例 4.11】 某企业职工月工资分组资料见表 4－4，试确定众数。

表 4－4 某企业职工月工资分组资料

按月工资分组/元	职工人数/人
3 000 以下	40
3 000～3 200	200
3 200～3 400	480
3 400～3 600	1 050
3 600～3 800	600
3 800～4 000	280
4 000 以上	150
合 计	2 800

解：由表 4－4 可知，第四组的职工人数为 1 050 人，是最多的，因此，众数应在 1 400～1 600元这一组。

计算众数的近似值为：

$$M_0 = L + \frac{\Delta_1}{\Delta_1 + \Delta_2} \times i = [1\,400 + \frac{1\,050 - 480}{(1\,050 - 480) + (1\,050 - 600)} \times 200] = 1\,511.76 \text{（元）}$$

$$M_0 = U + \frac{\Delta_2}{\Delta_1 + \Delta_2} \times i = [1\,600 + \frac{1\,050 - 600}{(1\,050 - 480) + (1\,050 - 600)} \times 200] = 1\,511.76 \text{（元）}$$

（五）中位数

1. 中位数的意义

将总体中各单位的标志值按大小顺序排列，位于中间位置的标志值就是中位数。也就是说，中位数将全部标志值分成两部分，一半单位的标志值小于中位数，另一半单位的标志值大于中位数，以处于中心位置的标志值代表现象的一般水平，所以它不受极端值的影响。

2. 中位数的确定

中位数的确定要根据所掌握的资料不同而采用不同的计算方法。

（1）由未分组资料确定中位数。将各标志值按大小顺序排列后，首先用公式 $(n+1)/2$ 确定中位数在数列中的位置，然后根据中点位置的标志值确定中位数。如果 n 为奇数，则中位数就是位于中间位置的那个标志值；如果 n 为偶数，则中位数就是位于中间位置的两个标志值的算术平均数。

【例 4.12】有甲、乙两组工人加工某种零件，日加工零件数（件）如下：

甲组 7 个工人日加工零件数分别为 5、6、7、8、8、10、12。

乙组 8 个工人日加工零件数分别为 5、5、6、8、8、9、9、10。

试确定甲、乙两组的中位数。

解：甲组中位数的位置是 $(7+1)/2=4$，则第 4 个工人的日产量 8 件是中位数。

乙组中位数的位置是 $(8+1)/2=4.5$，则中位数为 $(8+8)/2=8$（件）。

（2）由分组资料确定中位数。分组资料有单项式数列和组距数列，对于单项式数列确定中位数的方法比较简单，即先计算各组的累积次数 $\sum f$，然后根据 $\sum \frac{f}{2}$ 确定中位数所在的组，则该组的标志值即中位数。

【例 4.13】某班组工人按日产量分组资料见表 4－5，试确定中位数。

表 4－5　某班组工人按日产量分组表

按日产量分组/个	工人数/人	向上累计次数	向下累积次数
8	4	4	34
9	6	10	30
10	15	25	24
11	5	30	9
12	4	34	4
合　计	34	—	—

解：由表 4－5 的资料可知，中位数的位置为 $\sum f/2=17$，而 17 包含在第三组的累计次数里，所以，中位数在第三组，即中位数为 10 个。

组距数列确定中位数一般分为三步：

第一步：计算累计次数 $\sum f$。

第二步：根据 $\sum f/2$ 确定中位数所在的组。

第三步：用近似计算公式计算中位数。

组距数列确定中位数可用下限公式与上限公式两种计算方法。

下限公式为：

$$M_e = L + \frac{\frac{\sum f}{2} - S_{m-1}}{f_m} \times i \tag{4-15}$$

上限公式为：

$$M_e = U - \frac{\frac{\sum f}{2} - S_{m+1}}{f_m} \times i \tag{4-16}$$

式中：M_e 为中位数，L 为中位数所在组的下限，f_m 为中位数所在组的次数，$\sum f$ 为总次数，S_{m-1} 为中位数所在组以前各组的向上累积次数，i 为中位数所在组的组距，U 为中位数所在组的上限，S_{m+1} 为中位数所在组以后各组的向下累计次数。

下面举例来说明组距数列中位数的计算方法。

【例 4.14】某企业职工月工资分组资料见表 4－6，试确定众数。

表 4－6　某企业职工月工资分组表

按月工资分组/元	职工人数/人	累计次数	
		向上累计	向下累计
1 000 以下	40	40	2 800
1 000～1 200	200	240	2 760
1 200～1 400	480	720	2 560
1 400～1 600	1 050	1 770	2 080
1 600～1 800	600	2 370	1 030
1 800～2 000	280	2 650	430
2 000 以上	150	2 800	150
合　计	2 800	—	—

解：在表 4－6 的累计次数中，可以看出中位数所在的组是第四组，即 3 400～3 600 元这组内，因此应在该组确定中位数的具体数值。

由组距数列求中位数，假定次数在组内分配是均匀的，这样就可按比例推算出中位数的近似值。

具体计算可采用下限公式或上限公式：

$$M_e = L + \frac{\frac{\sum f}{2} - S_{m-1}}{f_m} \times i = 3\ 400 + \frac{1\ 400 - 720}{1\ 050} \times 200 = 3\ 529.52\ (元)$$

$$M_e = U - \frac{\frac{\sum f}{2} - S_{m+1}}{f_m} \times i = 3\ 600 - \frac{1\ 400 - 1\ 030}{1\ 050} \times 200 = 3\ 529.52\ (元)$$

三、应用平均指标应注意的几个原则

平均指标在统计分析中应用非常广泛，要使各种平均数充分发挥作用，应用时必须注意下列几个原则：

（一）平均数只能在同质总体中进行计算

这是计算平均数的必要前提和基本原则。所谓同质，就是总体的各个单位在某一标志上的性质是相同的。只有在同质总体中，总体各单位才具有共同的特征，才能计算它们的平均数来反映其一般水平。如果总体各单位是不同质的，那么计算出来的平均数非但不能说明事物的性质及其规律，反而会掩盖现象之间的本质差别，甚至歪曲事实真相。

（二）用组平均数补充总平均数

在许多情况下，按同质总体所计算的总平均数还不能充分反映所研究现象的特征和规律，也就是说，在同质总体中，各单位之间还存在其他一些性质上的重要差别，而它们对总平均数往往有着重要影响。因而应当用有关标志对总体进行分组，计算组平均数，从而对总平均数做补充说明，来揭示现象内部结构组成的影响，见表 4－7。

表 4－7　甲公司和乙公司的技术工人与非技术工人工资及平均工资比较表

工人类别	甲公司			乙公司		
	平均工资/（元·人）	工人人数/人	工资总额/元	平均工资/（元·人）	工人人数/人	工资总额/元
技术工人	6 000	700	4 200 000	6 400	300	1 920 000
非技术工人	4 000	300	1 200 000	4 200	700	2 940 000
合　计	5 400	1 000	5 400 000	4 860	1 000	4 860 000

由表 4－7 可知，甲公司的月平均工资高于乙公司，但无论是技术工人还是非技术工人的月平均工资，甲公司都低于乙公司。那么为什么会出现这种情况呢？原因在于甲公司平均工资高的技术工人所占的比重为 70%，平均工资低的非技术工人所占的比重为 30%；而乙公司平均工资高的技术工人所占的比重为 30%，平均工资低的非技术工人所占的比重为 70%，平均工资高低不同的工人所占的比重的差异，造成组平均工资高的反而总平均工资低。因此，在统计分析时，应注意用组平均数补充总平均数。

（三）用分配数列来补充说明平均数

平均数只是用一个数值来说明现象的一般水平，它掩盖了总体各单位之间的差异及其分布情况。为了更深入地说明问题，需按平均标志对总体进行分组，用分配数列补充说明总平均数，见表4－8。

表4－8　某企业职工日产量分组表

日产量 x/件	工人人数 f/人	日产量 xf/件
5	4	20
6	8	48
7	60	420
8	80	640
9	15	135
10	5	50
合　计	172	1313

$$\text{工人平均日产量为 } \bar{x} = \frac{\sum xf}{\sum f} = \frac{1\ 313}{172} = 7.6\ (\text{件})$$

工人总的平均日产量是7.6件，但它掩盖了工人之间日产量的差异。把总平均数与表4－8中的分配数列结合起来分析，不仅能看出工人生产的一般水平，而且能看出工人生产的先进水平与落后水平及其差异。

任务四　标志变异指标

一、标志变异指标的意义

平均指标反映了总体各单位标志值的集中趋势。然而，总体各单位标志值的差异是客观存在的。因此，为了更全面地研究总体的数量特征，还需要另一种指标反映总体各单位标志值的差异程度，即现象的离中趋势。这类指标在统计中被称为标志变异指标（或称标志变动度）。

标志变异指标在统计分析中的具体作用有以下几点：

（1）反映总体各单位标志值分布的离中趋势，说明平均指标的代表性大小。平均指标作为总体各单位标志值集中趋势的代表值，其代表性的大小与总体各单位标志值的差异程度，即离中趋势有直接关系。总体的变异指标值越大，平均数的代表性越小；反之，变异指标值越小，平均数的代表性越大。

【例 4.15】三个生产小组的日产量（件）资料如下：

甲：25 25 25 25 25 25 25 25 25 25

乙：20 22 23 25 25 26 26 26 28 29

丙：11 15 18 22 30 29 31 25 34 35

以上三个生产小组的平均日产量都是 25 件，但 A 组的日产量没有差异，B 组的日产量差异小，C 组的日产量差异大，也就是说，三个组的日产量偏离 25 件的程度由小到大依次为 A、B、C，因此，平均日产量 25 件对三个生产小组日产量的代表性程度由大到小依次为 A、B、C。

（2）说明现象变动的均匀性和稳定性程度。在统计分析中，人们常用标志变异指标来分析生产计划、供应计划、销售计划的执行是否均匀，产品的质量是否稳定。

【例 4.16】两个工业企业某月钢材生产计划完成情况见表 4－9。

表 4－9　　甲、乙两企业计划完成情况

企业	计划任务/件	实际完成情况							
		上旬		中旬		下旬		全月	
		绝对数/件	占全月的比例	绝对数/件	占全月的比例	绝对数/件	占全月的比例	绝对数/件	完成计划
甲	360	114	31.67%	120	33.33%	126	35.00%	360	100.00%
乙	480	80	11.67%	160	33.33%	240	50.00%	480	100.00%

从表 4－9 看，甲、乙两个企业均完成了月生产计划，但从各旬的完成情况看，甲企业生产过程比较均衡，各旬计划完成程度差异小；但乙企业生产存在前松后紧的情况，生产很不均衡，上旬仅完成月计划的 16.67%，而下旬突击完成计划的 50%，各旬生产计划完成程度差异大。

（3）标志变异指标在抽样调查中的作用。标志变异指标的大小与抽样方式的选择和必要抽样数目的确定有着密切关系，这部分内容将在项目七中做详细叙述。

二、标志变异指标的种类及计算

标志变异指标主要有全距、平均差、标准差和变异系数等。这些指标的计算方法不同，含义各异，因此应用的场合也不同。以下将根据不同的度量方法对这些指标的定义、计算方法和特点分别进行阐述。

（一）全距

全距是一种简单的测定变异程度的指标。它是最大标志值与最小标志值之差，说明标志值变动范围的大小。

全距的优点是计算方法简单，但它只是说明总体中两个极端标志值的变动范围，并不能全面反映各单位标志值的变异程度，这是全距的局限性。全距在误差检测与控制中有重要作用。

（二）平均差

平均差是总体各单位标志值与其算术平均数之间离差的绝对值的算术平均数，反映的是各单位的标志值与其平均数的差异程度。尽管平均差是根据全部标志值计算的，能够反映各单位标志值的离散程度，平均差一般用 AD 表示。由于掌握的资料不同，其计算分为两种形式。

（1）简单式。简单式的计算公式为：

$$A \cdot D = \frac{\sum |x - \bar{x}|}{n}$$

（2）加权式。加权式的计算公式为：

$$A \cdot D = \frac{\sum |x - \bar{x}| f}{\sum f}$$

（三）标准差

标准差是总体中各单位标志值与其算术平均数的离差平方的算术平均数的平方根，又称为均方差。标准差的实质与平均差基本相同，只是在数学处理方法上与平均差不同。平均差是采用绝对值的方法消除离差的正负号，然后计算离差绝对值的算术平均数，而标准差是用平方的方法来消除离差的正负号，然后计算离差平方的算术平均数再开方，因此又称均方差，标准差是测定标志值离散程度的主要指标，用 σ 表示。

标准差的计算分为总体各单位变量的标准差计算和是非标志标准差的计算。

1. 总体各单位变量的标准差计算

根据所掌握资料的不同，标准差的计算可以分为简单式与加权式两种。

（1）简单式。简单式的计算公式为：

$$\sigma = \sqrt{\frac{\sum (x - \bar{x})^2}{n}} \qquad (4-17)$$

此公式适用于根据未分组资料计算标准差。

（2）加权式。加权式的计算公式为：

$$\sigma = \sqrt{\frac{\sum (x - \bar{x})^2 f}{\sum f}} \qquad (4-18)$$

此公式适用于根据分组资料计算标准差。

下面通过实例来说明标准差的计算。

【例 4.17】某班学生考试成绩分组资料如表 4-10 所示，试计算标准差。

表 4-10　　某班学生考试成绩分组表

按考试成绩分组/分	人数 f/人	组中值 x	xf	$(x-\bar{x})^2$	$(x-\bar{x})^2 f$
60 以下	3	55	165	484	1 452
60～70	6	65	390	144	864
70～80	15	75	1 125	4	60
80～90	12	85	1 020	64	768
90 以上	4	95	380	324	1 296
合计	40	—	3 080	—	4 440

$$\bar{x} = \frac{\sum xf}{\sum f} = \frac{3\ 080}{40} = 77\ (\text{元})$$

$$\sigma = \sqrt{\frac{\sum (x-\bar{x})^2 f}{\sum f}} = \sqrt{\frac{4\ 440}{40}} = 10.54\ (\text{元})$$

2. 是非标志标准差的计算

在社会经济现象中，将可以用“是”“非”或“有”“无”表示的标志称为是非标志。例如，可将全部产品划分为合格品与不合格品，将人口划分为男与女等。是非标志有两种表现形式，通常用 1 表示具有某种标志的标志值，用 0 表示不具有某种标志的标志值，把是非标志的标志值转化为“0”“1”后，就可以计算其平均数和标准差。

设全部总体单位数为 N，具有某种标志的单位数为 N_1，不具有某种标志的单位数为 N_0，则 $N = N_1 + N_0$；具有某种标志的单位数占全部单位数的成数（比重）为 p，不具有某种标志的单位数占全部单位数的成数（比重）为 q，则 $p = N_1/N$，$q = N_0/N$，$p + q = 1$。

是非标志的平均数为：

$$\bar{x} = \frac{\sum xf}{\sum f} = \frac{1 \times p + 0 \times q}{p + q} = p$$

是非标志的标准差为：

$$\sqrt{\frac{\sum (x-\bar{x})^2 f}{\sum f}} = \sqrt{\frac{(1-p)^2 p + p^2 q}{p + q}} = \sqrt{pq(p+q)} = \sqrt{pq} \qquad (4-19)$$

（四）变异系数

变异指标中的平均差和标准差都是表明总体中各个体之间数量差异的绝对量，其数值的大小不仅受各单位标志值差异程度的影响，而且受数列平均水平高低的影响。因此，对比分析不同水平的变量数列之间标志值的变异程度，还不宜直接用各数列的平均差或标准差进行，必须消除各数列平均水平高低的影响，才能直接反映出不同水平数列的离散程度。消除方法是将平均差或标准差与算术平均数进行对比，这时就要计算变异系数。

变异系数是以相对数形式表示的变异指标，它是通过变异指标中的平均差或标准差与平均数对比得到的。常用的有标准差系数，以 V_σ 表示。其计算公式为：

$$V_\sigma = \frac{\sigma}{\ } \times 100\% \tag{4-20}$$

标准差系数反映的是平均水平下标志值的离散程度，因此其为水平高低不同的两个数列提供了对比的基础。下面通过实例来说明标准差系数的计算方法。

【例 4.18】甲、乙两个企业的平均工资、标准差见表 4－11，比较哪个企业的平均工资代表性高。

表 4－11　　甲、乙企业工资变动程度比较表

企业	平均工资 $\bar{x}$/元	标准差 σ	标准差系数
甲	3 800	120	3.15%
乙	4 200	128	3.05%

解：

由于 $V_\sigma = \frac{\sigma}{x} \times 100\%$

$$V_{\sigma甲} = \frac{120}{3\ 800} \times 100\% = 3.15\%$$

$$V_{\sigma乙} = \frac{128}{4\ 200} \times 100\% = 3.05\%$$

由计算结果可知，乙企业月平均工资的代表性高于甲企业。

学习小结

一、综合指标的形式

- 总量指标（绝对数）
- 相对指标（相对数）
- 平均指标（平均数）

二、绝对指标的种类

- 从内容上看
  - 总体单位总量
  - 总体标志总量
- 从时间上看
  - 时期指标
  - 时点指标
- 从计量单位上看
  - 实物量指标
  - 价值量指标
  - 劳动量指标

三、相对指标的种类

- 相对数
  - 静态相对数（同一时间对比）
    - 计划完成相对数
    - 结构相对数
    - 比例相对数
    - 比较相对数
    - 强度相对数
  - 动态相对数（不同时间对比）

四、平均指标的种类

- 平均数（静态平均 / 动态平均）
  - 数值平均
    - 算术平均数
    - 调和平均数
    - 几何平均数
  - 位置平均数
    - 众数
    - 中位数

五、平均指标的计算方法

- 算术平均数（已知分母，不知分子）
  - 简单 $\bar{x}=\frac{\sum x}{n}$
  - 加权 $\bar{x}=\frac{\sum xf}{\sum f}=\sum(x\cdot\frac{f}{\sum f})$
- 调和平均数（已知分子，不知分母）
  - 简单 $\bar{x}=\frac{n}{\sum\frac{1}{x}}$
  - 加权 $\bar{x}=\frac{\sum m}{\sum\frac{m}{x}}$
- 算术平均数与调和平均数：现象之间相互独立
- 几何平均数（现象之间相互联系）
  - 简单 $\bar{x}=\sqrt[n]{x_1x_2\cdots x_n}$
  - 加权 $\bar{x}=\sqrt[\sum f]{x_1^{f_1}x_2^{f_2}\cdots x_n^{fn}}$

六、变异指标的种类与计算方法

- 全距（极差）　$R=$ 最大标志值 − 最小标志值
- 平均差
  - 简单平均差　$A.\ =\frac{\sum|x-\bar{x}|}{n}$
  - 加权平均差　$A.\ =\frac{\sum|x-\bar{x}|f}{\sum f}$
- 标准差
  - 简单标准差　$\sigma=\sqrt{\frac{\sum(x-\bar{x})^2}{n}}$
  - 加权标准差　$\sigma=\sqrt{\frac{\sum(x-\bar{x})^2 f}{\sum f}}$
  - 是非标志（成数或比重）的标准差　$\sigma=\sqrt{p(1-p)}$
- 标准差系数　$V_\sigma=\frac{\sigma}{\bar{X}}\times100\%$

巩固练习

一、填空题

1. 总量指标按其反映的时间状况不同，可分为__________指标和__________指标两种。

2. 保持分子、分母的__________性是计算和运用相对指标最基本的原则。

3. 相对指标中可以用有名数表示的是__________相对数。

4. 测定标志离散程度最重要、最常用的指标是__________。

5. 计算平均指标最基本、最常用的方法是__________平均数。

6. 根据标志值所处的位置来确定的平均数主要有__________和__________两种。

7. 平均指标反映同一总体在数量上的__________趋势，变异指标反映同一总体在数量上的__________趋势。

8. 某班同学统计学考试的平均成绩为 80 分，标准差为 10 分，则离散系数为________%。

9. 某产品有两种规格，其单价分别为 50 元/件、80 元/件，其销售量所占比重分别为 75%、25%，则该产品的平均价格为________元/件。

10. 某企业 2024 年的利润总额比 2023 年增长 5.06%，超额完成计划 3%，则计划规定应比 2023 年增长________%。

11. 某厂某种产品某年度实际单位成本为 150 元，第二年度计划降低 2%，实际降低 4%，则单位成本降低计划完成程度为________%，单位成本实际降低额为________元。

12. 某公司一年内承包了三项价值相同的工程，其利润率分别为 21%、28%、26%，则其平均利润率为______%。

二、单项选择题

1. 总量指标按其反映的内容不同，可以分为（　　）。

A. 时期指标和时点指标　　B. 总体单位总量和总体标志总量

C. 数量指标和质量指标　　D. 价值总量和实物总量

2. 按全国总人口计算的人均钢产量是（　　）。

A. 算术平均数　　B. 比例相对数

C. 结构相对数　　D. 强度相对数

3. 某厂的产值计划比去年要提高 8%，实际比去年提高了 4%，则产值计划完成程度为（　　）。

A. 4%/8%　　B. 8%/4%

C. 104%/108%　　D. 108%/104%

4. 测定标志变异程度大小最常用、最主要的指标是（　　）。

A. 全距　　B. 平均差

C. 标准差　　D. 标准差系数

5. 下列属于平均指标的是（　　）。

A. 产品的产量　　B. 产品的产值

C. 一级品数量　　D. 产品价格

6. 要比较平均水平不同的两个总体平均数代表性的高低，需要用（　　）。

A. 标准差系数　　B. 标准差

C. 全距　　D. 平均差

7. 2024 年某公司职工工资总额为 1 416 万元，职工总人数为 295 人，则该公司平均工资为 4.8 万元。这个指标是（　　）。

A. 平均指标　　B. 强度相对指标

C. 比较相对指标　　D. 比例相对指标

8. 2024 年某地区下岗职工已安置了 13.7 万人，安置率 80.6% 是（　　）。

A. 总量指标　　B. 变异指标

C. 平均指标　　D. 相对指标

9. 总量指标数值的大小（　　）。

A. 与总体范围大小无关　　B. 随总体范围扩大而减小

C. 随总体范围缩小而增大　　D. 随总体范围扩大而增加

10. 总量指标的表现形式是（　　）。

A. 绝对数形式　　B. 相对数形式

C. 平均数形式　　D. 百分比形式

11. 某企业计划规定某产品单位成本降低3%，实际降低5%，则计划完成程度为（　　）。

A. 95%/97%　　B. 5%/3%

C. 97%/95%　　D. 3%/5%

12. 某厂2024年的商品销售额为750万元，年末商品库存额为60万元，这两个总量指标是（　　）。

A. 都是时点指标　　B. 前者是时期指标，后者是时点指标

C. 都是时期指标　　D. 前者是时点指标，后者是时期指标

13. 某学校全体学生中男生人数是女生人数的40%，这个指标是（　　）。

A. 结构相对指标　　B. 比较相对指标

C. 比例相对指标　　D. 强度相对指标

14. 总量指标按其反映的时间状况不同，可以分为（　　）。

A. 时期指标和时点指标　　B. 总体单位总量和总体标志总量

C. 数量指标和质量指标　　D. 价值总量和实物总量

15. 计算平均指标最常用的方法和最基本的形式是（　　）。

A. 算术平均数　　B. 众数

C. 中位数　　D. 调和平均数

16. 下列统计指标中，属于时期指标的是（　　）。

A. 资产总值　　B. 产量

C. 职工人数　　D. 银行存款数

17. 已知两个同类型企业的职工平均工资的标准差分别为：甲 = 5元，乙 = 6元，则两个企业职工平均工资的代表性是（　　）。

A. 甲大于乙　　B. 无法判断

C. 相同的　　D. 乙大于甲

18. 用标准差比较分析两个同类总体平均指标代表性的前提条件是（　　）。

A. 两个总体的标准差应相等　　B. 两个总体的平均数应相等

C. 两个总体的单位数应相等　　D. 两个总体的离差之和应相等

19. 直接反映总体规模大小的指标是（　　）。

A. 平均指标　　B. 相对指标

C. 总量指标　　D. 变异指标

20. 权数对算术平均数的影响实质上取决于（　　）。

A. 频数　　B. 频率

C. 标志值　　D. 变量值

三、 多项选择题

1. 商业银行 2024 年年底的居民储蓄存款额属于（　　）。

A. 综合指标　　B. 单位总量指标

C. 标志总量指标　　D. 时期指标

E. 时点指标

2. 下列属于结构相对指标的有（　　）。

A. 某企业工人占职工的比重　　B. 男生人数是女生人数的 20%

C. 某企业产品产量比上年增长 15%　　D. 及格率 80%

3. 下述平均数中，不受极端值影响的有（　　）。

A. 算术平均数　　B. 众数

C. 中位数　　D. 调和平均数

E. 几何平均数

4. 时期指标的特点有（　　）。

A. 可以连续计数　　B. 数值的大小与时期长短有关

C. 数值不可以直接相加　　D. 数值的大小与时期长短无关

E. 数值可以直接相加

5. 下列属于时点指标的有（　　）。

A. 某地区的人口数　　B. 某企业的设备台数

C. 某企业的利润总额　　D. 某地区的人口死亡数

E. 某工厂的在册职工人数

6. 分子、分母不能互换的相对指标有（　　）。

A. 强度相对数　　B. 比较相对数

C. 计划完成相对数　　D. 比例相对数

E. 结构相对数　　F. 动态相对数

7. 数值平均数属于（　　）。

A. 算术平均数　　B. 中位数

C. 几何平均数　　D. 众数

E. 调和平均数

8. 下列相对数中，属于同类现象在不同时间对比的指标有（　　）。

A. 国家统计局公布的零售物价指数　　B. 动态相对数

C. 发展速度　　D. 比较相对数

9. 当（　　）时，加权算术平均数等于简单算术平均数。

A. 各组次数相等

B. 各组次数占总次数的比重相等

C. 各组权数相等

D. 各组变量值不等

10. 下列属于平均指标的有（　　）。

A. 某县居民户均支出

B. 某县居民人均收入

C. 某县居民户均收入

D. 某县居民人均支出

11. 下列属于时期指标的有（　　）。

A. 财政收入

B. 固定资产总额

C. 工资总额

D. 土地面积

E. 家里电器数量

F. 利润总额

12. 总量指标的计量单位有（　　）。

A. 实物单位

B. 货币单位

C. 劳动时间单位

D. 有名数

E. 无名数

13. 几何平均法可用于计算（　　）。

A. 生产工人的劳动生产率

B. 流水作业车间的平均合格率

C. 环比发展速度求平均增长速度

D. 银行年平均利率

14. 与标志值有相同计量单位的标志变异指标有（　　）。

A. 全距

B. 平均差

C. 标准差

D. 标准差系数

15. 两个总体的平均数相等，但标准差不等，则（　　）。

A. 标准差越大，平均数的代表性越小

B. 无法比较两个总体的离散程度

C. 两个总体的集中趋势相同

D. 标准差越小，各单位标志值的差异程度越小

E. 无须计算标准差系数，直接用标准差比较两个总体的离散趋势

四、 判断题

1. 某省人均耕地面积是 1.2 亩（1 亩≈666.67 m^2），属于平均指标。（　　）
2. 相对数都是用无名数形式表示的。（　　）
3. 计划完成程度相对数大于 100% 不一定是超额完成计划。（　　）
4. 国民收入中的积累额与消费额之比是 1:3，这是一个结构相对数。（　　）
5. 一个总量指标是总体单位总量还是总体标志总量是固定不变的。（　　）
6. 某地区每年人口出生数是时点数。（　　）
7. 如果两个数列的平均数相等，则它们的平均数的代表性也一定相同。（　　）

8. 某省平均每平方千米有 107 人，这是强度相对指标。 (   )
9. 总量指标都是用有名数形式表现出来的。 (   )
10. 标准差系数是反映离中趋势的一种相对数。 (   )
11. 在权数对算术平均数的影响中，相对数比绝对数更能体现权数的实质。 (   )
12. 如果各变量值出现的次数均相同，则众数一定不存在。 (   )
13. 标准差系数越大，说明总体单位标志值之间的差异程度就越大。 (   )
14. 计算比较相对指标既可用绝对数对比，也可用相对数或平均数对比。 (   )
15. 数值平均数属于静态平均数，而位置平均数属于动态平均数。 (   )

五、 应用能力题（计算结果保留两位小数）

1. 某公司三个企业 2024 年有关生产情况资料见表 4－12，计算 2013 年该公司产量的平均计划完成程度和该公司产品的平均单位成本。

表 4－12　某公司三个企业 2024 年有关生产情况资料

企业	计划完成百分比	实际产量/件	实际单位成本/（元·件$^{-1}$）
甲	80%	200	20
乙	100%	400	15
丙	120%	480	10

2. 某班 50 位学生“统计学基础”期末考试成绩统计见表 4－13。计算：
（1）某班 50 位学生“统计学基础”期末考试平均成绩；
（2）该班该课程成绩的标准差；
（3）该班该课程成绩的标准差系数。

表 4－13　某班 50 位学生“统计学基础”期末考试成绩

成绩/分	学生人数/人
60 以下	5
60～70	10
70～80	20
80～90	10
90 以上	5
合计	50

3. 某企业准备投资开发一种新产品，现有甲、乙两个方案可供选择，见表 4－14。计算：
（1）两个方案预期收益率的平均值；
（2）分别计算两个方案预期收益率的标准差；
（3）比较两个方案，选择投资更稳定的方案。

表 4－14　　甲、乙两个方案

市场状况	概率	预期收益率	
		甲方案	乙方案
繁荣	30%	30%	40%
一般	50%	15%	15%
衰退	20%	－5%	－15%

4. 某年某月甲、乙两个市场某产品交易情况资料见表 4－15，计算甲、乙两个市场的平均价格。

表 4－15　　某年某月甲、乙两个市场某产品交易情况

等级	价格/（元·千克$^{-1}$）	甲市场成交额/元	乙市场成交量/千克
A	2	10 000	30 000
B	3	30 000	20 000
C	4	60 000	10 000

5. 填补表 4－16 中所缺的指标数值。

表 4－16　　某三家企业一月、二月产值

<table>
<tr><th rowspan="2">企业</th><th rowspan="2">一月实际产值/万元</th><th colspan="4">二月</th><th rowspan="2">二月实际产值为一月的（百分数）</th></tr>
<tr><th>计划产值/万元</th><th>计划产值比重（百分数）</th><th>实际产值/万元</th><th>计划完成</th></tr>
<tr><td>甲</td><td>125</td><td></td><td></td><td></td><td></td><td></td></tr>
<tr><td>乙</td><td>200</td><td>150</td><td></td><td></td><td>110%</td><td></td></tr>
<tr><td>丙</td><td>100</td><td>250</td><td></td><td></td><td>100%</td><td></td></tr>
<tr><td>合计</td><td></td><td>500</td><td></td><td></td><td>95</td><td></td></tr>
</table>

课堂实训

Excel 在计算平均数中的应用

应用 Excel 计算平均指标主要是使用 Excel 的函数工具，兼输入公式并结合填充柄功能来完成。

在 Excel 中将算术平均数称作均值，对未分组资料求均值，可使用 AVERAGE 函数；对分组资料求均值，需要输入加权公式，并结合填充柄功能。

【例 4.19】某组有学生 10 人，统计课考试成绩为 65、82、76、80、82、86、84、88、95、98 分，试求其平均指标。

平均数的计算步骤如下：

(1) 将数据输入 A 列，根据 Excel 提供的公式计算各种平均数。

	A	B	C
1	65		
2	82	算术均数	=AVERAGE(A1:A10)
3	76	调和均数	=HARMEAN(A1:A10)
4	80	几何均数	=GEOMEAN(A1:A10)
5	82	众 数	=MODE(A1:A10)
6	86	中位数	=MEDIAN(A1:A10)
7	84		
8	88		
9	95		
10	98		

图 4-2 未分组的数据资料平均数的计算

(2) 用 Ctrl +`可切换到下面的结果：

	A	B	C	D
1	65			
2	82	算术均数	84	
3	76	调和均数	82.60	
4	80	几何均数	83.11	
5	82	众 数	82	
6	86	中位数	83	
7	84			
8	88			
9	95			
10	98			

图 4-3 未分组的数据资料各种平均数的计算结果

【例 4.20】 原始数据见下图 A—D 列，其中 A、B 列放日产量的下限和上限。

	A	B	C	D	E	F	G
1	日产量（公斤）		工人数 f		组中值	总产量 xf	
2	L - U		4月份 f1	5月份 f2	x	4月份 xf1	5月份 xf2
3	10	20	20	10	15	300	150
4	20	30	35	20	25	875	500
5	30	40	30	25	35	1050	875
6	40	50	10	30	45	450	1350
7	50	60	5	15	55	275	825
8	合 计		100	100	175	2950	3700
9					均数	29.5	37
10					众数	27.5	42.5
11					中位数	28.57	38.00

图 4-4 分组的数据资料各种平均数的计算及结果

平均数的计算步骤如下：

(1) 计算日产量的组中值 E3 = (A3 + B3)/2，…

(2) 计算每个组段的总产量 F3 = C3 * E3，G3 = D3 * E3，…

（3）计算每月的总产量 F8 = SUM（F3：F7），G8 = SUM（G3：G7），

（4）计算平均数的公式如下：

平均数	F9 = F8/C8	G9 = G8/D8
众数	F10 = A4 + (C4 - C3)/(C4 - C3 + C4 - C5) * 10	G10 = A6 + (D6 - D5)/(D6 - D5 + D6 - D7) * 10
中位数	F11 = A4 + (C8/2 - A4)/C4 * 10	G11 = A5 + (D8/2 - C5)/D5 * 10

知识延伸

国民经济核算中的几个重要总量指标

一、国内生产总值

国内生产总值（Gross Domestic Product，GDP）是指一个国家或地区所有常住单位在核算期生产活动的最终成果，也就是一个国家或地区所有常住单位在核算期生产和提供的最终产品的总价值。

理解国内生产总值的概念时，需注意以下几点：

第一，常住单位是指在一个国家经济领土上具有经济利益中心，从事一定的经济活动，并持续一年以上的单位。

第二，国内生产总值所指的产品价值既包括实物产品价值，也包括服务价值。这里的生产包括货物生产和服务生产。按国际惯例，第一产业、第二产业生产的产品称为货物，第三产业生产的产品称为服务，故总产出不仅包括物质生产部门的产品，而且包括非物质生产部门的服务。

第三，国内生产总值是社会最终产品的价值，即本期不再加工、可最终使用的产品价值，而不是社会总产品的价值。社会总产品价值扣除中间投入价值就可得到最终产品价值。

国内生产总值的计算方法有三种：生产法、收入法和支出法。

1. 生产法

生产法又叫部门法或增加值法，是从生产角度计算国内生产总值的方法。其计算公式为：

$$增加值 = 总产出 - 中间消耗$$

$$国内生产总值 = \sum 国民经济各部门增加值$$

式中，总产出是各部门、各单位在一定时期内全部生产活动的总成果，也就是各部门、各单位在一定时期生产的全部社会总产品（货物和服务）的价值。这里的生产包括货物生产和服务生产。

中间消耗是指一定时期内各单位在生产经营过程中消耗和使用的原材料、燃料、动力和服务的价值，这部分价值在各单位间是重复计算的。

2. 收入法

收入法，又称分配法，是从收入的角度计算国内生产总值的方法。按这种算法，一定时期内国民经济各部门生产经营活动的最终成果经初次分配后，将各有关参与者应得的收入相加就可得到按收入法计算的国内生产总值。其计算公式为：

国民经济各部门增加值 = 劳动者报酬 + 固定资产折旧 + 生产税净额 + 营业盈余

式中，劳动者报酬是各生产单位在一定时期内应支付给劳动者的各种形式的报酬。报酬有三种基本形式：一是货币工资，二是实物工资，三是社会保险。另外，农民和个体劳动者的收入也作为劳动者报酬计入其中。

固定资产折旧是生产单位为补偿一定时期内生产过程中损耗的固定资产价值而提取的折旧费用，反映固定资产在生产过程中转移到最终产品中的价值。

生产税净额是一定时期内各生产单位从事生产经营活动向政府缴纳的生产税（利前税）与政府支付给生产单位的补贴相减后的净额。

营业盈余是指国民经济各部门增加值扣除劳动者报酬、固定资产折旧和生产税净额后的盈余部分。

3. 支出法

支出法又称使用法，是从最终使用的角度来计算国内生产总值。一定时期内国内生产总值的最终使用去向包括总消费、总投资和净出口三个部分。其计算公式为：

国内生产总值 = 总消费 + 总投资 + 净出口

式中，总消费是指常住单位在一定时期内货物和服务消费支出合计，包括居民消费和社会消费。

总投资是同期用于固定资产形成和存货增加的价值之和。

净出口是同期常住单位货物和服务出口额与进口额的差额。

从理论上讲，上述三种计算国内生产总值的方法应得出相同的结果，但实际操作时，往往由于资料来源的不同，三种计算方法的结果会产生差异，这种差异属于统计误差。

二、国民生产总值

国民生产总值（Gross National Product，GNP）是一定时期内国内生产总值与来自国外的净要素收入之和。来自国外的净要素收入是本国常住单位从国外非常住单位获得的劳动报酬、进口税和财产收入（利润、利息、红利、租金）减去国外非常住单位从本国获得的劳动报酬、进口税和财产收入的净额。其计算公式为：

国民生产总值 = 国内生产总值 + 来自国外的净要素收入

= 国内生产总值 + 来自国外的劳动报酬、进口税和财产收入 −

获得的劳动报酬、进口税和财产收入

在联合国 1993 年修订的国民核算体系（System of National Account，SNA）中，将国民

生产总值称为国民总收入（Gross National Income，GNI）。

（一）国民生产净值

国民生产净值（National Net Product，NNP）是国民生产总值扣除固定资产折旧后的净值。其计算公式为：

国民生产净值 = 国民生产总值 - 固定资产折旧

在联合国 1993 年修订的国民核算体系中，将国民生产净值称为国民净收入（National Net Income，NNI）

（二）国民可支配收入

国民可支配收入（National Disposable Income，NDI）是指本国一定时期内经过初次分配的原始收入与在初次分配基础上再分配的经常转移收支之和。

原始总收入经初次分配后所形成的项目已在国内生产总值中介绍，在初次分配基础上的再分配是指经常转移收支。经常转移收支是单位间无偿的、没有相应回报的支付，主要包括所得税、财产税、社会补助和福利、社会保险与赔偿、无偿捐赠等。从国内角度讲，各部门的经常转移支付是相互抵消的。例如，财产税是政府部门的转移收入，是居民、企业的转移支出，将两者综合，它们是相互抵销的。

从国与国交往的角度讲，经常转移收支是可计量的，来自国外的经常转移收入包括向国外征收的收入税、接受的国外援助、接受的国外捐赠、本国居民从国外亲友处获得的赠款等；支付给国外的经常转移支出包括支付给国外的收入税、援助国外的款项、向国外捐赠的款项、本国居民向国外亲友的赠款等，来自国外的经常转移收支为上述两者的差。

国民可支配收入不包括国内经常转移支付，但包括国外经常转移支付。

国民可支配收入可按总额计算，也可按净额计算。其计算公式为：

国民可支配收入 = 国民生产总值 + 来自国外的经常性转移支付 - 支付给国外的经常性转移支付

三、社会总产值

1. 社会总产值的概念

社会总产值（Social Gross Output）也称社会总产品，是以货币表现的各物质生产部门的总产出。它反映一个国家（或地区）在一定时期内物质生产活动的总成果。

社会总产值指标的作用主要表现在：

（1）社会总产值反映了物质生产部门生产的总成果。

（2）社会总产值反映了各物质生产部门之间的经济技术联系。

（3）社会总产值是进行宏观调控和微观管理的基础资料之一。

社会总产值指标的局限性主要有：受产品中原材料转移价值大小的影响；受专业化协

作程度和企业组织结构变动的影响。社会分工越细，专业化程度越高，协作关系越密切，产品转移价值要重复计算的次数就越多，社会总产值也将随着转移价值重复计算的次数增多而增多。

2. 社会总产值的计算

由于社会总产值是各物质生产部门生产的社会产品总量，因此需要先掌握各物质生产部门的总产值，然后汇总得到整个物质生产部门的总产值，即全社会的总产值。社会总产值的汇总方法有两种。

（1）部门社会总产值加总法。这种方法是直接将各物质生产部门的总产值加总求得社会总产值，即：

社会总产值 = 工业总产值 + 农业总产值 + 建筑业总产值 + 批发零售贸易业餐饮总产值 + 货运及生产性邮电业总产值

采用这种计算方法，一方面能满足社会总产值指标数值的需要；另一方面也满足了研究各个部门生产成果的需要。所以，实际中多采用此种方法计算社会总产值。

（2）最终消费价格法。此法是将按最终消费价格计算的工业、农业和建筑业产品的价值加总求得社会总产值。其计算公式为：

社会总产值 = Σ（各种产品产量 × 该产品的最终消费价格）

四、几个总量指标的计算关系

国内生产净值 = 国内生产总值 − 固定资产折旧

国民生产净值（国民净收入）= 国民生产总值（国民总收入）− 固定资产折旧

国民可支配总收入 = 国民生产净值 + 来自国外的经常性转移净额

国民可支配净收入 = 国民生产净值 + 来自国外的经常性转移净额

社会总产值 = 总产出 − 非物质生产部门总产出 − 物质生产部门总产出

思考题：

我国国民经济核算指标体系中主要包括哪些总量指标？

思政元素

思政教育切入点：通过对我国 2022 年 GDP 的总量、人均数与世界排名靠前的国家进行数据对比分析、解读，使学生感受到我国强大的经济实力、人民生活的富裕，以培养学生的爱国情怀、增强学生的国家荣誉感和民族自豪感。

一、2022 年全球 GDP 总量排名（仅列前 20 位）

2022 年，世界经济总量前十的国家分别是美国、中国、日本、德国、印度、英国、法国、俄罗斯、加拿大、意大利，这也是全球 GDP 总量在 2 万亿美元以上的 10 个国家。

就中国而言，本年度，中国大陆 GDP 总量对美国的占比为 71.1%，由于汇率变化因素，较上年（75.9%）有所下降。若将中国大陆与中国港澳台合并计算，则 GDP 合计 19.2 万亿美元，占比美国为 75.6%。中国大陆 GDP 已达到世界第三名日本的 4.3 倍，且超过日、德、印、英、法国五国之和，以及欧盟 27 国 16.6 万亿美元的总量。

2022年世界国家和地区GDP总量（IMF版）

数据来自国际货币基金组织（IMF）2023年4月发布　　制表：Gong众号：冲之星云

		2022年GDP总量（亿美元）	2021年GDP总量（亿美元）	名义增量	名义增速	人口（万）	2022年人均GDP（美元）
1	美国	254645	233151	21494	9.2%	33353	76348
2	中国	181000	177593	3407	1.9%	141255	12814
3	日本	42335	50055	-7720	-15.4%	12517	33822
4	德国	40754	42628	-1874	-4.4%	8379	48636
5	印度	33864	31503	2361	7.5%	142333	2379
6	英国	30706	31232	-526	-1.7%	6779	45295
7	法国	27840	29574	-1734	-5.9%	6565	42409
8	俄罗斯	22153	18366	3787	20.6%	14344	15444
9	加拿大	21398	20015	1384	6.9%	3885	55085
10	意大利	20120	21158	-1037	-4.9%	5898	34113
11	巴西	19241	16487	2754	16.7%	21391	8995
12	澳大利亚	17019	16464	555	3.4%	2597	65526
13	韩国	16652	18110	-1457	-8.0%	5164	32250
14	墨西哥	14141	12728	1413	11.1%	13012	10868
15	西班牙	14005	14283	-278	-1.9%	4760	29421
16	印度尼西亚	13188	11877	1311	11.0%	27486	4798
17	沙特阿拉伯	11081	8686	2396	27.6%	3479	31850
18	荷兰	9937	10135	-198	-2.0%	1759	56489
19	土耳其	9055	8175	880	10.8%	8528	10618
20	瑞士	8072	7997	75	0.9%	874	92371
-	【中国台湾】	7617	7757	-141	-1.8%	2333	32643

二、 2022 年全球人均 GDP 排名 （仅列前 20 位）

2022 年，总体而言，以美元计价，大多数人均 GDP 增长的国家比衰退的多。另外，由于本年度国际油价剧烈震荡，各产油国大吃了一波利润红利，人均 GDP 普遍大幅上涨。

但因人口基数差距大，各国人均 GDP 的差距巨大，层次分明。世界第一的卢森堡人均 GDP 高达 127 560 美元，而倒数第一的布隆迪仅为 309 美元，两者相差 413 倍。而全球人口 1 亿以上的 14 个国家的人均 GDP 排序为：美国、日本、俄罗斯、中国、墨西哥、巴西、印度尼西亚、埃及、菲律宾、孟加拉国、印度、尼日利亚、巴基斯坦、埃塞俄比亚。

中国本年度的人均 GDP 排世界第 63 位，与世界平均水平基本相当，但若按人口中位数计算则超过世界中位数较多。目前比中国人均高的 62 个国家，人口合计 14.4 亿；比中国人均低的 124 个国家，人口合计 49.2 亿。

2022年世界国家和地区人均GDP（IMF版）							
数据来自国际货币基金组织（IMF）2023年4月发布						制表：Gong众号：冲之星云	
		2022年人均GDP（美元）	2021年人均GDP（美元）	名义增量	名义增速	人口（万）	2022年GDP总量（亿美元）
1	卢森堡	127580	134802	-7222	-5.4%	65	823
2	挪威	106328	90764	15565	17.1%	545	5793
3	爱尔兰	103176	100145	3031	3.0%	513	5297
4	瑞士	92371	92239	132	0.1%	874	8072
5	卡塔尔	84425	68622	15803	23.0%	267	2255
6	新加坡	82808	77710	5098	6.6%	564	4668
7	美国	76348	70160	6189	8.8%	33353	254645
8	冰岛	73998	69287	4711	6.8%	38	278
9	丹麦	66516	68202	-1686	-2.5%	587	3907
10	澳大利亚	65526	63896	1630	2.6%	2597	17019
-	【北美平均】	57618	53106	4512	8.5%	-	-
-	【G7国家平均】	56581	55489	1091	2.0%	-	-
11	荷兰	56489	57997	-1508	-2.6%	1759	9937
12	瑞典	55689	60930	-5240	-8.6%	1052	5859
13	加拿大	55085	52388	2698	5.1%	3885	21398
14	以色列	54710	52152	2558	4.9%	955	5225
-	【发达国家平均】	53084	52381	703	1.3%	-	-
15	奥地利	52265	53529	-1264	-2.4%	903	4717
16	阿联酋	51306	43422	7884	18.2%	989	5075
17	芬兰	50655	53595	-2940	-5.5%	555	2810
18	比利时	50114	51451	-1336	-2.6%	1162	5822
19	圣马力诺	49555	51580	-2024	-3.9%	3	17
-	【中国香港】	49226	49845	-619	-1.2%	733	3610
20	德国	48636	51238	-2602	-5.1%	8379	40754

数据资料来源：国际货币基金组织（IMF）2023 年 4 月发布的公报。

项目五

动态分析

知识目标

了解动态数列的基本概念，理解动态数列比较指标、平均指标的概念，掌握各种指标的计算公式和方法，特别是要学会各种分析指标在实际中的运用。

能力目标

能够结合实际情况，恰当地运用动态分析的方法，对统计对象总体的数量特征做出动态分析比较，进而总结现象发展的规律，并对未来发展做出分析预测。

重要概念

动态数列　发展水平　平均发展水平　发展速度　环比速度　定基速度　总发展速度　平均发展速度　增长速度　环比增长速度　定基增长速度　平均增长速度　增长1%的绝对值

情境导入

某高职院校近年来招生人数统计见表5-1。

表5-1　　某高职院校近年来招生人数统计表

年份	2018	2019	2020	2021	2022	2023	2024
人数/人	2 000	2 200	2 400	2 600	2 800	3 000	3 200

表5-1反映了某高职院校几年来招生人数的变化情况。本项目的主要内容就是通过

对过去的回顾，用统计特有的分析方法总结其发展变化规律，分析其发展变化趋势，进而预测未来，如图 5－1 所示。

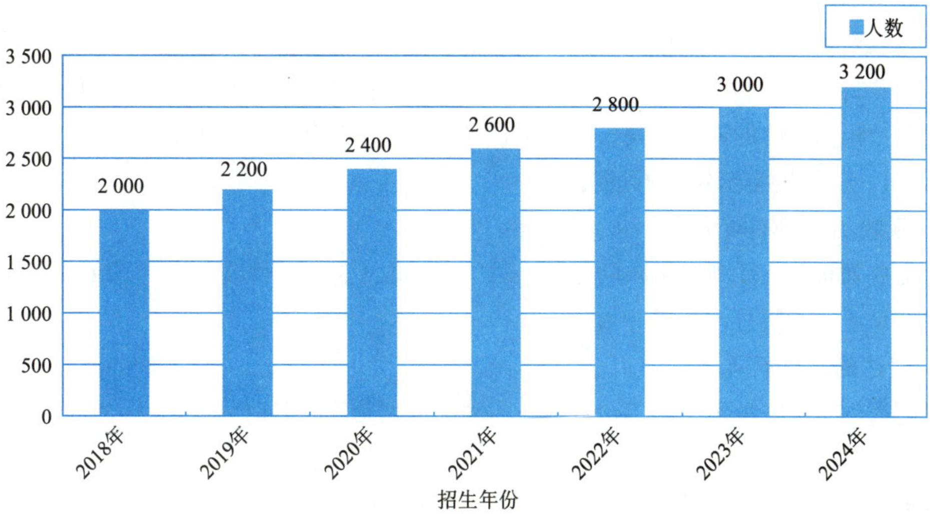

图 5－1　某高职院校近年来招生人数统计

知识储备

任务一　动态数列的编制

一、动态数列的意义和构成

（一）动态数列的意义

（1）动态数列可以描绘社会经济现象发展变化的过程，是将现象发展在各个时间的指标数值按照时间先后顺序排列而成的数列。动态数列法是描绘社会经济现象发展变化过程的特有方法，通过动态数列，可以观察事物发展变化的升降起伏，把事物发展变化的过程描绘得更清楚。例如，本项目的导入案例，通过动态数列，将某高职院校近年来招生人数的变化历程描绘得很清楚。

（2）动态数列可以揭示社会经济现象发展变化的规律，预测其未来的发展趋势和进度。例如，在本项目的导入案例中，某高职院校 2024 年与 2023 年招生人数对比，则该高职院校招生人数的发展速度为 1.07（3 200/3 000）倍，从而可以看出该高职院校招生人数呈增长的趋势。

（3）动态数列可以对比分析不同国家、地区、单位的发展水平，揭示其社会经济在发展过程中的差距。

（二） 动态数列的构成

由于动态数列是将统计指标按照时间先后顺序排列而成的，所以动态数列也叫时间数列。动态数列是由两个要素构成的：一是社会经济现象所属的时间，即反映时间顺序的数列，如本项目导入案例中的2018—2024年；二是现象在各个时间的指标数值，即反映各个时间的指标值变化的变量数列，如本项目导入案例中各年的招生人数。

（三） 分配数列与动态数列的区别

1. 反映的时间不同

分配数列是静态数列，反映的是同一时间变量取不同水平下的总体单位数，而动态数列反映的是不同时间总体的指标数值。

2. 表达的对象不同

分配数列是反映各组中的单位数目，而动态数列是反映各时间的指标数值。

3. 数列顺序的含义不同

分配数列是以分组为顺序排列的，而动态数列是以时间为顺序排列的。

例如，某班学生人数统计表（见表5－2）和企业2019—2024年的产量统计表（见表5－3）分别是分配数列和动态数列，比较两种统计表可知上述差别。

表5－2　　某班学生人数统计表（分配数列）

按性别分组	人数/人
女生	38
男生	12

表5－3　　某企业2019—2024年产量统计表（动态数列）

年份	2019	2020	2021	2022	2023	2024
产量/件	800	855	925	980	1 000	1 200

二、 动态数列的种类

动态数列按指标值的表现形式不同，可分为三种：总量指标动态数列、相对指标动态数列、平均指标动态数列。其中，总量指标动态数列是最基本的动态数列，其余两种动态数列是根据总量指标动态数列计算得出的派生数列。

（一） 总量指标动态数列

总量指标动态数列又称绝对数动态数列，是由同一总量指标按时间先后顺序排列而成的数列，用以反映社会经济现象的总体规模或总体水平及其发展变化情况。由于总量指标按所反映的时间状况不同分为时期指标和时点指标，所以，总量指标数列可分为时期指标动态数列和时点指标动态数列。

1. 时期指标动态数列

总量指标动态数列中的总量指标，如果反映的是某种现象在一段时间内发展过程的总量，这种数列就称为时期指标动态数列，简称时期数列。例如，表 5－3 中的某企业 2019—2024 年产量统计表就是一个时期数列。

2. 时点指标动态数列

总量指标动态数列中的总量指标，如果反映的是某种现象在某一时点上所达到的状态数量，这种数列就称为时点指标动态数列，简称时点数列。例如，本项目导入的案例中某高职院校近年来的招生人数统计表就是一个时点数列。

3. 时期数列和时点数列的区别

时期数列与时点数列的区别见表 5－4。

表 5－4 时期数列与时点数列的区别

项目	时期数列	时点数列
所反映现象的性质	反映现象在某一时期内发展的总量	反映现象在某一时点的状况或水平
指标有无可加性	数列中各项指标可以相加，以反映总量的变动情况	数列中各项指标不能相加，加总后的值没有意义
指标大小与时间的关系	指标值的大小与所属时期长短直接相关，时期越长，指标值越大；反之，则越小	指标值大小与间隔时间的长短没有直接联系，间隔时间长，值不一定就大；反之，也不一定小
指标数值资料来源	指标值是通过连续统计所得的	各个指标值只需在某个时点进行登记即可，不需连续统计

（二） 相对指标动态数列

相对指标动态数列又称相对数动态数列，是同一相对指标按时间先后顺序排列而成的数列，用以反映社会经济现象的比例、结构、程度、速度等及其发展变化的情况。例如，表 5－5 是某公司每年的市场占有率情况，它就是一个相对指标动态数列。

表 5－5 某公司每年的市场占有率情况

年份	2017	2018	2019	2020	2021	2022	2023	2024
市场占有率	12.5%	15.6%	16.3%	16.8%	18.7%	20.2%	22.1%	25%

从表 5－5 可以看出，该公司的市场占有率有上升的趋势，且 2024 年为 2017 年的 2 倍，公司发展前景较好。

各种不同的相对指标动态数列均从不同角度反映了社会经济现象之间相互关系的发展过程及其规律。相对指标动态数列中的各个指标是两个总量指标对比而成的，其计算基础不同，因此不能直接相加。

（三） 平均指标动态数列

平均指标动态数列又称平均数动态数列，是同一平均指标按时间先后顺序排列而成的数列，用以反映社会经济现象一般水平的发展趋势。例如，表 5－6 是某公司员工的平均工资情况，它就是一个平均指标动态数列。

表 5－6　　某公司员工平均工资情况

年份	2017	2018	2019	2020	2021	2022	2023	2024
年平均工资/元	530	560	690.9	850.55	900.87	1 100	1 300.9	1 590

三、动态数列的编制原则

编制动态数列的目的是进行动态对比和动态分析，以研究社会经济现象发展变化的过程、发展速度及发展趋势和规律。所以，编制动态数列应遵守一个基本的原则，即可比性原则，同时也要遵守下列几个具体原则。

（一）时期数列中的各指标时期长短应一致

由于时期数列中的各指标数值的大小与所属时间长短有直接的联系，只有时期长短保持一致，才能进行动态对比，对比结果才能说明问题，见表 5－7。

表 5－7　　某公司产值变化情况

年份	2013—2017	2018	2019—2020	2021—2024
产值/万元	550	150	400	1 500

这个动态数列中各个指标所属的时期长短不一致，第一、第三、第四个指标分别属于五年、两年、四年的产值，第二个指标属于一年的产值。这样的动态数列就不能进行动态对比了。因此，保持时期长短的一致性是编制时期数列应遵守的一个重要原则。

对于时点数列，虽然各指标数值的大小与间隔长短没有直接关系，但各指标间的间隔也最好相等，以便于分析。

（二）总体范围的一致性

只有总体范围前后一致，才能进行动态对比和动态分析。如果总体范围前后不一致，进行对比的结果就没有意义，不能说明问题。例如，某公司所属企业 2023 年与 2024 年产值的资料见表 5－8。

表 5－8　　某公司所属企业产值的情况

年份	2023	2024
产值/万元	2 400	4 800

根据表 5－6 所示的资料，该公司 2024 年产值为 2023 年的 200%，增长速度为 100%。这种高速度的增长在正常情况下是不可能实现的。其原因是并购引起总体范围前后不一致，即 2024 年有一部分企业被并购到该公司。

总体范围发生了变化，若要对总体进行动态对比，必须将资料进行调整，以保持指标的可比性。调整的方法是将并购过来的企业 2023 年的产值 1 700 万元从该公司 2023 年的总产值中扣除，则该公司调整后的产值为 3 100 万元。这样，总体范围就一致了，就可以进行动态对比了。

我国的行政区域划分有时会变更，在进行动态分析时尤应注意。

（三）指标的经济含义应该前后一致

经济含义是指各个指标内容的同质性和经济内容的统一性。若指标不同质及经济内容不一致，则不能进行动态对比。例如，我国的粮食产量，有的年份包括大豆产量，而有的年份不包括大豆产量，这样，粮食的经济内容前后就不一致了，所以，就不便于进行动态对比。如果要进行动态对比，就需要进行调整。

（四）指标的计算方法前后一致

动态数列中各个指标的计算方法前后应一致。只有前后一致，才能进行动态对比。计算方法，即通常说的计算口径，包括统计方法、计算公式、计算价格、计算单位等，都要前后一致。例如，2023 年的工业总产值，就不能将其与 1978 年的工业总产值直接进行对比，因为这两个年份工业总产值所采用的不变价格不同，如要进行对比，必须将两个年份的工业总产值都换算为按同一个不变价格计算。实物量的计量单位过去多用国内标准，但随着我国加入世界贸易组织（World Trade Organization，WTO），统一使用国际标准，因此也要进行换算。

任务二 动态数列的发展水平分析

为了研究社会经济现象发展变化的过程和规律，常需对动态数列进行分析，计算出各种分析指标。这些指标是发展水平、平均发展水平、增长量、平均增长量。

一、发展水平

发展水平就是动态数列中每一项具体的指标数值，它反映社会经济现象在各个时期或不同时点上发展所达到的水平。所以，发展水平就是指时间数列中的每一项具体指标数值，它既可以是总量指标，也可以是相对指标或平均指标。发展水平指标是计算其他动态分析指标的基础，也是表明社会经济现象动态的重要基础指标。如果发展水平指标计算得不准确，进行的有关动态分析就会失真，甚至得出错误的结论。

发展水平按其在动态数列中所处的位置不同，可分为最初水平、中间水平和最末水平。现以 2023 年某公司 1—8 月的净利润资料编制的动态数列来说明这几个概念，见表 5－9。

表 5－9　　2023 年某公司 1—8 月净利润情况

月份	1	2	3	4	5	6	7	8
净利润/万元	7 398.5	6 726.4	7 245.7	7 459.6	7 555.3	7 325.9	7 657.8	7 986.4

1. 最初水平

最初水平是指动态数列中的第一项指标数值，在表 5－9 中即 2014 年 1 月的净利润 7 398.5万元。

2. 最末水平

最末水平是指动态数列中的最后一项指标数值，在表 5－9 中即 2014 年 8 月的净利润 7 986.4 万元。

3. 中间水平

中间水平是指动态数列中除首尾两项指标数值之外的其余各项指标数值。

在将发展水平进行对比分析时，所要研究或比较时期的发展水平，称为报告期水平；用于做比较标准的某个时期的发展水平，称为基期水平。通常，报告期是指离分析者比较近的那个时期，基期是指离分析者比较远的那个时期。报告期水平和基期水平不是固定不变的，而是随着研究目的的改变而发生变化的。

二、 平均发展水平

平均发展水平是根据动态数列中各个时期的发展水平加以平均而得到的平均数，又称为序时平均数，记作 $\bar{a}$，用来反映现象在较长时期内发展所达到的一般水平。它是统计分析常用的指标，其作用主要表现在：可以消除现象在一段时间内受除长期趋势以外的其他变动因素的影响，便于各段时间进行对比；可以衡量在一段时间内现象发展达到的一般水平，便于进行不同空间的对比。

平均发展水平可以根据总量指标动态数列计算，也可以根据相对指标动态数列或平均指标动态数列计算。从计算方法上讲，由总量指标动态数列计算平均发展水平是最基本的方法。现分别介绍如下：

（一） 由总量指标动态数列计算平均发展水平

总量指标动态数列分为时期数列和时点数列，由于它们的性质不同，计算平均发展水平的方法也不一样。

1. 由时期数列计算平均发展水平

由时期数列计算平均发展水平采用简单算术平均法。其计算公式为：

$$\bar{a} = \frac{a_1 + a_2 + \cdots + a_n}{n} = \frac{\sum a_i}{n} \qquad (5-1)$$

式中，$\bar{a}$ 为平均发展水平，a_i 为各期发展水平（$i=1, 2, 3, \cdots, n$），n 为数列中时期的项数。

【例 5.1】 试计算某企业第一季度的平均每月生产量，具体见表 5－10。

表 5－10　　企业第一季度平均每月生产量

月份	1	2	3
生产量/件	120	125	127

解　第一季度的平均每月生产量为：

$$\bar{a}=\frac{120+125+127}{3}=124\text{（件）}$$

2. 由时点数列计算平均发展水平

由时点数列计算平均发展水平，因为掌握的资料情况不同，具体方法也不一样。它分为连续时点数列和间断时点数列两种。

由于连续时点数列有连续变动、非连续变动两种情况，所以有两种不同的计算方法。

（1）连续变动的连续时点数列的平均发展水平，直接采用简单算术平均法和加权算术平均法两种方法计算。

【例 5.2】 某企业 2024 年 4 月 1 日职工人数为 250 人，该月上旬职工的变动情况如下：4 日，招收合同工 12 人；6 日，老工人退休 4 人；9 日，由其他单位调进技术工 6 人。试计算该企业 2024 年 4 月上旬的平均职工人数。

解　根据上述资料可编制以下两种形式的时间数列，分别见表 5－11 和表 5－12。

表 5－11　　某企业 2024 年 4 月上旬职工人数统计表

日　期	1 日	2 日	3 日	4 日	5 日	6 日	7 日	8 日	9 日	10 日
职工人数/人	250	250	250	262	262	258	258	258	264	264

则该企业 2024 年 4 月上旬平均职工人数为：

$$\bar{a}=\frac{250+250+\cdots+264+264}{10}$$

表 5－12　　某企业 2024 年 4 月上旬职工人数变动情况

日　期	1 日	4 日	6 日	9 日
职工人数/人	250	262	258	264

则该企业 2024 年 4 月上旬平均职工人数为：

$$\bar{a}=\frac{250\times3+262\times2+258\times3+264\times2}{3+2+3+2}$$

使用这种方法用到的基本公式有：

第一，简单序时平均法：

$$\bar{a}=\frac{a_1+a_2+\cdots+a_n}{n}=\frac{\sum a_i}{n}$$

第二，加权序时平均法：

$$\bar{a}=\frac{\sum a_if}{\sum f} \tag{5-2}$$

式中，a_i 为各项时点值（$i=1, 2, 3\cdots n$），$\sum a_i$ 为各时点值之和。

（2）由间断时点数列计算平均发展水平。在间断时点数列中，有间隔相等和间隔不等两种情况。

① 由间隔相等的间断时点数列计算平均发展水平。其计算原理为，根据间隔相等的时点数列计算平均发展水平，即假定所研究的现象在两个相邻时点之间的变动是均匀的，因而可将相邻两个时点数值相加除以 2，求得表明两个时点之间的简单平均数，然后根据这些平均数，再用简单算术平均法计算整个所研究的时间内现象的平均发展水平。其计算公式为：

$$\bar{a}=\frac{\frac{a_1}{2}+a_2+\cdots+\frac{a_n}{2}}{n-1} \tag{5-3}$$

式中，$\bar{a}$为平均发展水平，a_i为各项时点指标数值，n 为时点指标数值的项数。

用时间间隔相等的动态数列求平均发展水平，等于用首项的 1/2 加上中间各项，再加上末项的 1/2，再除以动态数列的项数减 1。这种计算方法又称为“首尾对半法”。

【例 5.3】某企业第一季度职工人数见表 5－13，试求企业第一季度的平均职工人数。

表 5－13　　某企业第一季度各时点职工人数

日（月）	1（1）	1（2）	1（3）	1（4）
职工人数/人	800	1 100	900	1 200

解：根据表 5－13 的资料计算第一季度的平均职工人数为：

$$\bar{a}=\frac{\frac{800}{2}+1\ 100+900+\frac{1\ 200}{2}}{3}=1\ 000\text{（人）}$$

② 由间隔不等的间断时点数列计算平均发展水平。如果时点数列的间隔不等，则采用加权算术平均法计算平均发展水平，其权数为两个指标之间的间隔数。其计算公式为：

$$\bar{a}=\frac{\frac{a_1+a_2}{2}\times f_1+\frac{a_2+a_3}{2}\times f_2+\cdots+\frac{a_{n-1}+a_n}{2}\times f_{n-1}}{\sum f} \tag{5-4}$$

式中，$\bar{a}$ 为平均发展水平，a_i 为各项时点指标数值，f_{i-1} 为各时点之间的时间间隔长度，$\sum f$ 为数列各时间间隔的总和。

【例 5.4】某企业 2024 年各时点的职工人数见表 5-14，试计算该企业的平均职工人数。

表 5-14　　某企业 2024 年职工人数资料

日（月）	1（1）	1（4）	1（7）	1（9）	1（12）	31（12）
职工人数/人	300	400	380	420	500	600

解：假定间隔的各时点之间指标数值是均匀变化的，则可利用首尾对半法计算。该企业 2023 年的月平均职工人数为：

$$\bar{a}=\frac{(\frac{300+400}{2}\times3+\frac{400+380}{2}\times3+\frac{380+420}{2}\times2+\frac{420+500}{2}\times3+\frac{500+600}{2}\times1)}{12}$$

$=290$（人）

应该注意的是，根据间断时点数列计算平均发展水平，是以被研究的现象在相邻两个时点之间均匀变动为前提的，但实际上现象的变动并非完全如此。因此，求出的结果只是一个近似值。为了使计算结果尽可能反映实际情况，间断时点数列的间隔不宜过长。

（二）由相对指标动态数列计算平均发展水平

在统计分析中，除了经常考察总量指标动态数列的一般水平外，还要考察相对指标动态数列的一般水平。由于相对指标的比较基数不同，不能直接相加，所以，不能根据相对指标动态数列中的各指标相加来计算平均发展水平。

根据相对指标动态数列计算平均发展水平，其基本方法是：首先计算构成该相对指标动态数列的分子与分母数列的平均发展水平，然后将这两个平均发展水平对比求得。其计算公式为：

$$\bar{c}=\frac{\bar{a}}{\bar{b}} \tag{5-5}$$

式中，$\bar{a}$ 为分子数列的平均发展水平，$\bar{b}$ 为分母数列的平均发展水平，$\bar{c}$ 为相对指标的平均发展水平。

应注意的是，由于相对指标是由两个总量指标相比较而得的，分子、分母为时期数列或时点数列，所以，在计算分子数列和分母数列的平均发展水平时，首先必须分清分子、分母数列是属于时期数列，还是属于时点数列，然后分别计算各组的平均发展水平。一般有以下三种情况：

1. 分子数列与分母数列都表现为时期数列

其计算公式为：

$$\bar{c}=\frac{\frac{\sum a}{n}}{\frac{\sum b}{n}}=\frac{\sum a}{\sum b} \tag{5-6}$$

式中，n 为时点指标数值的项数，a 为分子数列的发展水平，b 为分母数列的发展水平。

相对指标的分子、分母资料均齐全，即有 a、b 的资料时，运用此公式计算。

如果相对指标的分子、分母资料不齐全，则先将分子或分母指标计算出来。

【例 5.5】甲、乙、丙三个企业2024 年第三季度的产量计划完成资料如表 5－15 所示。试计算三个企业第三季度的产量计划完成程度。

表 5－15　企业第三季度计划完成情况　件

企业	项目	七月	八月	九月
甲	计划产量	300	400	500
	实际产量	350	380	500
乙	计划产量	400	500	600
	计划完成程度	110%	100%	95%
丙	实际产量	500	400	300
	计划完成程度	105%	108%	100%

解：甲企业第三季度的月平均计划完成程度为：

$$\bar{c}=\frac{350+380+500}{300+400+500}=102.5\%$$

乙企业第三季度的月平均计划完成程度为：

$$\bar{c}=\frac{400\times110\%+500\times100\%+600\times95\%}{400+500+600}=100.7\%$$

丙企业第三季度的月平均计划完成程度为：

$$\bar{c}=\frac{300+400+500}{\dfrac{500}{105\%}+\dfrac{400}{108\%}+\dfrac{300}{100\%}}=104.7\%$$

计算结果表明，丙企业第三季度产量计划完成情况要好于甲、乙企业。

2. 分子数列与分母数列都表现为时点数列

如前所述，时点数列有连续和间断之分，连续时点数列又分为连续变动时点数列和非连续变动时点数列，间断时点数列又有间隔相等和间隔不等之分。因而其具体计算方法虽然不一样，但基本原则还是先将该相对指标的分子与分母数列的平均发展水平分别计算出来，然后进行对比。现以两个间隔不等的间断时点数列对比形成的相对指标时间数列来计算平均发展水平的方法为例加以说明。其计算公式为：

$$\bar{c}=\frac{\dfrac{\dfrac{a_1+a_2}{2}f_1+\dfrac{a_2+a_3}{2}f_2+\cdots+\dfrac{a_n+a_{n+1}}{2}f_n}{\sum f}}{\dfrac{\dfrac{b_1+b_2}{2}f_1+\dfrac{b_2+b_3}{2}f_2+\cdots+\dfrac{b_n+n_{n+1}}{2}f_n}{\sum f}} \tag{5-7}$$

【例 5.6】某企业 2024 年上半年工人人数与职工人数的资料见表 5－16。试计算该企业上半年平均工人占全部职工的比重。

表 5－16　　某企业 2024 年上半年的工人人数与职工人数

日（月）	1（1）	1（3）	1（6）	31（6）
工人人数/人	400	380	450	500
职工工人/人	500	450	500	500

解：利用式（5－7），可计算该企业 2024 年上半年平均工人人数占全部职工人数的比重为：

$$\frac{\dfrac{\dfrac{400+380}{2}\times 2+\dfrac{380+450}{2}\times 3+\dfrac{450+500}{2}\times 1}{6}}{\dfrac{\dfrac{500+450}{2}\times 2+\dfrac{450+500}{2}\times 3+\dfrac{500+500}{2}\times 1}{6}}=\frac{2\ 500}{2\ 875}\times 100\% =86.96\%$$

3. 分子数列和分母数列分别表现为时期数列、时点数列

其计算公式仍然为：

$$\bar{c}=\frac{\bar{a}}{\bar{b}}$$

不同的是，a 与 b 一个是时期指标，一个是时点指标。在具体计算过程中，应分别按照分子、分母指标的性质选用适当的方法进行计算。

【例 5.7】某企业第一季度工业总产值及月末工人人数资料见表 5－17，试计算第一季度的月平均工人劳动生产率。

表 5－17　　某企业第一季度的工业总产值及月末工人人数

月份	1	2	3	4
工业总产值/万元	80	90	98	100
月末职工人数/人	500	540	560	580

解：构成劳动生产率的分子的工业总产值是时期数列；构成分母的职工人数是时点数列。所以，第一季度的月平均工人劳动生产率应为：

$$\bar{c}=\frac{\dfrac{80+90+98}{3}}{\dfrac{\dfrac{500}{2}+540+560+\dfrac{580}{2}}{3}}=\frac{89.3}{547}=0.163\ 3\text{（万元/人）}$$

（三）由平均指标动态数列计算平均发展水平

平均指标动态数列可由静态平均指标和动态平均指标组成。两种不同的平均指标动态数列的平均发展水平的计算方法不同。对于静态平均指标所组成的动态数列，实质上就是两个总量指标动态数列相对应项对比形成的，即分子数列是标志总量数列，分母数列是总体单位总量数列。计算这种平均指标动态数列的平均发展水平的基本原则和方法与前面介绍的计算相对指标动态数列的平均发展水平一致，也就是先计算出该平均指标的分子、分母的平均数，然后进行对比。其计算公式为：

$$\bar{c}=\frac{\bar{a}}{\bar{b}}$$

对于由动态平均指标所形成的动态数列的平均发展水平的计算，分以下两种情况：

1. 时期相等

这时采用简单算术平均法，即直接将各项动态平均数相加再除以项数得出。其计算公式为：

$$\bar{a}=\frac{\sum a}{n}$$

【例 5.8】某企业 2024 年第一季度各月的平均销售额见表 5-18，试计算第一季度的平均销售额。

表 5-18　某企业第一季度各月的平均销售额

月份	1	2	3
平均销售额/万元	60	70	80

解：该企业第一季度的平均销售额为：

$$\bar{a}=\frac{\sum a}{n}=\frac{60+70+80}{3}=70\text{（万元）}$$

2. 时期不等

在这种情况下，以不同时期为权数，采用加权算术平均法计算。其计算公式为：

$$\bar{a}=\frac{\sum af}{\sum f}$$

【例 5.9】某企业 2024 年原材料的库存额 1 月平均为 100 万元，2—4 月平均为 120 万元，5—9 月平均为 110 万元，10—12 月平均为 130 万元。试计算该企业 2024 年原材料的平均库存额。

解：

$$\bar{a}=\frac{\sum af}{\sum f}=\frac{(100\times 1+120\times 3+110\times 5+130\times 3)}{12}=116.67\text{（万元）}$$

三、增长量

增长量是指社会经济现象在一定时期内所增长的绝对数量，是用报告期水平减去基期水平所得的差，用公式表示为：

$$增长量 = 报告期水平 - 基期水平 \qquad (5-8)$$

增长量是一个绝对数，有正有负，正数表示增长或增加，负数表示减少或降低。按照选择的基期是否相同，增长量可分为逐期增长量和累计增长量。

逐期增长量是报告期水平与报告期前期水平之差，用来说明现象逐期增减的绝对数量。

累计增长量是报告期水平与某一固定基期水平（通常为最初水平）之差，用来反映现象在较长时期内的增减数量。

用公式表示为：

（一）逐期增长量

$$逐期增长量 = 报告期水平 - 相邻前期水平$$

即：

$$a_2 - a_1,\ a_3 - a_2,\ a_4 - a_3,\ \cdots,\ a_n - a_{n-1} \qquad (5-9)$$

（二）累计增长量

$$累计增长量 = 报告期水平 - 固定期水平$$

即：

$$a_2 - a_1,\ a_3 - a_1,\ a_4 - a_1,\ \cdots,\ a_n - a_1 \qquad (5-10)$$

（三）两者之间的关系

$$逐期增长量相加之和 = 对应年份的累计增长量$$

即：

$$(a_2 - a_1) + (a_3 - a_2) + (a_4 - a_3) + \cdots + (a_n - a_{n-1}) = a_n - a_1 \qquad (5-11)$$

【例 5.10】某钢厂 2018—2024 年的钢产量情况见表 5－19，现通过该例说明增长量的计算。

表 5－19　某钢厂 2018—2024 年的钢产量情况　　单位：万吨

年份	2018	2019	2020	2021	2022	2023	2024
	a_1	a_2	a_3	a_4	a_5	a_6	a_7
钢产量	520	560	600	650	680	700	750
逐渐增长量	—	$a_2 - a_1$	$a_3 - a_2$	$a_4 - a_3$	$a_5 - a_4$	$a_6 - a_5$	$a_7 - a_6$
	—	40	40	50	30	20	50
累计增长量	—	$a_2 - a_1$	$a_3 - a_1$	$a_4 - a_1$	$a_5 - a_1$	$a_6 - a_1$	$a_7 - a_1$
	—	40	80	130	160	180	230

解：在表 5－19 中，2018—2024 年逐期增长量之和为 230（=40+40+50+30+20+50）万吨，与 2024 年的累计增长量相等，说明该钢厂自 2018 年以来，钢产量每年增长的幅度及累计增长的规模。

四、平均增长量

平均增长量是指逐期增长量的平均数，用来反映现象在一定时期内平均每期增长的数量。其计算公式为：

$$平均增长量=\frac{逐期增长量之和}{逐期增长量的个数}$$

即：

$$\frac{\sum[(a_2-a_1)+(a_3-a_2)+(a_4-a_3)+\cdots+(a_n-a_{n-1})]}{n-1} \quad (5-12)$$

对应年份累计增长量，故式（5－12）又可写为：

$$平均增长量=\frac{累计增长量}{时间数列项数-1}$$

即：

$$\frac{(a_n-a_1)}{n-1} \quad (5-13)$$

以表5－19中的数据为例，计算某钢厂钢产量的平均增长量为：

$$平均增长量=\frac{40+40+50+30+20+50}{6}=38.3\ (万吨)$$

或

$$平均增长量=\frac{230}{6}=38.3\ (万吨)$$

五、增长1%的绝对值

增长1%的绝对值用于反映报告期比基期每增长1%的绝对数量有多少。其基本公式为：

$$增长1\%的绝对值=\frac{报告期逐期增长量}{报告期环比增长速度}\times1\%=报告期前一期水平\times1\% \quad (5-14)$$

【例5.11】某超市历年来的利润情况见表5－20。

表5－20　某超市历年来的利润情况

年份	2021	2022	2023	2024
利润总额/万元	1 000	1 200	1 500	1 980
增长1%的绝对值/万元	…	10	12	15

任务三 动态数列的发展速度分析

一、发展速度

除了用相减的方法对动态数列进行对比分析外，还可以改用相除的方法进行对比，由此得到发展速度与增长速度两类相对指标。

发展速度是同一社会经济现象在两个不同时期发展水平对比而得出的动态相对数。发展速度可以反映社会经济现象发展变化的速度。其计算公式为：

$$发展速度=\frac{报告期水平}{基期水平} \tag{5-15}$$

从定义可知，发展速度就是动态相对指标。

由于计算时采用不同的基期，发展速度可分为环比发展速度与定基发展速度。

1. 环比发展速度

环比发展速度就是将报告期水平与其前一期的发展水平相除，用来反映现象在相应时期内（或时间间隔内）变化的相对程度。其计算公式为：

$$\frac{a_2}{a_1},\ \frac{a_3}{a_2},\ \frac{a_4}{a_3},\ \cdots,\ \frac{a_n}{a_{n-1}} \tag{5-16}$$

2. 定基发展速度

定基发展速度就是将报告期水平与某一固定期水平（通常是最初水平）相除，用来反映现象在较长时间内变化的相对程度。其计算公式为：

$$\frac{a_2}{a_1},\ \frac{a_3}{a_1},\ \frac{a_4}{a_1},\ \cdots,\ \frac{a_n}{a_1} \tag{5-17}$$

3. 两者的关系

环比发展速度与定基发展速度之间存在一定的数量关系，可以互相推算。

【例5.12】以表5-21为例，计算发展速度。

表5-21 某钢厂2018—2024年钢产量情况 单位：万吨

年份	2018	2019	2020	2021	2022	2023	2024
	a_1	a_2	a_3	a_4	a_5	a_6	a_7
钢产量	520	560	600	650	680	700	750
定基发展速度	—	a_2/a_1	a_3/a_1	a_4/a_1	a_5/a_1	a_6/a_1	a_7/a_1
	—	107.7%	115.4%	125%	130.8%	134.6%	144.2%
环比发展速度	—	a_2/a_1	a_3/a_2	a_4/a_3	a_5/a_4	a_6/a_5	a_7/a_6
	—	107.7%	107.1%	108.3%	104.6%	102.9%	107.1%

解　从表 5-21 中可分析得出其关系式如下：

（1）定基发展速度 = 同时期内各环比发展速度的乘积，即：

$$\frac{a_n}{a_1}=\frac{a_2}{a_1}\times\frac{a_3}{a_2}\times\frac{a_4}{a_3}\times\cdots\times\frac{a_n}{a_{n-1}} \tag{5-18}$$

代入表 5-21 中的数据得：

144.2% = 107.7% × 108.3% × 104.6% × 102.9% × 107.1%

（2）环比发展速度 = 本期定基发展速度/上期定基发展速度，即：

$$\frac{a_n}{a_1}=\frac{a_n}{a_1}\Big/\frac{a_{n-1}}{a_1} \tag{5-19}$$

代入表 5-21 中的数据得：

$$107.1\%=\frac{115.4\%}{107.7\%}$$

二、增长速度

由于采用的基期不同，增长速度可分为环比增长速度与定基增长速度。

1. 环比增长速度

环比增长速度是指以报告期前一期作为基期的增长速度。

2. 定基增长速度

定基增长速度是以某一固定期（最初期）作为基期的增长速度。

$$增长速度=\frac{报告期增长量}{基期水平}=发展速度-100\%$$

【例 5.13】根据表 5-22 所示的某超市历年来的利润情况，计算其增长速度。

表 5-22　　某超市历年来利润的增长速度

年份		2021	2022	2023	2024
利润总额/万元		1 000	1 200	1 500	1 980
增长速度	环比	—	20%	25%	32%
	定基	—	20%	50%	98%

三、平均发展速度

由于受各种因素的影响，动态数列中各个时期的速度指标的数值参差不齐。为了从整体上掌握动态数列速度变化的数量特征，需要确定各个速度指标的一般水平，这个指标就是平均发展速度。

平均发展速度是指被研究对象在一段时间内各环比发展速度的平均数，用来说明某种现象在一个较长时期内逐年平均发展变化的速度。它将环比发展速度的差异抽象化了。

平均发展速度指标可以用来比较和说明各个历史阶段社会经济的一般发展水平；可在制定社会经济发展规划时用作预测的依据等。

平均发展速度通常采用两种方法计算，即几何平均法（又称水平法）和方程式法（又称累计法）。

1. 几何平均法

按这种方法计算平均发展速度的依据是：从最初水平出发，逐期按其环比速度发展，就可以达到末期的发展水平。由于各环比发展速度的连乘积等于第 N 期的定基发展速度（又称总速度），故其平均速度只能用几何平均法计算。

设 $\bar{x}$ 代表平均发展速度，x_i 代表各环比发展速度，n 代表各环比发展速度的项数，$\prod$ 代 表连乘符号，其计算公式为：

$$\bar{x} = \sqrt[n]{x_1 x_2 x_3 \cdots x_n} = \sqrt[n]{\prod x} \qquad (5-20)$$

一段时期的定基发展速度即现象的总速度。用 R 表示总速度，则平均发展速度的公式还可写为：

$$\bar{x} = \sqrt[n]{R} \qquad (5-21)$$

式中，R——总速度（定基发展速度）。

由于各环比发展速度的连乘积等于最末期的定基发展速度，故式（5－21）又可写为

$$\bar{x} = \sqrt[n]{\frac{a_1}{a_0}\frac{a_2}{a_1}\cdots\frac{a_n}{a_{n-1}}} = \sqrt[n]{\frac{a_n}{a_0}} \qquad (5-22)$$

式（5－21）和式（5－22）虽然计算形式有所不同，但实质是一样的，可以根据所掌握资料的不同，选择应用。

【例 5.14】某城市 2019—2024 年的游客人数资料见表 5－23。试计算该城市 2019—2024 年旅游业的年平均发展速度。

表 5－23　某城市 2019—2024 年的游客人数

年份	2019	2020	2021	2022	2023	2024
游客人数/万人	589	674	743	711	843	1 016
环比发展速度	—	114.43%	110.24%	95.69%	118.56%	120.52%
定基发展速度	100.00%	—	—	—	—	172.49%

解　按式（5－20）计算得：

$$\bar{x} = \sqrt[5]{114.43\% \times 110.24\% \times 95.69\% \times 118.56\% \times 120.52\%} = 111.52\%$$

按式（5－21）计算得：

$$\bar{x} = \sqrt[5]{172.49\%} = 111.52\%$$

可见两种方法的计算结果一致。

2. 方程式法

按此种方法计算平均发展速度的依据是：从最初水平出发，每期按平均发展速度，经过 n 期后，各期计算的理论水平之和应等于各期实际的发展水平之和。其计算公式为：

$$\bar{x}^{n}+\bar{x}^{n-1}+\cdots+\bar{x}^{3}+\bar{x}^{2}+\bar{x}-\frac{\sum_{i=1}^{n} a_i}{a_0}=0 \tag{5-23}$$

这个方程的正根就是用方程法求得的平均发展速度。但由于这个方程的求解方法十分复杂，为了简化手续，故在实际工作中常用查表法计算平均发展速度，即查累计法“平均增长速度查对表”取得平均发展速度。

四、 平均增长速度

平均增长速度的计算公式为：

平均增长速度 = 平均发展速度 - 1（或 100%）

【例 5.15】以表 5-22 为例，计算某超市利润的平均增长速度。

解　该超市利润的平均增长速度为：

125.57% - 100% = 25.57%

任务四　现象变动的趋势分析

一、 影响现象发展变动的主要因素

虽然影响现象变动的因素错综复杂，但这些因素大体上可归纳为以下几种类型。

（一） 长期趋势

长期趋势是指现象在一个相当长的时期内持续发展变化的趋势，它是由各个时期普遍的、持续的、决定性的基本因素所左右，使各期发展水平沿着一个方向上升或下降的趋势变动。例如，我国人民的消费水平逐年提高，其根本原因是我国经济发展水平不断提高，人们的收入不断增加。认识和掌握了事物发展的长期趋势，可以进一步把握事物变化的基本特点。

（二） 季节变动

季节变动是指现象因受自然条件或社会因素的影响，在一年或更短的时间内所产生的具有周期性、规律性的重复变动。例如，空调、服装有季节性的供应等。

（三） 循环变动

循环变动是指现象以若干年为周期的涨落起伏相间的变动。由于引起波动的原因不同，因而波动的长短不一，波动的程度也不同。例如，早期资本主义制度下的经济危机就是循环变动。

（四）不规则变动

不规则变动是指由意外的、偶然的因素引起的无周期的变动。例如，海啸、地震或某些不明原因引起的变动等。不规则变动是无法预知的，但有些不规则因素对社会经济现象的影响又是巨大的。

应该注意的是，并不是每一组动态数列的变动都同时存在以上四类因素的影响。例如，按年份编制的动态数列就不存在循环变动。因此，在实际工作中，要对被研究的现象进行具体分析，实际存在哪些因素的影响，就测定哪些因素。本节主要介绍长期趋势和季节变动的测定方法。

二、现象变动的长期趋势分析

认识和了解社会经济现象的长期趋势，使人们能够把握客观现象的基本特点和长期趋势，预测其发展趋势。通过长期趋势的测定，数列可以排除季节变动、循环变动和不规则变动等因素的影响，人们就能了解现象的发展过程和发展前景，并以此作为预测未来的依据。

测定长期趋势的方法主要有时距扩大法、移动平均法、指数平滑法、半数平均法和最小平方法。下面主要介绍时距扩大法、移动平均法和最小平方法。

（一）时距扩大法

时距扩大法就是把原来动态数列的时距加以扩大，把扩大后各时距内包含的原有数列的各个发展水平加以合并或平均，作为扩大后的各时距的发展水平来编制新的动态数列。这样就可以将受偶然因素影响所引起的增减波动相互抵消，从而比较清楚地表现出现象变动的总趋势。

用时距扩大法修匀动态数列，既可用总量指标表示，也可用平均指标表示。前者仅适用于时期数列，后者既适用于时期数列，也适用于时点数列。

【例5.16】某企业2024年各月的产量资料见表5－24，分析其产量变化情况。

表5－24　　某企业2024年各月产量动态资料　　单位：台

月份	1	2	3	4	5	6	7	8	9	10	11	12
产量	80	85	82	86	84	88	86	85	92	94	92	98

这个动态数列不能明显反映现象发展的趋势，因各月的产量不是逐月上升的，而是有升有降。现在采用时距扩大法，即由月扩大到季度，将每季度中各月的产量相加，则得到各季度的总产量，还可列出每季度平均的月产量，见表5－25。

表 5－25　　某企业 2024 年各季产量动态资料　　单位：台

季度	一	二	三	四
总产量	247	258	263	284
平均产量	82.3	86	87.7	94.7

这个新数列明显地反映了该企业生产发展的趋势，即其产量是逐季上升的。

时距扩大法将时间跨度扩大到什么程度，要根据现象的性质而定，基本原则是以能够显示现象的发展趋势为度。时距过短，不能消除偶然因素的影响，时距过长，又会掩盖现象在不同时间上发展变化的差异。

时距扩大法的优点是简便易行，缺点是新数列的项数过少，不能据以进行深入的趋势分析和预测。

（二）移动平均法

当原来的动态数列不能明显地反映现象的发展趋势时，则可采用移动平均法对原动态数列进行修匀。

移动平均法就是先将时期扩大，计算序时平均数，并逐项移动，逐步计算序时平均数，由序时平均数构成一个新的动态数列。通过计算序时平均数，指标之间的差异相互抵消，从而比较清楚地表现出其发展的一般水平。移动平均法实质上也是扩大原动态数列的时距，所不同的是，它采取逐项递推移动的方法计算序时平均数。这种方法既考虑了现象发展的连续性，把原时间数列中偶然因素引起的季节变动和不规则变动加以消除，从而较明显地反映出现象发展的基本趋势，又可以基本上保留原时间数列所对应的项数，这样与实际水平更为接近。

应用移动平均法对动态数列进行修匀，关键在于确定移动平均的项数，即移动的时间长度。一般情况下，应根据研究对象的特点来确定。如果原数列中存在自然周期，就以周期数作为移动平均的项数。如果是各年的季度资料，应取四项平均；如果是月度资料，应取十二项平均；如果是旬资料，应取三项平均，这样就可有效地消除周期变动的影响，较准确地显示现象发展的长期趋势。如果原数列中无明显的周期变动，可采用奇数项移动平均法，因为奇数项移动平均法较偶数项移动平均法简单。奇数项移动平均法所得的数值对应地放在所移动的项数的中间项的位置上；偶数项移动平均法所得的数值对应地放在所移动项数的中间两项位置的正中间，它需要进行移动平均。被移动平均的项数越多，对原数列修匀的作用越大，但得到的新动态数列的项数就越少。

【例 5.17】现以某企业各日产量资料为例（见表 2－26），按移动平均法编制新的动态数列。试将该企业生产资料作三项移动平均和四项移动平均。

表 5－26　　某企业某月各日产量资料　　单位：台

日期	产量	三项移动平均	四项移动平均	
			第一次移动	第二次移动
1	2	3	4	5
1 日	120	—	—	—
2 日	122	122.3	124.3	—
3 日	125	125.7	127.3	125.8
4 日	130	129	128.8	128.1
6 日	132	130	132	130.4
7 日	128	132.7	134.5	133.3
8 日	138	135.3	135.3	134.9
9 日	140	137.7	135.3	135.3
10 日	135	134.3	133.3	134.3
11 日	128	131	134.5	133.9
12 日	130	134.3	138.3	136.4
13 日	145	141.7	145.3	141.8
14 日	150	150.3	151.5	148.4
15 日	156	153.7	154.8	153.2
16 日	155	156.3	157.3	156.1
17 日	158	157.7	155.8	156.6
18 日	160	156	153.3	154.6
19 日	150	151.7	155	154.2
20 日	145	153.3	157.5	156.3
21 日	165	160	163	160.3
22 日	170	169	170.5	166.8
23 日	182	182.3	181.8	171.2
24 日	175	172.3	172.3	172.1
25 日	170	172.3	171.8	171.2
26 日	172	172.3	175	174.4
27 日	178	176.7	177	176
28 日	180	178.7	180.3	178.7
29 日	178	181	—	—
30 日	185	—	—	—

1. 三项移动平均

第一个平均数为（120＋122＋125）/3＝122.3（台），将这个数值对应于第二项数值（对应于第 2 日）；第二个平均数为（122＋125＋130）/3＝125.7（台），将这个数值对应于第三项数值。依此类推移动平均，得出三项移动平均数列共28项，见表5－26第3栏的数值。

2. 四项移动平均

第一个平均数为（120＋122＋125＋130）/4＝124.3（台）；第二个平均数为（122＋125＋130＋132）/4＝127.3（台）。依此类推，得出4年移动平均数列，见表5－26第4栏的数值。由于偶数项移动平均的数值与原数列中相对应的指标值都相差半期，无法直接进行对比，因此还需进行一次移动平均，即再进行一次两项移动平均，以移正趋势值，本例中见表5－26第5栏的数值。第5栏中第一个数值为（124.3＋127.3）/2＝125.8（台）；第二个数值为（127.3＋128.8）/2＝128.1（台），依此类推。

从表5－26可以看出，移动平均的结果使短期的偶然因素的影响被削弱，整个时间数列变得更加平滑，波动趋于平稳。

运用移动平均后的结果使原数列缩短。例如，二项或三项的移动平均使原数列两端各失去一项；四项或五项的移动平均使原数列首尾两端各失去 $n/2$ 项；当 n 为奇数时，原数列首尾两端将各失去（$n+1$）/2 项。因此，移动平均法不能用来外推预测。

（三）直线修匀法（最小平方法）

当时间数列的长期趋势近似地呈直线，每期的增减数量大致相同时，称时间数列具有线性趋势。当原时间数列呈直线变动时，我们可以用一条直线拟合它。如以时间因素 t 作为自变量，把数列水平 y 作为因变量，拟合的直线趋势方程为：

$$y_c = a + bx$$

显然，只要将方程中的参数 a 与 b 确定，那么通过该方程就可以得到任何时间上指标数值 y 所对应的拟合值。根据最小平方法，有：

$$\sum (y - y_c)^2 = 最小值$$

即

$$\sum (y - y_c)^2 = \sum (y - a - bx)^2 = 最小值$$

通过求导数得：

$$\sum y - na - b\sum x = 0$$

$$\sum xy - a\sum x - b\sum x^2 = 0$$

解方程组得：

$$\begin{cases} b = \dfrac{\sum xy - \frac{1}{n}\sum x \sum y}{\sum x^2 - \frac{1}{n}(\sum x)^2} \\ a = \dfrac{\sum y}{n} - b\dfrac{\sum x}{n} \end{cases} \tag{5-24}$$

【例 5.18】某企业近几年来单位产品成本统计见表 5－27，试用最小平方法建立直线方程，并预测 2024 年的成本水平。

表 5－27 某企业近几年来单位产品成本统计

年份	2020	2021	2022	2023	2024
单位产品成本/（元·台$^{-1}$）	435	422	407	395	382

解 设直线方程为：

$$y_c = a + bx$$

令 x 为 1、2、3、4、5，$n=5$，则有：

$$\sum x = 15 \qquad \sum x^2 = 55$$

$$\sum y = 2\ 041 \qquad \sum xy = 5\ 990$$

$$b = \frac{\sum xy - \frac{1}{n}\sum x \sum y}{\sum x^2 - \frac{1}{n}(\sum x)^2} = \frac{5\ 990 - \frac{1}{5} \times 15 \times 2\ 041}{55 - \frac{1}{5} \times 55^2} = -13.3$$

$$a = \frac{\sum y}{n} - b\frac{\sum x}{n} = \frac{2041}{5} - (-13.3) \times \frac{15}{5} = 448.1$$

则直线方程为：

$y_c = 448.1 - 13.3x$

$y_{c2015} = 448.1 - 13.3 \times 6 = 368.3$（元/台）

三、 现象的季节变动分析

季节变动是指被研究对象由于季节改变而产生有规律的变化。例如，农副产品的加工、农业生产、商品销售、客运量等都有明显的季节变动。研究现象季节变动的目的在于掌握变动的周期、数量界限及其规律，以便认识未来，消除并克服季节变动的不利影响，主动安排人力、物力、财力，合理组织生产、供应，保持市场供需平衡，使社会生产和社会生活正常、有序、顺利地进行。

不同社会经济现象具有不同的季节变动周期：有的以一年为循环周期，以月或季为变动单位；有的以一个月为循环周期，以日为变动单位；有些社会经济现象的变动甚至以一天为循环周期，以小时为变动单位。

测定经济变动的方法有很多，常用的方法有同期平均法、移动平均趋势剔除法、图解法、环比法。本任务主要介绍同期平均法和移动平均趋势剔除法。

（一） 同期平均法

同期平均法主要采用按月（季）平均法计算。其公式为：

$$季节指数 = \frac{全年同月（季）平均数}{全期各月（季）总平均数} \times 100\%$$

【例 5.19】 某地水果批发市场苹果交易量资料及按月平均法计算的季节比率见表 5－28。

表 5－28　　某地水果批发市场苹果交易量　　单位：吨

月份	2022 年	2023 年	2024 年	月平均数	季节比率	
	(1)	(2)	(3)	$(4)=\frac{(1)+(2)+(3)}{3}$	$(5)=\frac{(4)}{月总平均数}$（调整前季节比率）	(6)＝(5)×调整系数（调整后季节比率）
1	54	58	68	60	115.4%	115.5%
2	56	54	70	60	115.4%	115.5%
3	50	58	64	57.3	110.2%	110.3%
4	49	54	60	54.3	104.4%	104.5%
5	44	448	56	49.3	94.8%	94.7%
6	47	46	48	47	90.4%	90.5%
7	36	38	44	39.3	75.6%	75.7%
8	34	38	40	37.3	71.7%	71.8%
9	37	42	48	42.3	81.3%	81.4%
10	48	54	60	54	103.8%	103.9%
11	52	56	60	56	107.7%	107.8%
12	60	64	76	66.7	128.3%	128.4%
合计	567	610	694	52	1 199%	1 200%

$$第（4）栏月总平均数 = \frac{567+610+694}{36} = 52（吨）$$

从理论上讲，各月季节比率之和应为 1 200%，如果计算出来的季节比率之和大于或小于 1 200%，应进行调整。调整方法为：

（1）计算调整系数。

$$调整系数 = \frac{1\ 200\%}{未调整季节比率之和} = \frac{1\ 200\%}{1\ 199\%} = 1.000\ 834\ 028\ 35$$

（2）计算调整后的季节比率。

$$调整后的季节比率 = 调整前季节比率 \times 调整系数$$

在本例中，第（6）栏的数字即调整后的季节比率，调整后的季节比率相加之和为 1 200%。将计算资料绘制成季节变动曲线图就更能清楚地说明问题了。

（二）移动平均趋势剔除法

移动平均趋势剔除法是利用移动平均法来剔除长期影响后，再测定其季节变动的方法。趋势剔除有多种不同的方法，如趋势剔除比率法、环比法、移动平均法等。现以 12 个月移动平均为例，说明趋势剔除过程和季节比率的测定方法。

12个月移动平均法是把动态数列资料按年、月顺序排列，以12个月为一期，逐项移动求平均数。由于12个月的时间与1年、4季的周期相等，通过12个月移动平均产生的新数列，消除了以月或季为变动单位、以1年为循环周期的季节变动的影响和部分不规则影响，突出了现象的长期变动趋势和循环变动的影响。

【例5.20】现以某地商品销售额为例，试用12个月移动平均趋势剔除法计算季节比率。

解 采用移动平均趋势剔除法计算季节比率，需按以下步骤进行：

(1) 根据各年的月份资料计算12项移动平均数，12个月移动平均趋势剔除计算见表5-29。

(54+52+50+48+44+42+36+32+37+46+50+58)/12=45.75（万元）[见表5-29中第(3)栏]。

表5-29 12个月移动平均趋势剔除法计算表 单位：万元

年、月	商品销售额（实际值）	12个月移动平均	二项移动平均（趋势值）	趋势剔除后的修匀比率
(1)	(2)	(3)	(4)	(5) = (2) / (4)
2022年1月	54	—	—	—
2月	52	—	—	—
3月	50	—	—	—
4月	48	—	—	—
5月	44	—	—	—
6月	42	45.75	—	—
7月	36	46.08	45.92	78.4%
8月	32	46.25	46.17	69.31%
9月	37	46.92	46.59	79.42%
10月	46	47.42	47.17	97.52%
11月	50	47.75	47.59	105.06%
12月	58	47.75	47.84	121.24%
2023年1月	58	48.08	48	120.83%
2月	54	48.42	48.25	111.92%
3月	58	48.83	48.63	119.27%
4月	54	49.5	49.17	109.82%
5月	48	50	49.75	96.48%
6月	44	50.5	50.25	87.56%
7月	38	51.33	50.92	74.63%
8月	36	52.67	52	69.23%
9月	42	54.17	53.42	78.62%
10月	54	53.83	54	100%
11月	56	54.5	54.17	103.38%
12月	64	54.83	54.67	117.07%

续表

年、月	商品销售额（实际值）	12个月移动平均	二项移动平均（趋势值）	趋势剔除后的修匀比率
2024年1月	68	55.33	55.08	123.46%
2月	70	55.67	55.5	126.13%
3月	64	56	55.8	114.61%
4月	62	56.33	56.17	110.38%
5月	56	56.67	56.5	99.12%
6月	48	57.67	57.17	83.96%
7月	44	—	—	—
8月	40	—	—	—
9月	46	—	—	—
10月	58	—	—	—
11月	60	—	—	—
12月	76	—	—	—

（2）由于12项移动是偶数移动，需再次采用二项移动平均，平均后表5－29中的第4栏资料为长期趋势值。例如，2013年7月的趋势值为（45.75＋46.08）/2＝45.92（万元）。

（3）将各月的实际值除以趋势值，也就是用第（2）栏的值除以第（4）栏的值，得出修匀比率，使长期趋势对现象的影响得以消除。例如，2022年7月的修匀比率为36%/45.92%＝78.4%［见表5－29中第（5）栏］。

（4）将求得的修匀比率重新按月编排，见表5－30，再计算各年同月的平均值，也就是平均季节比率。例如，1月的平均值为（120.83%＋123.46%）/2＝122.15%［见表5－30中第（5）栏］。

（5）调整季节比率。各月季节比率之和应为100%，若各月季节比率合计数高于或低于1 200%，应用调整系数进行调整。方法与前相同，也就是用各月的平均季节比率分别乘以调整系数。本例中的调整系数为1 200%/1 194.73%＝1.004 411。例如，1月调整后的季节比率为122.15%×1.004 411＝122.689%；2月调整后的季节比率为119.03%×1.004 411＝119.555%。以下各月依此类推，结果见表5－30的最后一栏。

表5－30　　商品销售额趋势剔除后按月平均计算表

序号	2022	2023	2024	同月平均值（平均季节比率）	调整后的季节比率
1	—	120.83%	123.46%	122.15%	122.689%
2	—	111.92%	126.13%	119.03%	119.555%
3	—	111.27%	114.61%	112.94%	113.438%
4	—	109.82%	110.38%	110.1%	110.586%
5	—	96.48%	99.12%	97.8%	98.231%
6	—	87.56%	83.96%	85.76%	86.138%

续表

序号	2022	2023	2024	同月平均值（平均季节比率）	调整后的季节比率
7	78. 40%	74. 63%	—	76. 52%	76. 85%
8	69. 31%	69. 23%	—	69. 27%	69. 576%
9	79. 42%	78. 62%	—	79. 02%	79. 369%
10	97. 52%	100%	—	98. 76%	99. 196%
11	105. 06%	103. 38%	—	104. 22%	104. 68%
12	121. 24%	117. 07%	—	119. 16%	119. 686%
合计	—	—	—	1 194. 73%	1 200. 0%

根据表5－30中的资料可以看出，由于受季节变化的影响，该地的商品销售额有较大的季节性变动。7—9月商品销售情况较差，8月出现了最低点，其余各月销售额逐步上升，以1月和12月变动较大。

学习小结

（一）时间数列的种类

- 绝对数时间数列
  - 时期数列
  - 时点数列
    - 连续时点数列
    - 间断时点数列
- 相对数时间数列
  - 静态相对数时间数列
  - 动态相对数时间数列
- 平均数时间数列
  - 静态平均数时间数列
  - 动态平均数时间数列

（二）动态分析指标

- 水平分析指标
  - 发展水平
  - 平均发展水平
  - 增长量
  - 平均增长量
- 速度分析指标
  - 发展速度
  - 增长速度
  - 增长1%的绝对值
  - 平均发展速度
  - 平均增长速度

巩固练习

一、填空题

1. 平均增长速度等于______减 1。

2. 常用的动态对比指标主要有增长量、______和______三种。

3. 绝对数时间数列按反映现象的时间状况不同，可分为______数列和______数列两种。

4. 计算平均发展速度的方法主要有水平法（又称______法）和累计法（又称______法）。

5. 时间数列中最基本的是______时间数列，______时间数列和______时间数列是在其基础上派生而成的数列。

二、单项选择题

1. 已知一定时期内各环比增长速度为 3%、4%、6%，则定基增长速度为（　　）。

A. 103% ×104% ×106% －1　　B. 103% ×104% ×106%

C. 3% ×4% ×6% －1　　D. 3% ×4% ×6%

2. 间隔相等的时点数列计算序时平均数可采用（　　）。

A. 首末折半法　　B. 加权调和平均法

C. 简单算术平均法　　D. 几何平均法

3. 说明现象在较长时期内发展的总速度的指标实际上是（　　）。

A. 环比发展速度　　B. 平均发展速度

C. 定基发展速度　　D. 定基增长速度

4. 平均增长速度是（　　）。

A. 平均发展速度减 100%　　B. 环比增长速度的几何平均数

C. 定基增长速度的算术平均数　　D. 累计增长量开项数次方根

5. 平均增长量等于（　　）。

A. 逐期增长量之和除以时间数列项数减 1　　B. 平均发展速度乘期初水平

C. 逐期增长量之和除以时间数列项数　　D. 平均增长速度乘期初水平

6. 定基增长速度等于（　　）。

A. 环比增长速度的连乘积　　B. 环比发展速度的连乘积减 1

C. 环比发展速度之和　　D. 环比增长速度之和

7. 在动态数列中，各个指标数值加总有意义的是（　　）。

A. 相对数数列　　B. 时点数列

C. 时期数列　　　　D. 平均数数列

8. 在动态数列中，最基本的速度指标是（　　）。

A. 发展速度　　　　B. 平均发展速度

C. 平均增长速度　　　　D. 增长速度

9. 下列（　　）是动态数列中最基本的数列。

A. 相对数动态数列　　　　B. 平均数动态数列

C. 绝对数动态数列　　　　D. 三者都不是

10. 若各年的环比增长速度保持不变，则各年的增长量（　　）。

A. 逐年增加　　　　B. 逐年减少

C. 保持不变　　　　D. 无法做结论

三、多项选择题

1. 定基发展速度和环比发展速度之间的数量关系有（　　）。

A. 定基发展速度等于各环比发展速度之和

B. 定基发展速度等于各环比发展速度之积

C. 定基发展速度和环比发展速度的基期是一致的

D. 两个相邻的定基发展速度之商等于相应的环比发展速度

2. 下列属于时点数列的有（　　）。

A. 某工厂每年年末的设备台数　　　　B. 历年年末的牲畜存栏数

C. 某银行各月底储户的存款余额　　　　D. 历年毕业生人数

E. 历年商品销售额

3. 从统计指标表现形式看，时间数列可分为（　　）。

A. 绝对数时间数列　　　　B. 相对数时间数列

C. 平均数时间数列　　　　D. 时期指标时间数列

E. 时点指标时间数列

4. 增长 1% 的绝对值（　　）。

A. 等于前期水平除以 100

B. 等于逐期增长量除以环比增长速度

C. 等于逐期增长量除以环比发展速度

D. 表示增加一个百分点所增加的绝对量

E. 表示增加一个百分点所增加的相对量

5. 下列（　　）是时期数列。

A. 我国近几年来的耕地面积　　　　B. 我国历年新增人口数

C. 我国历年图书出版量　　　　D. 我国历年黄金储备量

E. 某地区国有企业的历年资金利税率

四、判断题

1. 环比增长速度的连乘积等于定基增长速度。 （　）
2. 环比发展速度的连乘积等于定基发展速度。 （　）
3. 两个相邻的定基发展速度之商等于相应的环比发展速度。 （　）
4. 发展水平可表现为绝对数水平、相对数水平或平均数水平。 （　）
5. 根据间断时点数列计算序时平均数时，假定指标值在各个时点之间的变动是均匀的。 （　）
6. 平均增长速度是社会经济现象在各期环比增长速度的几何平均数。 （　）
7. 若各年的逐期增长量相同，则其各年的环比发展速度是年年下降的。 （　）
8. 发展速度是以相对数形式表示的速度分析指标，增长量是以绝对数形式表示的速度分析指标。 （　）
9. 在各种时间数列中，指标值的大小都受到指标所反映的时间长短的制约。 （　）
10. 呈直线趋势的时间数列，其各期环比发展速度大致相同。 （　）

五、应用能力题（计算结果保留两位小数）

1. 某企业的总产值和职工人数统计表见表5－31，计算该企业第三季度的劳动生产率和平均每月的劳动生产率。

表5－31　某企业的总产值和职工人数统计表

月　份	六	七	八	九
总产值/万元	1 200	1 450	1 250	1 500
月末职工人数/人	500	480	520	500

2. 填补表5－32中所缺的指标数值。

表5－32　题表（1）

年　份	2022	2023	2024
产量/件	1 000		
逐期增长量/件	—		240
环比发展速度（百分数）	—	120%	
环比增长速度（百分数）	—		
增长1%的绝对值/件	—		
平均增长量/件			
平均增长速度（百分数）			

3. 填补表 5－33 中所缺指标数值。

表 5－33　　　　题表（2）

年　份	2021	2022	2023	2024
利润/万元	1 000			
逐期增长量/万元	—	200		
环比发展速度（百分数）	—			
环比增长速度（百分数）	—			32%
增长 1% 的绝对值/万元	—			15

4. 填补表 5－34 中所缺的指标数值。

表 5－34　　　　题表（3）

年　份	总产值/万元	环比动态指标		
		增长量/万元	发展速度（百分数）	增长速度（百分数）
2020	150	—	—	—
2021		30		
2022			120%	
2023				25%
2024	378			

课堂实训

利用 Excel 测定时间序列的长期趋势

利用 Excel 来测定时间序列的直线方程，会大大缩短计算时间，提高计算效率，使趋执分析和季节变动分析更快捷、形象、准确。

一、用移动平均法测定长期趋势

在 Excel 中，可以使用 AVERAGE 函数结合填充柄功能计算移动平均趋势值，也可以使用数据分析工具中的“移动平均”工具，下面以表 5－35 所示的资料为例，说明移动平均工具的操作方法。

表 5－35　　　　截距和斜率计算

序号	A	B	C	D
1	时间序号 t	产量/万吨	截距 a	斜率 b
2	1	35	30．09	1．41

续表

序号	A	B	C	D
3	2	32		
4	3	33		
5	4	34		
6	5	38		
7	6	36		
8	7	42		
9	8	40		
10	9	43		
11	10	44		
12	11	46		
13	12	48		

首先，将年份和产量输入表中 A、B 两列，其次，在“工具”菜单中单击“数据分析”选项，从其对话框的“分析工具”列表中选择“移动平均”，单击“确定”按钮进入“移动平均”对话框。

在“移动平均”对话框中进行以下操作：

第一步，在“输入区域”框中键入数据所在的单元格区域，本例为 B3∶B14。该区域没有标志，所以不需要选“标志位于第一行”复选框。

第二步，在“间隔”框中键入移动平均的时间长度。系统默认为 3，如要进行 3 年移动平均，可省略；如果要进行 5 年移动平均，就键入 5。

第三步，在输出区域框中，键入放置计算结果区域左上角的单元格行列号，本例中键入 C3。如果需要在给出移动平均值的同时给出原数据的标准差，可选中“标准误差”复选框；若还需要给出移动平均统计图，可选中“图表输出”复选框。

完成以上操作后按回车键确认，即在指定的区域输出计算结果。计算结果如图 5－2 和表 5－36 所示。

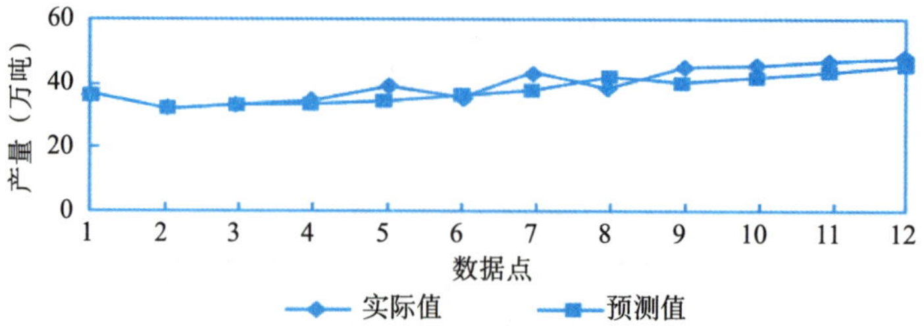

图 5－2　企业产量移动平均趋势

表 5－36　　Excel 输出的移动平均结果

	A	B	C	D
1	年份/年	产量/万吨	三年移动平均	
2			平均值	标准差
3	2013	35		
4	2014	32		
5	2015	33	33.33	
6	2016	34	33.00	
7	2017	38	35.00	1.84
8	2018	36	36.00	1.83
9	2019	42	38.67	2.59
10	2020	40	39.33	1.96
11	2021	43	41.67	2.11
12	2022	44	42.33	1.29
13	2023	46	44.33	1.56
14	2024	48	46.00	1.78

二、用最小平方法测定长期趋势

用最小平方法测定长期趋势的方法与一元线性回归方法相同，只是自变量要改为时间顺序。

本章主要介绍使用 INTERCEPT 函数和 SLOPE 函数求趋势直线方程（$y=a+bt$）（仍以表 5－35 的资料为例，只是将具体的年份改为时间序号，见表 5－37）。

表 5－37　　截距和斜率计算

	A	B	C	D
1	时间序号 t	产量/万吨	截距 a	斜率 b
2	1	35	30.09	1.41
3	2	32		
4	3	33		
5	4	34		
6	5	38		
7	6	36		
8	7	42		
9	8	40		
10	9	43		
11	10	44		
12	11	46		
13	12	48		

将数据输入表格后，打开“粘贴函数”对话框，选择“统计”类中的“INTERCEPT”函数，按回车键打开对话框。在 INTERCEPT 对话框的 Known - y's 框中输入 B2∶B13，在 Known - y's 框中输入 A2 = A13，对话框底部即显示截距的计算结果为截距 $a = 30.09$，再用同样的步骤打开 SLOPE 函数对话框，照此操作，得到斜率 $b = 1.41$。

知识延伸

什么是季节调整?

季节调整是指在对时间序列进行分析的过程中估计和剔除季节因素的一种方法。

一、基本概念

在分析应用中发现，一个经济时间序列往往受多种因素影响，通常我们把这些因素分为趋势因素、循环因素、季节因素以及不规则因素。其中，季节因素是指时间序列季度、月度数据呈现明显的周期性规律。例如，农作物的成熟周期受到季节变化影响，进而使得农林牧渔业的季度总产值、增加值等统计指标会呈现周期性变化的规律。通常季节因素带来的变动会掩盖时间序列的纯经济短期变化趋势，降低相邻两个季度或月度之间的数据可比性，进而影响环比数据的准确性。因此，为了更准确地反映经济的基本发展趋势、突出经济变化的转折点，为开展统计分析、数据预测、决策判断提供依据，需要对时间序列进行季节调整，剔除季节因素的影响，仅保留时间序列的趋势因素、循环因素和不规则因素。

二、季节调整方法

通过季节调整软件剔除季节因素是各国的通行做法，目前国际上比较常用的季节调整软件，在节假日因素上仅考虑了西方的特点。为此，国家统计局专门组织力量，并与南开大学合作，在国际通行的 X13 - ARIMA 季节调整方法的基础上，针对我国特有的季节因素加以研究，开发了国家统计局版季节调整软件 NBS - SA。这一软件添加了处理我国特有的季节因素的新模块，包括春节、端午、中秋等移动假日的效应，假期变动及调休带来的效应等，从而可以有效剔除我国特有的季节因素。

三、季节调整示例

图 5 - 3 是对某国 2009—2024 年固定基期 GDP 不变价数据进行季节调整的结果。通过观察，我们可以清楚地看到原始序列呈现明显的季节波动，通过剔除季节因素，对原始序列进行季节调整后，更能准确地反映经济的基本发展趋势。

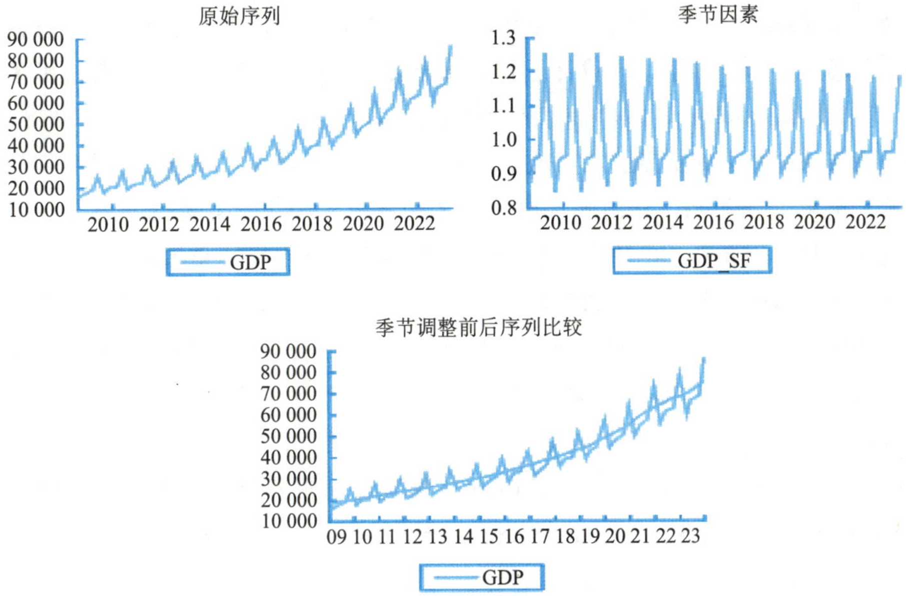

图 5－3　某国的 GDP 季度调整示例图

思政元素

思政教育切入点：要求学生能从动态的视角，用辩证的思维、发展的观点看问题和分析问题。要探究社会经济现象发展变化的规律，必须不忘初心，与时俱进。以下内容通过动态分析改革开放以来我国经济建设取得了巨大成就，能让学生感受到国家富强、人民生活幸福，感受到社会主义制度的优越性，激发学生的社会责任感和使命感。

改革开放以来我国经济建设取得的巨大成就

改革开放打破了传统的计划经济体制对劳动要素、资本要素、技术要素等各种生产要素的束缚，提高了劳动生产率、资本生产率和全要素生产率，推动中国经济实现了前所未有的长时期高速增长，成为世界第二大经济体。1978—2017 年中国经济年均增长 9.5%，远高于改革开放前 1953—1978 年 6.1% 的年均增速，相当于同期世界经济年均增速的 3 倍多。根据世界银行数据，1978 年中国 GDP 仅为 1 495 亿美元，占世界 GDP 的比重仅为 1.77%；2017 年达到 122 377 亿美元，占世界 GDP 的比重达到 15.17%。2000 年中国 GDP 超过意大利居世界第 6 位，2005 年超过法国居第 5 位，2006 年超过英国居第 4 位，2007 年超过德国居第 3 位，2010 年超过日本居第 2 位。2016 年，中国 GDP 已经相当于第一名美国的 60.1%，相当于第三名日本的 2.67 倍，相当于第四名德国的 3.22 倍，相当于第五名英国的 4.22 倍。中国经济规模不断壮大，经济实力不断提升。

2019 年是新中国成立 70 周年，是决胜全面建成小康社会的关键之年，也是中国经济发展历程中非常不平凡的一年。我国经济运行克服了国内外风险挑战明显上升的不利影响，保持总体平稳、稳中有进的发展态势，为决胜全面建成小康社会打下了坚实基础。一是经济平稳增长。初步核算，2019 年，国内生产总值 990 865 亿元，按年平均汇率折算达到 14.4 万亿美元，稳居世界第二位。从增速看，2019 年国内生产总值比上年增长 6.1%，在世界主要经济体中名列前茅。从人均水平看，2019 年我国人均国内生产总值达到 10 276 美元，首次突破 1 万美元，与高收入国家的差距进一步缩小。二是就业好于预期。2019 年，月度全国城镇调查失业率均在 5.0%—5.3%；年末全国城镇登记失业率为 3.6%，保持在较低水平。城镇新增就业 1 352 万人，连续 7 年保持在 1 300 万人以上。三是物价总体稳定。2019 年，居民消费价格比上年上涨 2.9%，符合 3% 左右的预期目标；工业生产者出厂价格比上年微降 0.3%，基本保持稳定。四是国际收支基本平衡。2019 年，我国货物进出口总额 31.6 万亿元，再创新高；服务进出口逆差 1.5 万亿元，比上年下降 10.5%。在全球跨境投资大幅下降的情况下，2019 年我国实际使用外资（按人民币计价）比上年增长 5.8%；年末外汇储备余额比上年末增加 352 亿美元。（数据资料来源：国家统计局官网于 2023 年 1 月 1 日发布的信息）

习近平在庆祝中国共产党成立 100 周年大会上代表党和人民庄严宣告，经过全党全国各族人民持续奋斗，我们实现了第一个百年奋斗目标，在中华大地上全面建成了小康社会，历史性地解决了绝对贫困问题，现正在意气风发向着全面建成社会主义现代化强国的第二个百年奋斗目标迈进。这是中华民族的伟大光荣！这是中国人民的伟大光荣！这是中国共产党的伟大光荣！（摘自《习近平在庆祝中国共产党成立 100 周年大会的讲话》）

表 5-38　2015—2019 年城镇新增就业人数、国内生产总值、居民消费价格指数

年　份	2014	2015	2016	2017	2018	2019
国内生产总值（亿元）	643 563.1	688 858.2	746 395.1	832 035.9	919 281.1	990 865.1
城镇新增就业人数（万人）	—	1 312	1 314	1 351	1 361	1 352
居民消费价格指数（%）	—	1.4	2.0	1.6	2.1	2.9

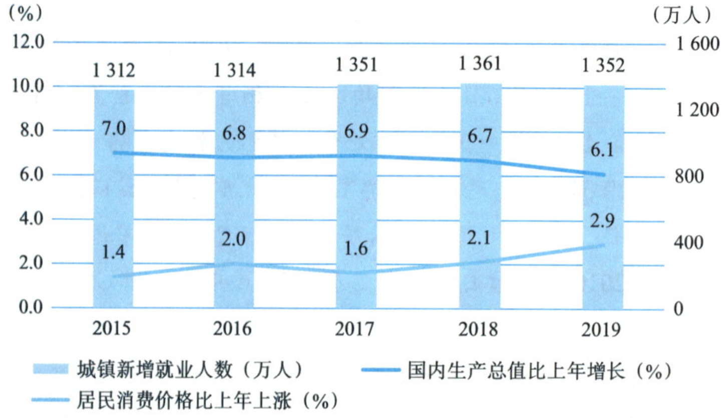

图 5-4　2015—2019 年主要经济指标走势图

项目六

指数分析

知识目标

了解指数的作用；理解指数的特点、分类；掌握数量指标指数、质量指标指数的编制；掌握指数体系的概念与作用；掌握指数体系的两因素分析法。

能力目标

根据所给资料，能够编制总量指数、数量指标指数、质量指标指数，并对其进行分析；根据所给资料，能够进行指数体系的两因素分析、加权算术平均数指数和调和平均数指数分析。

重要概念

个体指数　总指数　综合指数　平均指数　因素分析

情境导入

某市去年9月的消费品零售物价比8月下降了4.8%，其中，百货店下降了8.3%，便利店增长了3.4%，超市下降了4.5%，大型购物中心增长了2.6%，家电专业店基本没有太大的变化，食品店增长了4.2%，如图6-1所示。分析讨论：上述资料如何反映该市消费市场的动态？

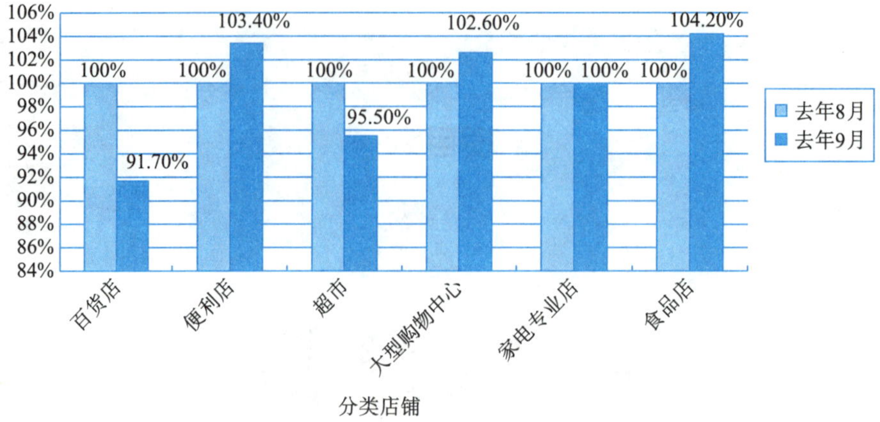

图 6－1　某市去年 9 月消费品零售价格与 8 月的比较

知识储备

任务一　了解统计指数

一、统计指数的概念

统计指数简称指数，是用以研究社会经济现象变动程度的相对数。统计指数有广义和狭义之分。广义的统计指数是指一切说明社会经济现象数量变动或差异程度的相对数，如动态相对数、比较相对数、计划完成程度相对数等。狭义的统计指数专指不能直接相加和对比的反映复杂社会经济现象综合变动程度的相对数。例如，零售物价指数是说明全部零售商品价格总变动的相对数；工业产品产量指数是说明一定范围内全部工业产品实物量总变动的相对数；等等。通常所说的指数是狭义的指数，本项目主要讨论狭义统计指数的编制和运用。

二、统计指数的特点

统计指数作为一种特殊的相对数，除了具有相对数和相对数运算的一般特征外，还具有其独立的特征。这些特征是：

（1）同质性。统计指数对比的现象数量应该是同类的，具有某一相同的主要特征。

（2）相对性。统计指数是同类现象数量在时空变化上的对比，表现现象变化的相对程度，常用比率表示。

（3）综合性。统计指数是研究复杂现象数量的总变动，这就需要综合。

（4）平均性。统计指数是对众多现象数量变动的测定，各种事物、因素的变动是不一致的，只有经过平均后，才能反映复杂总量变动的基本特征。

（5）代表性。统计指数综合反映的多种事物的复杂现象数量的变动也是有限的，不可能包罗万象，只能选择有代表性的事物，借以反映现象的总体。

（6）界定性。统计指数分析不但可以进行定性分析，明确判断总量变动的方向和受哪些因素影响，还可以进行定量分析，测定总量变动的幅度和各因素影响的程度，这种对变动要素的性质和数量进行的界定的能力是其具有的分析优势。

三、统计指数的种类

根据不同的目的和任务，统计指数可以分为不同的种类。

（一）按照指数所反映的现象范围划分

按照指数所反映的现象范围的不同，可以将其分为个体指数、总指数和类指数。

1. 个体指数

个体指数是反映个别现象变动情况的指数。例如，说明一种商品价格动态的个体价格指数、说明一种产品生产量动态的个体生产量指数，以及个体销售量指数、个体成本指数等。

2. 总指数

总指数是综合反映不能同度量现象动态变化的指数。例如，说明多种商品价格综合变动的批发价格指数、零售价格指数，说明多种产品生产量综合变动的工业产品生产总指数，以及商品销售量总指数、成本总指数等。

3. 类指数

计算统计指标时，可以同时使用分组方法，对包含的多项事物进行分类或分组，按每个类或组计算统计指数。这样，在个体指数和总指数之间就形成了类指数。

（二）按照指数所反映的现象的性质划分

按照指数所反映的现象性质的不同，可以将其分为数量指标指数和质量指标指数。

1. 数量指标指数

数量指标指数是综合反映现象总体的规模和水平变动情况的指数，如商品销售量指数、工业产品产量指数、职工人数指数等。

2. 质量指标指数

质量指标指数是综合反映现象相对水平或平均水平变动情况的指数，如产品成本指数、商品价格指数、平均工资水平指数等。它可以说明生产经营所取得的效益状态，说明生产工作质量的提高程度。

（三）按照指数采用基期划分

按照指数采用基期的不同，可以将其分为定基指数、环比指数和年距指数。

1. 定基指数

定基指数是指各个时期指数都是采用同一固定时期为基期计算的，表明社会经济现象对某一固定基期的综合变动程度的指数。

2. 环比指数

环比指数是以前一时期为基期计算的指数，表明社会经济现象对上一期或前一期的综合变动程度。定基指数或环比指数可以将许多时期的指数连续按时间顺序加以排列，形成指数数列。

3. 年距指数

年距指数是反映报告期数量与上年同期（同日、同月、同季）的同类现象的数量对比的相对数。

（四）按照指数所说明的因素多少划分

按照指数所说明的因素多少，可以将其分为两因素指数和多因素指数。

两因素指数反映由两个因素构成的总体变动情况，多因素指数则反映由三个或以上因素构成的总体变动情况，它是两因素指数的推广。

（五）按照指数的表现形式划分

按照指数的表现形式不同，可以将其分为综合指数、平均数指数和平均指标对比指数

1. 综合指数

综合指数是通过确定同度量因素，把不能同度量的现象过渡为可以同度量的现象，采用科学方法计算出两个时期的总量指标并进行对比而形成的指数。

2. 平均数指数

平均数指数是从个体指数出发，通过对个体指数加权平均计算而形成的指数，它分为算术平均数指数和调和平均数指数。

3. 平均指标对比指数

平均指标对比指数是通过两个有联系的加权算术平均指标对比形成的指数。

四、统计指数的应用

统计指数由于具有研究分析社会经济现象总体数量的基本性质和特殊功能，故在经济活动分析中有着重要作用，具体表现在以下几个方面：

（一）综合反映复杂现象总体数量上的变动状态

统计指数以相对数的形式，表明多种产品或商品的数量指标或质量指标的综合变动方向和程度。编制统计指数的目的就在于将多种不同使用价值的产品或商品过渡到可以进行综合比较，从而计算出诸如工业产品产量、商品零售价格的总指数，并反映它们的总变动状况。

（二）分析现象总体变动中各个因素变动的影响程度

许多社会经济现象的变动要受多种因素影响。例如，商品销售额的变动要受商品价格和销售量两个因素的影响；工业总产量的变动要受工人人数、人均产量、产品价格三个因

素的影响；等等。统计指数的作用就是在分析这些现象的动态时，说明各个因素的变动对社会经济现象总变动的影响方向和程度。

（三）利用连续编制的指数数列对复杂现象总体的长时间复杂变化趋势进行分析

运用编制的动态变化指数所形成的连续指数数列，可以测定所研究的社会经济现象总体在长时期内的发展变化趋势。同时，它还可以把相互联系的指数数列加以比较，分析性质不同但有联系的指数数列之间的变动关系。

任务二 总指数的编制

一、个体指数的编制

个体指数是指反映个别事物变动的相对数。常用的个体指数有个体销售量指数、个体价格指数、个体产量指数、个体单位成本指数等。

现以某商店的销售状况来说明个体指数的编制方法，其资料见表 6－1。

表 6－1　某商店商品销售量和商品价格资料表

商品名称	计量单位	销售量		价格/元	
		基期 q_0	报告期 q_1	基期 p_0	报告期 p_1
洗衣机	台	600	540	1 250.0	1 300.0
衣服	件	800	910	20.0	25.0
糖果	千克	750	800	6.0	5.6

在下面的介绍中，用 k 代表个体指数，q 代表数量指标（产量、销售量），p 代表质量指标（如价格、单位产品成本），下标 1 代表报告期，下标 0 代表基期。

1. 数量指标个体指数

两个同一经济内容的数量指标的对比即数量指标个体指数，如个体销售量指数的计算公式为：

$$k_q = \frac{q_1}{q_0} \tag{6-1}$$

根据表 6－1 的资料计算得：

$$k_q = \frac{q_1}{q_0} = \frac{540}{600} = 90.00\%（洗衣机）$$

$$k_q = \frac{q_1}{q_0} = \frac{910}{800} = 113.75\%（衣服）$$

$$k_q = \frac{q_1}{q_0} = \frac{800}{750} = 106.67\%（糖果）$$

计算结果表明，洗衣机的销售量减少了10%，衣服的销售量增加了13.75%，糖果的销售量增加了6.67%。

2. 质量指标个体指数

两个同一经济内容的质量指标的对比即质量指标个体指数，如个体价格指数的计算公式为：

$$k_p = \frac{p_1}{p_2}$$

根据表6－1的资料计算得：

$$k_p = \frac{p_1}{p_0} = \frac{1\ 300}{1\ 250} = 104\%（洗衣机）$$

$$k_p = \frac{p_1}{p_0} = \frac{25}{20} = 125\%（衣服）$$

$$k_p = \frac{p_1}{p_0} = \frac{5.6}{6} = 93.33\%（糖果）$$

计算结果说明，洗衣机价格提高了4%，衣服价格提高了25%，糖果价格降低了6.67%。

二、总指数的编制

总指数的计算形式分为综合指数和平均数指数。

（一）综合指数

1. 定义

综合指数是编制和计算总指数的一种基本形式，它是由两个总量指标对比形成的指数。在所研究的总量指标中包含两个或两个以上的因素，将其中一个或一个以上的因素指标固定下来，仅观察另一个因素的变动，这样编制出来的总指数称为综合指数。

2. 综合指数的特点

（1）先综合后对比，即先解决总体中各个个体由于使用价值、解决用途、规格、型号等不同而不能直接简单相加对比的问题。为此，需要加入一个媒介因素，使不能直接相加、直接对比的现象变成能够直接相加、直接对比的现象，这个因素称为同度量因素。

（2）把总量指标中的同度量因素加以固定，以测定所研究的因素，即指数化指标的影响。这时需要把两个时期各种商品的价格作为同度量因素固定在同一时期，以测定两个时期各种商品销售量对销售总额的影响。

（3）分子、分母中所含研究对象的范围必须一致。

（4）对资料要求较高，需要全面资料。

3. 编制综合指数的原则

（1）确定同度量因素。根据所要研究现象的特点和现象之间的联系，确定同度量因素，将不可同度量的现象过渡到可同度量的现象。在不同的使用价值还原为价值的过程中，同度量因素不仅起着媒介的作用，而且起着权数的作用。同度量因素亦称为同度量系数或权数。

（2）固定同度量因素。要使同度量因素不影响所研究现象的变动，就必须把同度量因素固定下来。把同度量因素固定在基期还是固定在报告期，要根据指数所说明的问题的性质及统计研究的目的来确定。

（3）进行指标对比。将所计算的两个总量指标进行对比，即得到综合指数的计算公式：

$$综合指数 = \frac{\sum(报告期指数化指标 \times 固定期同度量因素)}{\sum(基期指数化指标 \times 固定期同度量因素)} \tag{6-2}$$

4. 数量与质量指标指数编制的原则

（1）数量指标综合指数的编制。数量指标综合指数是说明总体规模变动情况的相对指标指数。例如，商品销售量指数、工业产品产量指数、农业产品产量指数、职工人数指数、货物运输量指数等。

其编制的一般原则为：编制数量指标综合指数时，应采用基期的质量指标作为同度量因素。

（2）质量指标综合指数的编制。质量指标综合指数是说明总体内涵数量变动情况的比较指标指数，如价格指数、工资水平指数、成本指数、股票价格指数等。

其编制的一般原则为：编制质量指标综合指数时，应采用报告期的数量指标作为同度量因素。

5. 常用综合指数形式

常用综合指数形式有：

（1）物量总指数（产量或销售量总指数）。

$$\overline{k_q} = \frac{\sum q_1 p_0}{\sum q_0 p_0}, \overline{k_q} = \frac{\sum q_1 z_0}{\sum q_0 z_0}$$

（2）物价总指数（单位价格总指数）。

$$\overline{k_p} = \frac{\sum p_1 q_1}{\sum p_0 q_1}$$

（3）成本总指数（单位成本总指数）。

$$\overline{k_z} = \frac{\sum z_1 q_1}{\sum z_0 q_1}$$

【例6.1】某企业生产三种产品的有关情况见表6－2，试计算该企业的产量总指数与成本总指数，并说明其经济意义。

表 6－2　　某企业生产三种产品的有关情况

产品	产量/件		单位成本/（元·件$^{-1}$）	
	11 月	12 月	11 月	12 月
甲	1 000	1 380	110	105
乙	900	900	100	100
丙	700	600	300	310

$$\sum q_1 z_1 = 1\ 380 \times 105 + 900 \times 100 + 600 \times 310 = 420\ 900 \text{（元）}$$

$$\sum q_0 z_0 = 1\ 000 \times 110 + 900 \times 100 + 700 \times 300 = 410\ 000 \text{（元）}$$

$$\sum q_1 z_0 = 1\ 380 \times 110 + 900 \times 100 + 600 \times 300 = 421\ 800 \text{（元）}$$

（1）产量总指数为

$$\overline{k_q} = \frac{\sum q_1 z_0}{\sum q_0 z_0} = \frac{421\ 800}{410\ 000} \times 100\% = 102.88\%$$

经济意义：

①该企业三种产品的产量 12 月比 11 月平均增长了 2.88%。

②由于产量增长，该企业的总成本也增长了 2.88%，即总成本增加了 11 800 元。

$$\sum q_1 z_0 - \sum q_0 z_0 = 421\ 800 - 410\ 000 = 11\ 800(\text{元})$$

（2）成本总指数为

$$\overline{k_z} = \frac{\sum z_1 q_1}{\sum z_0 q_1} = \frac{420\ 900}{421\ 800} = 99.79\%$$

经济意义：

①该企业的三种产品单位成本 12 月比 11 月平均降低了 0.21%。

②由于单位成本降低，该企业的总成本也降低了 0.21%，即总成本减少了 900 元。

$$\sum z_1 q_1 - \sum z_0 q_1 = 420\ 900 - 421\ 800 = -900(\text{元})$$

（二）平均数指数

综合指数能够最完整地反映所研究现象的经济内容，因而是计算指数的基本形式。但是编制综合指数需要全面的资料，即对应的两个时期的数量指标和质量指标的资料。例如，计算产品产量指数时，就要具备两个时期各种产品产量和产品价格的对应资料。显然，在编制某些总指数时，要取得这样全面的资料往往是困难的。因此，实践中常用平均数指数的形式来编制总指数。所谓平均数指数，是以个体指数为基础，通过对个体指数计算加权平均数编制的总指数。从理论与实际应用上看，编制平均数指数既可使用全面资料，也可使用非全面资料，有些社会经济现象的研究只能用非全面资料按平均数指数形式来计算。

平均数指数可分为综合指数变形权数和固定权数两种形式。通常认为，固定权数的平均数指数具有独立的意义和特殊的应用价值。

1. 加权算术平均数指数

【例6.2】某企业三种产品的销售情况见表6－3，计算该企业的产品销售量总指数，并说明其经济意义。

表6－3　　某企业三种产品的销售情况

产品	上半年销售额/万元	下半年比上半年销售量增长百分比	$k_q=\frac{q_1}{q_0}$
甲	1 000	15%	115%
乙	1 000	10%	110%
丙	600	5%	105%

解

$$\overline{k_q}=\frac{\sum q_1 p_0}{\sum q_0 p_0}=\frac{\sum \frac{q_1}{q_0} q_0 p_0}{\sum q_0 p_0}=\frac{\sum k_q q_0 p_0}{\sum q_0 p_0}\left(\bar{x}=\frac{\sum xf}{\sum f}\right)$$

产品销售量总指数：

$$\overline{k_q}=\frac{\sum k_q q_0 p_0}{\sum q_0 p_0}=\frac{115\%\times 1\ 000+110\%\times 1\ 000+105\%\times 600}{1\ 000+1\ 000+600}=\frac{2\ 880}{2\ 600}=110.77\%$$

经济意义：

（1）该企业三种产品的销售量下半年比上半年平均增长了10.77%。

（2）由于销售量的增长，该企业的销售额也增长了10.77%，即增加了280（＝2 880－2 600）万元。

从而得出加权算术平均指数的计算：

一般地，数量指标综合指数改变为加权算术平均指数（以数量指标个体指数为变量，以数量指标综合指数的分母指标为权数，运用加权算术平均数公式计算的总指数）。

其常用形式有物量指数，即：

$$\overline{k_q}=\frac{\sum k_q q_0 p_0}{\sum q_0 p_0},\overline{k_q}=\frac{\sum k_q q_0 z_0}{\sum q_0 z_0} \tag{6-3}$$

2. 加权调和平均数指数

下面用例子说明加权调和平均数指数。

【例6.3】某地区收购农产品的情况见表6－4，计算该地区的农产品收购价格总指数，并说明其经济意义。

表 6-4　某地区收购农产品情况

农产品	报告期收购额/元	报告期初调价百分比	$k_p = \frac{p_1}{p_0}$
甲	31 500	5%	105%
乙	117 600	-2%	98%
丙	135 200	4%	104%
丁	84 000	0	100%

解

$$\overline{k_p} = \frac{\sum p_1 q_1}{\sum p_0 q_1} = \frac{\sum p_1 q_1}{\sum \frac{p_0}{p_1} p_1 q_1} = \frac{\sum p_1 q_1}{\sum \frac{p_1 q_1}{k_p}} \left(\bar{x} = \frac{\sum m}{\sum \frac{m}{x}} \right)$$

农产品收购价格总指数：

$$\overline{k_p} = \frac{\sum p_1 q_1}{\sum \frac{p_1 q_1}{k_p}} = \frac{31\ 500 + 117\ 600 + 135\ 200 + 84\ 000}{\frac{31\ 500}{105\%} + \frac{117\ 600}{98\%} + \frac{135\ 200}{104\%} + \frac{84\ 000}{100\%}} = \frac{368\ 300}{364\ 000} = 101.18\%$$

经济意义：

（1）该地区的四种农产品收购价格报告期比基期平均提高了 1.18%。

（2）由于收购价格提高，收购部门的收购额也增加了 1.18%，即增加了 4 300（= 368 300 - 364 000）元。

（3）由于收购价格提高，农民的收入也增加了 1.18%，即增加了 4 300 元。

从而得出加权调和平均指数的计算：

一般地，质量指标综合指数改变为加权调和平均指数（以质量指标个体指数为变量，以质量指标综合指数的分子指标为权数，运用加权调和平均数公式计算的总指数）。

其常用形式有物价指数和成本指数。

（1）物价指数：

$$\overline{k_p} = \frac{\sum p_1 q_1}{\sum \frac{p_1 q_1}{k_p}} \tag{6-4}$$

（2）成本指数：

$$\overline{k_z} = \frac{\sum z_1 q_1}{\sum \frac{z_1 q_1}{k_z}} \tag{6-5}$$

3. 固定权数的加权平均指数

固定权数指数也是平均数指数，它与算术平均数指数的表现形式一致，但在具体内容的含义上有所区别。固定权数指数是以个体指数（包括组指数或类指数）为变量，以固定的结构比重为权数的加权平均数指数。它既可编制数量指标指数，也可编制质量指标指数。

固定权数的加权算术平均指数的编制公式为：

$$\bar{k} = \frac{\sum kw}{\sum w} \quad (6-6)$$

式中，k——个体指数或类指数；

w——固定起来的相对权数，它可以用小数表示（此时 $\sum w = 1$），也可以用百分数表示（此时 $\sum w = 100$）。

用式（6-6）编制的指数只能反映现象变动的方向和程度，分子、分母之差已不具有绝对数的内容。

任务三 指数体系与因素分析

一、指数体系的概念和作用

（一）指数体系的概念

任何现象都不是孤立存在的，而是与其他现象相互联系的。现象之间的这种联系不仅应用于定性分析中，而且应用于定量分析中。同时，现象之间的联系不仅存在于静态中，也存在于动态中。现象之间的联系在动态中的表现形式之一就是指数体系。

指数体系是指一系列相互联系的指数所形成的整体。指数体系中的各个指数在数量上有着密切的联系。在许多情况下，指数体系中的各个指数之间表现为因果关系。

例如：

商品销售额 = 商品销售量 × 商品价格

可见，商品销售量和商品价格是影响商品销售额的两个因素。类似于这种因果关系，还有下列经济关系：

总产值 = 产品产量 × 产品价格

总成本 = 单位产品成本 × 产量

原材料费用总额 = 产品产量 × 单位产品原材料消耗量 × 原材料价格

在统计中，这种经济关系可列举出很多。这些经济关系在动态上依然存在：

商品销售额指数 = 商品销售量指数 × 商品价格指数

总产值指数 = 产品产量指数 × 产品价格指数

总成本指数 = 单位产品成本指数 × 产量指数

原材料费用指数 = 产品产量指数 × 单位产品原材料消耗量指数 × 原材料价格指数

这些经济关系式分别构成各自独立的指数体系。

（二）指数体系的作用

1. 可以进行因素分析

利用指数体系可以进行因素分析。当分析复杂现象的变动时，为了测定和分析因素变动对复杂现象变动的影响，要利用指数体系。例如，利用指数体系，可以分别测定商品销售量变动和商品价格变动对商品销售额变动的影响，可以分别测定产品产量变动、单位产品原材料消耗量变动、原材料价格变动对原材料费用变动的影响。

2. 可以进行估算

利用指数之间的经济数量关系，可以进行估算。例如，知道商品销售量指数和商品价格指数，就可以推算出商品销售额指数。又如，

$$\text{净产值} = \text{工人的劳动生产率} \times \text{工人人数}$$

净产值受工人劳动生产率和工人人数两个因素的影响。如果再进一步分解，那么净产值也会受三个因素影响：

$$\text{净产值} = \text{工人劳动生产率} \times \text{职工人数}$$

$$\text{净产值} = \frac{\text{净产值}}{\text{工人人数}} \times \text{职工人数}$$

即

$$\text{净产值} = \text{工人劳动生产率} \times \text{工人人数在全部职工中所占的比重} \times \text{职工人数}$$

二、因素分析

（一）因素分析的意义

因素分析法是依据指数体系理论，分析受多因素影响的社会经济现象总变动中各因素的影响方向和程度的方法。

理解因素分析法必须掌握以下几点：第一，因素分析法的研究对象是受两个或两个以上因素影响的现象。这类现象表现为若干个因素的乘积，其中每个因素发生变化都会使总量发生变化。因素分析法的目的是测定各因素的影响方向和程度。第二，因素分析法的基本特点是假定其他因素不变，每次只测定其中一个因素的影响方向和程度。第三，分析法必须以指数体系为依据，在分析现象总变动受各因素影响时，各指数必须组成一个指数体系，各因素指数的乘积应等于总变动指数，各因素影响额的总和应等于总变动额。例如：

$$\text{生产量} \times \text{单位成本} = \text{总成本}$$

$$\text{生产总成本指数} = \text{生产量指数} \times \text{单位成本指数}$$

$$\text{生产总成本总变动} = \text{生产量变动对总成本变动的影响} + \text{单位成本变动对总成本变动的影响}$$

即：

$$\begin{cases}\dfrac{\sum q_1z_0}{\sum q_0z_0}\times\dfrac{\sum q_1z_1}{\sum q_1z_0}=\dfrac{\sum q_1z_1}{\sum q_0z_0}\text{—— 相对数方面}\\ (\sum q_1z_0-\sum q_0z_0)+(\sum q_1z_1-\sum q_1z_0)=(\sum q_1z_1-\sum q_0z_0)\text{—— 绝对数方面}\end{cases}$$

（二）总量指标变动的两因素分析

总量指标变动的两因素分析是因素分析的基本方法。利用指数体系进行总量指标变动的两因素分析时，总量指标是两个因素指标的乘积，利用综合指数从数量指标指数和质量指标指数的相互联系中组成的指数体系进行分析。下面对此进行举例说明。

【例 6.4】某企业的产品销售情况见表 6-5，试分析该企业产品销售总额的变动及原因。

表 6-5　　某企业的产品销售情况

产品	销售量/千克		单位价格/（元·千克$^{-1}$）	
	1月	2月	1月	2月
甲	2 000	2 500	50	60
乙	5 000	5 500	100	110
丙	1 500	1 800	20	21

解

销售总额 = 销售量 × 单位价格

其指数体系为：

$$\begin{cases}\dfrac{\sum q_1p_1}{\sum q_0p_0}=\dfrac{\sum q_1p_0}{\sum q_0p_0}\times\dfrac{\sum q_1p_1}{\sum q_1p_0}\\ \sum q_1p_1-\sum q_0p_0=(\sum q_1p_0-\sum q_0p_0)+(\sum q_1p_1-\sum q_1p_0)\end{cases}$$

$\sum q_1p_1=2\,500\times60+5\,500\times110+1\,800\times21=792\,800$（元）

$\sum q_0p_0=2\,000\times50+5\,000\times100+1\,500\times20=630\,000$（元）

$\sum q_1p_0=2\,500\times50+5\,500\times100+1\,800\times20=711\,000$（元）

$$\begin{cases}\dfrac{792\,800}{630\,000}=\dfrac{711\,000}{630\,000}\times\dfrac{792\,800}{711\,000}\\ 792\,800-630\,000=(711\,000-630\,000)+(792\,800-711\,000)\end{cases}$$

$$\begin{cases}125.84\%=112.86\%\times111.5\%\\ 162\,800\text{（元）}=81\,000\text{（元）}+81\,800\text{（元）}\end{cases}$$

综上所述：该企业的销售总额 2 月比 1 月增长 25.84%，即增加 162 800 元。这是由于销售量和单位价格的变动使之分别增长 12.86% 和 11.5%，即这是分别增加 81 000 元和 81 800 元两个因素共同影响的结果。

（三）总量指标变动的多因素分析

总量指标变动的多因素分析是指用多因素现象的指数体系进行分析。就分析的对象和目的来说，其与总量指标两因素分析是相同的，所不同的是现象总体受两个以上因素影响。

在对多因素现象的变动进行因素分析时，同样要注意两点：

第一，利用编制综合指数的一般原则。在编制多因素指标所组成的综合指数时，为了测定某一因素指标变动的影响，要把其他两个或两个以上的因素固定下来，并仍然利用编制综合指数的一般原则，来确定同度量因素所属的时期。

第二，确定多因素的排列顺序。综合指数中多因素的排列顺序应根据经济现象的内在联系确定。一个合理的排列顺序要求从左至右逐一相乘，每一次都能形成具有一定经济意义的指数。例如，工业原材料支出额的组成因素，就要按产量、单位产品原材料消耗量、单位原材料价格的顺序排列。只有这样排列，才能保持它们之间彼此适应和相互结合。

原材料支出额变动的绝对额有如下关系：

$$\sum q_1 m_1 p_1 - \sum q_0 m_0 p_0 = \left(\sum q_1 m_0 p_0 - \sum q_0 m_0 p_0\right) + \left(\sum q_1 m_1 p_0 - \sum q_1 m_0 p_0\right) + \left(\sum q_1 m_1 p_1 - \sum q_1 m_1 p_0\right)$$

这些差额可以是正数，也可以是负数，它们表明该项因素影响的方向和数值。

【例 6.5】某企业的产品产量、单位产品消耗量及原材料价格资料见表 6－6，试分析各指标变动的因素。

表 6－6　某企业的产品产量、单位产品消耗量及原材料价格

原材料种类	产量/吨		单位产品消耗量/元·吨$^{-1}$		材料价格/万元		原材料支出额/万元			
	q_0	q_1	m_0	m_1	p_0	p_1	$q_0m_0p_0$	$q_1m_1p_1$	$q_1m_0p_0$	$q_1m_1p_0$
甲	12	14	1.5	1.4	20	20	360	392	420	392
乙	16	15	2.0	2.0	12	14	384	420	360	360
丙	20	22	2.4	20.2	15	17	720	822.8	792	726
合计	—	—	—	—	—	—	1 464	1 634.8	1 572	1 478

解　原材料支出额指数：

$$\bar{k}_{qmp} = \frac{\sum q_1 m_1 p_1}{\sum q_0 m_0 p_0} = \frac{1\,634.8}{1\,464} = 111.7\%$$

原材料支出绝对额：

$$\sum q_1 m_1 p_1 - \sum q_0 m_0 p_0 = (1\,634.8 - 1\,464) = 170.8\ （万元）$$

说明报告期比基期增加支出 11.7%，多支出 170.8 万元。

下面分别计算三个因素指数及其变动方向和影响程度。

产量指数：

$$\bar{k}_q = \frac{\sum q_1 m_0 p_0}{\sum q_0 m_0 p_0} = \frac{1\ 572}{1\ 464} = 107.38\%$$

产量变动影响材料支出额的绝对值：

$$\sum q_1 m_0 p_0 - \sum q_0 m_0 p_0 = 1\ 572 - 1\ 464 = 108 \text{（万元）}$$

单位产品销售量指数：

$$\bar{k}_m = \frac{\sum q_1 m_1 p_0}{\sum q_1 m_0 p_0} = \frac{1\ 478}{1\ 572} = 94.02\%$$

单位消耗变动影响材料支出额的绝对值：

$$\sum q_1 m_1 p_0 - \sum q_1 m_0 p_0 = 1\ 478 - 1\ 572 = -94 \text{（万元）}$$

原材料价格指数：

$$\bar{k}_p = \frac{\sum q_1 m_1 p_1}{\sum q_1 m_1 p_0} = \frac{1\ 634.8}{1\ 478} = 110.61\%$$

价格变动影响原材料支出额的绝对值：

$$\sum q_1 m_1 p_1 - \sum q_1 m_1 p_0 = 1\ 634.8 - 1\ 478 = 156.8 \text{（万元）}$$

把以上计算联系起来，可以得出四个指数间的关系：

111.7% = 107.38% × 94.02% × 110.61%

原材料支出额变动为：

170.8（万元）= 108（万元）+（−94）（万元）+ 156.8（万元）

分析说明：该厂原材料的报告期支出额比基期上升了 11.7%，增加的支出额是 170.8 万元。其中，由于产量增加了 7.38%，原材料支出额增加了 108 万元；由于单位消耗量下降了 5.98%，原材料支出额减少了 94 万元；由于材料价格上涨了 10.61%，原材料支出额增加了 156.8 万元。由于三个因素的共同影响，原材料支出额增加了 170.8 万元。

（四）平均指标变动的因素分析

（1）可变构成指数——反映总平均指标的变动：

$$\bar{k}_{可变} = \frac{\sum x_1 f_1}{\sum f_1} \Big/ \frac{\sum x_0 f_0}{\sum f_0} \qquad (6-7)$$

（2）固定构成指数——反映各组平均水平变动对总平均指标变动的影响：

$$\bar{k}_{固定} = \frac{\sum x_1 f_1}{\sum f_1} \Big/ \frac{\sum x_0 f_1}{\sum f_1} \qquad (6-8)$$

（3）结构影响指数——反映总体结构变动对总平均指标变动的影响：

$$\bar{k}_{结构}=\frac{\sum x_0 f_1}{\sum f_1}/\frac{\sum x_0 f_0}{\sum f_0} \tag{6-9}$$

上述三个指数之间的关系（指数体系）：

$$\begin{cases}\dfrac{\sum x_1 f_1}{\sum f_1}/\dfrac{\sum x_0 f_0}{\sum f_0}=\left(\dfrac{\sum x_1 f_1}{\sum f_1}/\dfrac{\sum x_0 f_1}{\sum f_1}\right)\times\left(\dfrac{\sum x_0 f_1}{\sum f_1}/\dfrac{\sum x_0 f_0}{\sum f_0}\right)\\ \dfrac{\sum x_1 f_1}{\sum f_1}-\dfrac{\sum x_0 f_0}{\sum f_0}=\left(\dfrac{\sum x_1 f_1}{\sum f_1}-\dfrac{\sum x_0 f_1}{\sum f_1}\right)+\left(\dfrac{\sum x_0 f_1}{\sum f_1}-\dfrac{\sum x_0 f_0}{\sum f_0}\right)\end{cases}$$

下面通过具体的例子来说明平均指标数的因素分析方法。

表 6－7　　某企业的工人数与工资总额

工人组别	工人数/人		周平均工资/（元·人$^{-1}$）		工资总额/元		
	基期	报告期	基期	报告期	基期	报告期	假定
	f_0	f_1	x_0	x_1	x_0f_0	x_1f_1	x_0f_1
熟练工人	70	70	1 500	1 650	105 000	115 500	105 000
非熟练工人	30	130	900	990	27 000	128 700	117 000
合计	100	200	1 320	1 221	132 000	244 200	222 000

（1）平均工资可变构成指数：

$$\bar{k}_{可变}=\frac{\sum x_1 f_1}{\sum f_1}/\frac{\sum x_0 f_0}{\sum f_0}=\frac{24\ 420}{200}/\frac{13\ 200}{100}=\frac{122.1}{132.0}=92.50\%$$

平均工资变动绝对额：

$$\frac{\sum x_1 f_1}{\sum f_1}-\frac{\sum x_0 f_0}{\sum f_0}=122.1-132.0=-9.9\ （元/人）$$

这说明企业平均工资报告期比基期下降7.5%，使平均工资绝对额下降9.9元/人。

（2）平均工资固定构成指数（工人工资水平对平均工资的影响）：

$$\bar{k}_{可变}=\frac{\sum x_1 f_1}{\sum f_1}/\frac{\sum x_0 f_1}{\sum f_1}=\frac{24\ 420}{200}/\frac{22\ 200}{200}=\frac{122.1}{111.0}=110.00\%$$

影响平均工资绝对额：

$$\frac{\sum x_1 f_1}{\sum f_1}-\frac{\sum x_0 f_1}{\sum f_1}=122.1-111.0=-11.1\ （元/人）$$

（3）平均工资结构影响指数（工人结构变动对平均工资的影响）：

$$\bar{k}_{结构}=\frac{\sum x_0 f_1}{\sum f_1}/\frac{\sum x_0 f_0}{\sum f_0}=\frac{24\ 420}{200}/\frac{13\ 200}{100}=\frac{111.0}{132.0}=84.09\%$$

由于结构变动影响平均变动的绝对额：

$$\frac{\sum x_0 f_1}{\sum f_1}-\frac{\sum x_0 f_0}{\sum f_0}=111.0-132.0=-21.0\text{（元/人）}$$

以上计算结果影响平均工资变动的相对数关系为：

$$\frac{\sum x_1 f_1}{\sum f_1}\Big/\frac{\sum x_0 f_0}{\sum f_0}=\left(\frac{\sum x_1 f_1}{\sum f_1}\Big/\frac{\sum x_0 f_1}{\sum f_1}\right)\times\left(\frac{\sum x_0 f_1}{\sum f_1}\Big/\frac{\sum x_0 f_0}{\sum f_0}\right)$$

92.50% = 110.11% × 84.09%

平均工资变动绝对额关系为：

$$\frac{\sum x_1 f_1}{\sum f_1}-\frac{\sum x_0 f_0}{\sum f_0}=\left(\frac{\sum x_1 f_1}{\sum f_1}-\frac{\sum x_0 f_1}{\sum f_1}\right)+\left(\frac{\sum x_0 f_1}{\sum f_1}-\frac{\sum x_0 f_0}{\sum f_0}\right)$$

−9.9（元/人） = 11.1 − 21.0

分析说明：该厂平均工资报告期比基期下降 7.5%，平均工资减少的绝对额是 9.9 元/人，其中由于工资水平变动，平均工资上升了 10%，上升的绝对额是 11.1 元/人。又由于工人结构变动，平均工资下降了 15.91%，下降的绝对额是 21.0 元/人。两因素共同作用的结果是使平均工资减少 9.9 元/人。

学习小结

总指数的编制：

	数量指标——物量总指数	质量指标——物价总指数
综合指数	$\overline{k}_q=\frac{\sum q_1p_0}{\sum q_0p_0}$	$\overline{k}_p=\frac{\sum p_1q_1}{\sum p_0q_1}$
加权平均指数	$\overline{k}_q=\frac{\sum k_q q_0p_0}{\sum q_0p_0}$	$\overline{k}_p=\frac{\sum p_1q_1}{\sum \frac{p_1q_1}{k_p}}$
	加权算术平均指数	加权调和平均指数
固定权数加权算术平均指数	$\overline{k}_q=\frac{\sum k_q w}{\sum w}$	$\overline{k}_p=\frac{\sum k_p w}{\sum w}$

因素分析：

相对数方面：各个因素指数之积应等于总体变动指数

$$\frac{\sum q_1p_1}{\sum q_0p_0}=\frac{\sum q_1p_0}{\sum q_0p_0}\times\frac{\sum q_1p_1}{\sum q_1p_0}$$

绝对数方面：各个因素变动对总体影响的绝对额之和应等于总体变动的实际差额

$$\sum q_1p_1-\sum q_0p_0=\left(\sum q_1p_0-\sum q_0p_0\right)+\left(\sum q_1p_1-\sum q_1p_0\right)$$

巩固练习

一、 单项选择题

1. 某人报告期与基期用同样多的人民币购买同类商品，因商品价格提高了25%，则购买的数量（　　）。

A. 减少25%　　B. 减少20%

C. 减少40%　　D. 无法确定

2. 如果生活用品价格指数上涨了20%，则现在的100元相当于原来的（　　）。

A. 80元　　B. 83元

C. 76元　　D. 无法与原来的比较

3. 总指数编制的两种形式是（　　）。

A. 综合指数和加权平均数指数　　B. 定基指数和环比指数

C. 个体指数和综合指数　　D. 算术平均数指数和调和平均数指数

4. 编制质量指标指数，一般采用（　　）。

A. 报告期质量指标作为同度量因素　　B. 报告期数量指标作为同度量因素

C. 基期数量指标作为同度量因素　　D. 基期质量指标作为同度量因素

5. 如果产值增加50%，职工人数增加20%，则全员劳动生产率将提高（　　）。

A. 70%　　B. 30%

C. 25%　　D. 150%

6. 统计指数按其反映的对象范围不同，分为（　　）。

A. 简单指数和加权指数　　B. 综合指数和平均指数

C. 个体指数和总指数　　D. 数量指标指数和质量指标指数

7. 在由三个指数所组成的指数体系中，两个因素指数的同度量因素通常（　　）。

A. 都固定在基期　　B. 一个固定在基期，一个固定在报告期

C. 都固定在报告期　　D. 采用基期和报告期的平均数

8. 在掌握基期产值和各种产品产量个体指数资料的条件下，计算产量总指数要采用的方法是（　　）。

A. 综合指数　　B. 加权调和平均指数

C. 加权算术平均指数　　D. 可变构成指数

9. 下列指数中，属于数量指标指数的是（　　）。

A. 商品物价指数　　B. 平均工资指数

C. 单位成本指数　　D. 商品销售量指数

10. 当研究各级别工人工资的变动对全体工人平均工资变动的影响程度时，应计算

（　　）。

A. 结构影响指数　　B. 可变构成指数

C. 固定构成指数　　D. 调和平均数指数

二、多项选择题

1. 某企业为了综合分析它所生产的两种产品的产量变动情况，已计算出产量指数为112.5%，这一指数属于（　　）。

A. 综合指数　　B. 总指数

C. 个体指数　　D. 质量指标指数

E. 数量指标指数

2. 在进行平均指标变动因素分析时，应编制的指数有（　　）。

A. 可变构成指数　　B. 固定构成指数

C. 调和平均数指数　　D. 结构变动影响指数

3. 同度量因素的作用有（　　）。

A. 平衡作用　　B. 权数作用

C. 稳定作用　　D. 同度量作用

4. 在指数体系中，（　　）。

A. 一个总值指数等于两个（或两个以上）因素指数的代数和

B. 一个总值指数等于两个（或两个以上）因素指数的乘积

C. 存在相对数之间的数量对等关系

D. 存在绝对变动额之间的数量对等关系

5. 下列属于质量指标指数的有（　　）。

A. 单位产品成本指数　　B. 商品零售价格指数

C. 职工劳动生产率指数　　D. 商品零售量指数

6. 某企业的基期产值为100万元，报告期产值比基期增加14%，又知以基期价格计算的报告期产值为112万元，则经过计算可知（　　）。

A. 由于产量变化，产值增加12万元　　B. 产量增加12%

C. 由于产量变化，产值增加20万元　　D. 价格增加12%

E. 由于价格变化，产值增加2万元

7. 下列属于数量指标指数的有（　　）。

A. 单位产品成本指数　　B. 消费者价格指数

C. 职工劳动生产率指数　　D. 商品零售量指数

E. 职工人数指数

8. 对某商店两个不同时期商品销售额的变动情况进行分析，其指数体系包括（　　）。

A. 销售量指数　　B. 销售价格指数
C. 销售额指数　　D. 个体指数

9. 某地区商业企业职工去年劳动生产率指数为132%，这是（　　）。
A. 个体指数　　B. 总指数
C. 平均指标指数　　D. 质量指标指数
E. 数量指标指数

10. 统计指数按照所反映的现象性质不同，可分为（　　）。
A. 个体指数　　B. 总指数
C. 加权平均指数　　D. 质量指标指数
E. 数量指标指数　　F. 综合指数

三、 判断题

1. 从指数化指标的性质来看，单位产品成本指数是质量指标指数。（　　）
2. 在已掌握各种商品的销售量个体指数以及各种商品的基期销售额资料的情况下，计算销售量总指数应采用加权算术平均数公式。（　　）
3. 价格降低后，用同样多的人民币可多购15%的商品，则价格指数应为85%。（　　）
4. 计算数量指标综合指数时，应将基期的质量指标作为同度量因素。（　　）
5. 计算质量指标综合指数时，应将报告期的数量指标作为同度量因素。（　　）
6. 如果各商品的销售量平均增加5%，价格平均下降5%，则销售额不变。（　　）
7. 综合指数法并不是编制总指数的唯一方法。（　　）
8. 在实际应用中，计算价格总指数时，通常以报告期销售量指标作为同度量因素。（　　）
9. 综合指数是计算总指数的基本形式。（　　）
10. 指数的实质是相对数，它能综合反映现象的变动方向和变动程度。（　　）

四、 应用能力题（计算结果保留两位小数）

1. 已知去年上半年商品销售额为120万元，今年上半年增加36万元，商品价格上涨4%。试计算：
（1）销售额指数；
（2）销售价格总指数；
（3）销售量总指数；
（4）由于价格的变动而影响的销售额；
（5）由于销售量的变动而影响的销售额。

2. 某企业三种产品的销售情况见表6－8，计算该企业的产品销售量总指数，并说明其经济意义。

表 6－8　某企业三种产品的销售情况

产　品	上半年销售额/万元	下半年比上半年销售量增长百分比
甲	1 000	15%
乙	1 000	10%
丙	600	5%

3. 某地区收购农产品的有关情况见表 6－9，计算该地区的农产品收购价格总指数，并说明其经济意义。

表 6－9　某地区收购农产品的有关情况

农产品	报告期收购额/元	报告期初调价百分比
甲	31 500	5%
乙	117 600	-2%
丙	135 200	4%
丁	84 000	0%

4. 某公司三个部门的职工人数和平均工资情况见表 6－10，计算各部门职工的平均工资总指数，并说明其经济意义。

表 6－10　某公司三个部门的职工人数和平均工资情况

部门	平均工资/元·人$^{-1}$		职工人数/人	
	一月	二月	一月	二月
甲	4 000	4 500	50	60
乙	6 000	6 500	100	110
丙	3 000	5 500	20	21

5. 某企业 2024 年下半年的产品生产总成本为 120 万元，比上半年增加 20 万元，产品生产量增加 25%。计算：

（1）总成本指数；

（2）产量总指数；

（3）单位成本总指数；

（4）产量的变动对总成本影响的绝对数；

（5）单位成本的变动对总成本影响的绝对数。

课堂实训

用 Excel 计算指数并进行因素分析

指数分析法是研究社会经济现象数量变动的一种统计分析方法。指数有综合指数和平均指数之分，本节介绍如何运用 Excel 计算指数并进行因素分析。

一、实训项目

用 Excel 计算指数并进行因素分析。

二、实训目的与要求

第一，能用 Excel 计算各种指数。

第二，能用 Excel 进行因素分析。

三、实训资料

根据不同类型给出不同的实训资料。

四、实验内容和操作步骤

（一）用 Excel 计算总指数

1. 计算产量综合指数

实训资料：某企业 2024 年甲、乙、丙三种产品的生产情况见表 6－11，试计算该企业三种产品产量的综合指数。

表 6－11　　某企业 2024 年三种产品的生产情况资料

产品名称	计量单位	产量		出厂价格/元	
		基期 q_0	报告期 q_1	基期 p_0	报告期 p_1
甲	吨	3 000	3 600	2 000	2 200
乙	千米	400	420	3 600	4 000
丙	千块	4	5	4 000	4 000

操作步骤：启动 Excel 2003，新建一个工作簿 Book1。准备用 Excel 计算总指数。

第一步，将表 6－11 的数据资料输入到 Excel 新建的工作簿 Book1 中，结果如图 6－2 所示。

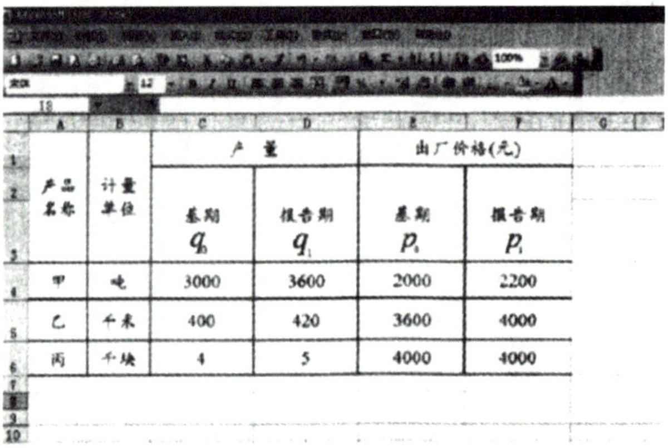

图 6－2　计算总指数的数据资料

第二步，计算产量综合指数的分子 p_0q_1 与分母 p_0q_0 的数据。

在表格中加入两列，分别为 p_0q_0 和 p_0q_1，如图 6－3 所示。然后开始计算具体数值。首先，计算各个 p_0q_0 值。单击 G4 单元格，输入“＝E4 ∗ C4”后按回车键，用鼠标拖拽的方式将公式复制到 G5：G6 区域，松开鼠标后即得出三种产品的 p_0q_0 值，如图 6－4 所示。

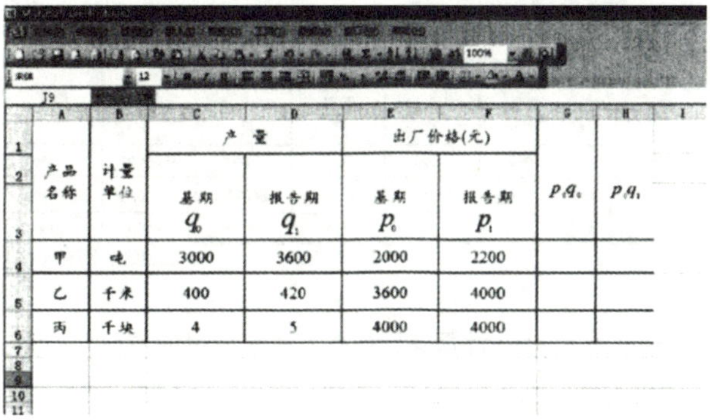

产品名称	计量单位	产量		出厂价格(元)		p_0q_0	p_0q_1
		基期 q_0	报告期 q_1	基期 p_0	报告期 p_1		
甲	吨	3000	3600	2000	2200		
乙	千米	400	420	3600	4000		
丙	千块	4	5	4000	4000		

图 6－3　输入产量综合指数的分子和分母

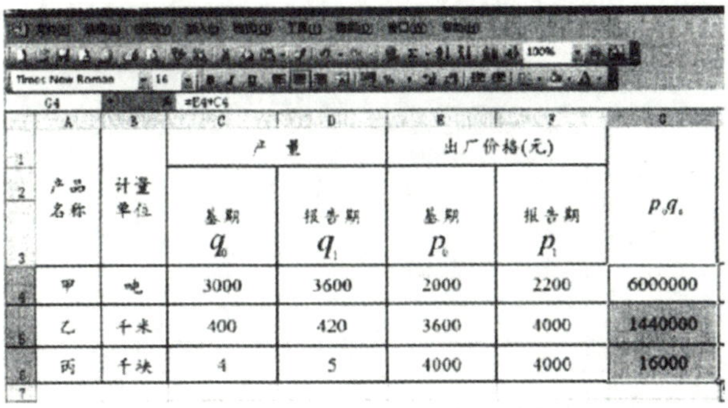

产品名称	计量单位	产量		出厂价格(元)		p_0q_0
		基期 q_0	报告期 q_1	基期 p_0	报告期 p_1	
甲	吨	3000	3600	2000	2200	6000000
乙	千米	400	420	3600	4000	1440000
丙	千块	4	5	4000	4000	16000

图 6－4　计算各个 p_0q_0 值

然后，计算各个 p_0q_1 值。单击 H4 单元格，输入“＝E4 ∗ D4”后按回车键，用鼠标拖拽的方式将公式复制到 H5：H6 区域，松开鼠标后即得出三种产品的 p_0q_1 值，如图 6－5 所示。

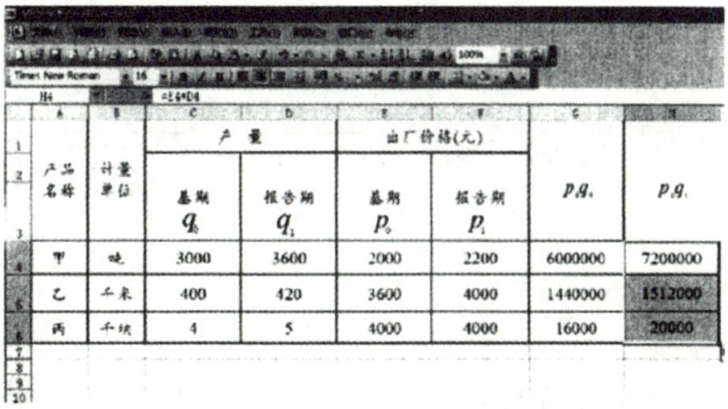

产品名称	计量单位	产量		出厂价格(元)		p_0q_0	p_0q_1
		基期 q_0	报告期 q_1	基期 p_0	报告期 p_1		
甲	吨	3000	3600	2000	2200	6000000	7200000
乙	千米	400	420	3600	4000	1440000	1512000
丙	千块	4	5	4000	4000	16000	20000

图 6－5　计算各个 p_0q_1 值

第三步，计算 $\sum p_0q_1$ 与 $\sum p_0q_0$。分别选定单元格 G4：G6 区域和 H4：H6 区域，单击工具栏上的“$\sum$”按钮，就会在 G7 和 H7 中出现该列的求和数值，如图 6－6 所示。

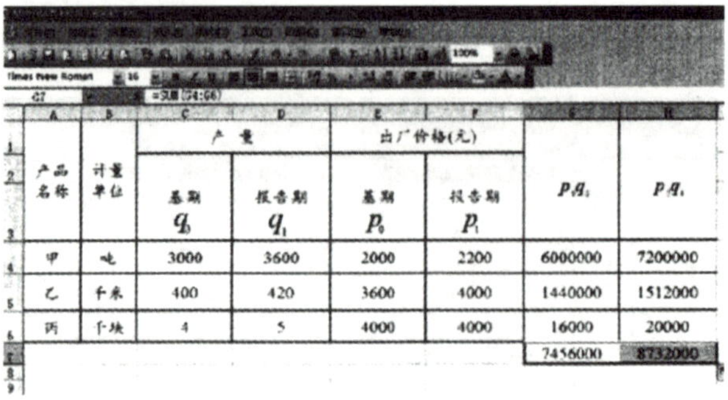

产品名称	计量单位	产量 基期 q_0	产量 报告期 q_1	出厂价格(元) 基期 p_0	出厂价格(元) 报告期 p_1	p_0q_0	p_0q_1
甲	吨	3000	3600	2000	2200	6000000	7200000
乙	千米	400	420	3600	4000	1440000	1512000
丙	千块	4	5	4000	4000	16000	20000
						7456000	8732000

图 6－6　计算综合指数分子与分母的资料

第四步，计算生产量综合指数 $\bar{k}_q = \dfrac{\sum p_0q_1}{\sum p_0q_0}$。在 C8 单元格中输入“＝H7＊100/G7”后按回车键，即可得到该企业三种产品的生产量综合指数为：117.11%，如图 6－7 所示。

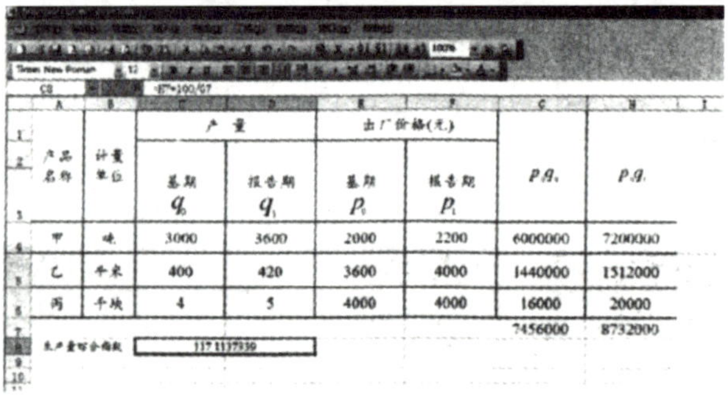

产品名称	计量单位	产量 基期 q_0	产量 报告期 q_1	出厂价格(元) 基期 p_0	出厂价格(元) 报告期 p_1	p_0q_0	p_0q_1
甲	吨	3000	3600	2000	2200	6000000	7200000
乙	千米	400	420	3600	4000	1440000	1512000
丙	千块	4	5	4000	4000	16000	20000
						7456000	8732000
生产量综合指数		117.1137339					

图 6－7　用 Excel 计算的综合指数结果

2. 计算平均指数——加权调和平均指数形式

操作步骤：启动 Excel 2003，新建一个工作簿 Book1。实训资料：已知某企业有关销售资料见表 6－12，试使用 Excel 计算这四种商品的价格总指数。

表 6－12　某企业有关销售资料

商品名称	单位	个体价格指数	报告期商品销售额/元
甲	件	103%	158 000
乙	千克	105%	145 000
丙	米	108%	80 000
丁	千克	110%	5 000

第一步，将表 6－2 的数据资料输入到 Excel 新建的工作簿 Book1 中，结果如图 6－8 所示。

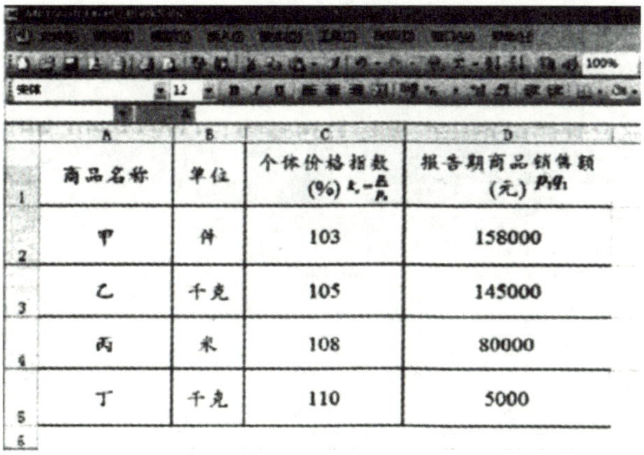

商品名称	单位	个体价格指数 (%) $k_p=\frac{p_1}{p_0}$	报告期商品销售额 (元) p_1q_1
甲	件	103	158000
乙	千克	105	145000
丙	米	108	80000
丁	千克	110	5000

图 6－8　将计算数据输入 Excel 表中

第二步，计算 p_0q_1 值。选定 E2 单元格，并输入“＝D2/C2＊100”后按回车，用鼠标拖拽的方式将公式复制到 E3：E5 区域，松开鼠标后即得出四种商品的 p_0q_1 值，如图 6－9 所示。

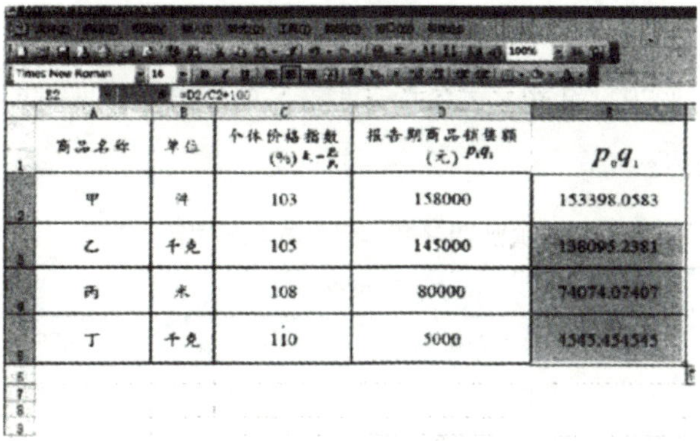

商品名称	单位	个体价格指数 (%) $k_p=\frac{p_1}{p_0}$	报告期商品销售额 (元) p_1q_1	p_0q_1
甲	件	103	158000	153398.0583
乙	千克	105	145000	138095.2381
丙	米	108	80000	74074.07407
丁	千克	110	5000	4545.454545

图 6－9　计算 p_0q_1 值

第三步，计算 $\sum p_1q_1$ 和 $\sum p_0q_1$ 。分别选定 D2：D5 区域和 E2：E5 区域后，单击工具栏上的“ $\sum$ ”按钮，就会在 D7 和 E7 单元格中出现该列的求和数值，如图 6－10 所示。

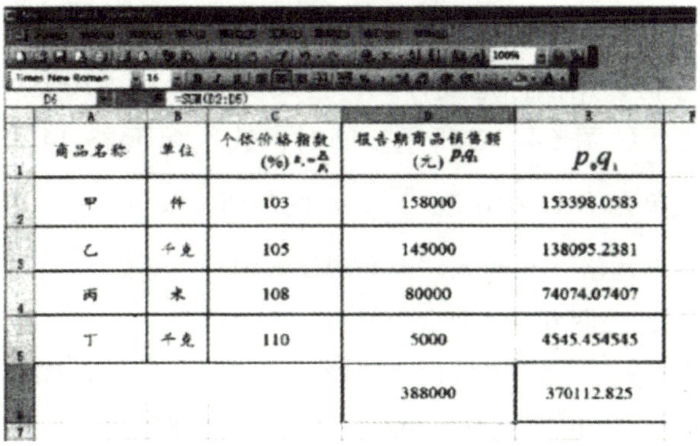

商品名称	单位	个体价格指数 (%) $k_p=\frac{p_1}{p_0}$	报告期商品销售额 (元) p_1q_1	p_0q_1
甲	件	103	158000	153398.0583
乙	千克	105	145000	138095.2381
丙	米	108	80000	74074.07407
丁	千克	110	5000	4545.454545
			388000	370112.825

图 6－10　计算 $\sum p_1q_1$ 和 $\sum p_0q_1$

第四步，单击任意单元格，如 C7，并输入“ = D6/E6 * 100”后按回车键，即得到该企业四种商品的销售价格的总指数为 104. 83%，如图 6 – 11 所示。

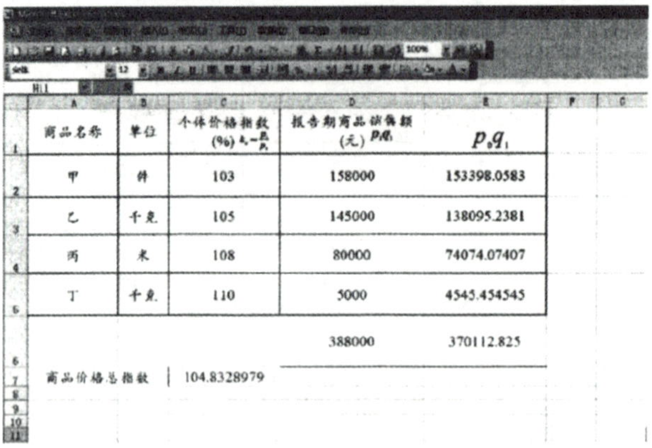

商品名称	单位	个体价格指数(%) $k_p=\frac{p_1}{p_0}$	报告期商品销售额(元) p_1q_1	p_0q_1
甲	件	103	158000	153398.0583
乙	千克	105	145000	138095.2381
丙	米	108	80000	74074.07407
丁	千克	110	5000	4545.454545
			388000	370112.825
商品价格总指数		104.8328979		

图 6 – 11　计算加权调和平均指数的结果

（二）用 Excel 进行因素分析

实训资料：某企业 2024 年甲、乙、丙三种产品的生产情况见表 6 – 13，试对该企业产值的变动进行因素分析。

表 6 – 13　　　某企业 2024 年三种产品的生产情况资料

产品名称	计量单位	产量		出厂价格/元	
		基期 q_0	报告期 q_1	基期 p_0	报告期 p_1
甲	吨	3 000	3 600	2 000	2 200
乙	千米	400	420	3 600	4 000
丙	千块	4	5	4 000	4 000

第一步，前面几步参照“计算产量综合指数”的步骤进行操作，计算出产量总指数。

第二步，计算价格综合指数的分子 p_1q_1 值。

在表格右侧中加入一列，为 p_1q_1 值。然后开始计算具体数值。单击 14 单元格，输入“ = F4 * D4”后按回车键，用鼠标拖拽方式将公式复制到 15 : 16 区域，松开鼠标后即得出三种产品的 p_1q_1 值，如图 6 – 12 所示。同时，选定单元格 14 : 17，单击工具栏中“ $\sum$ ”按钮，就会在单元格 17 中出现 $\sum p_1q_1$ 的数值，如图 6 – 13 所示。

第三步，单击 C9 单元格，并输入“ = 17/H7 * 100”后按回车键，即得到价格综合指数的结果是：110. 17%，如图 6 – 14 所示。

第四步，计算产值指数。单击 C10 单元格，并输入“ = 17/G7 * 100”后按回车键，即得到该企业产值指数的结果是：129. 02%，如图 6 – 15 所示。

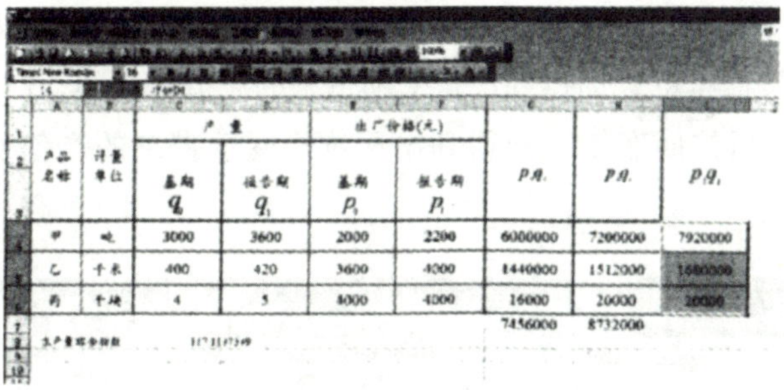

产品名称	计量单位	产量 基期 q_0	产量 报告期 q_1	出厂价格(元) 基期 p_0	出厂价格(元) 报告期 p_1	p_0q_0	p_0q_1	p_1q_1
甲	吨	3000	3600	2000	2200	6000000	7200000	7920000
乙	千米	400	420	3600	4000	1440000	1512000	1680000
丙	千块	4	5	4000	4000	16000	20000	20000
						7456000	8732000	
生产量综合指数		117.1137339						

图 6－12　计算 p_1q_1 值

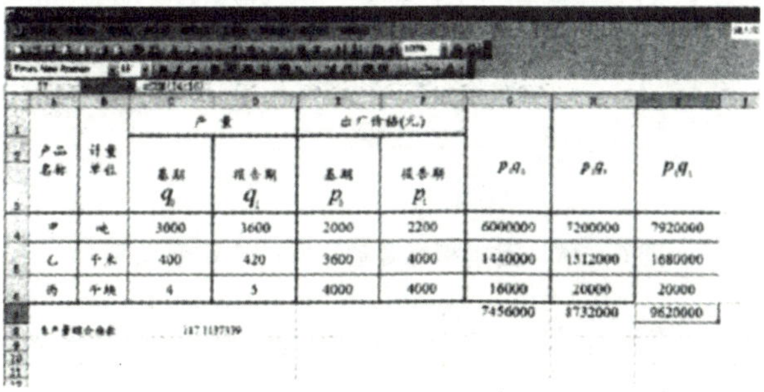

产品名称	计量单位	产量 基期 q_0	产量 报告期 q_1	出厂价格(元) 基期 p_0	出厂价格(元) 报告期 p_1	p_0q_0	p_0q_1	p_1q_1
甲	吨	3000	3600	2000	2200	6000000	7200000	7920000
乙	千米	400	420	3600	4000	1440000	1512000	1680000
丙	千块	4	5	4000	4000	16000	20000	20000
						7456000	8732000	9620000
生产量综合指数		117.1137339						

图 6－13　计算 $\sum p_1q_1$ 的结果

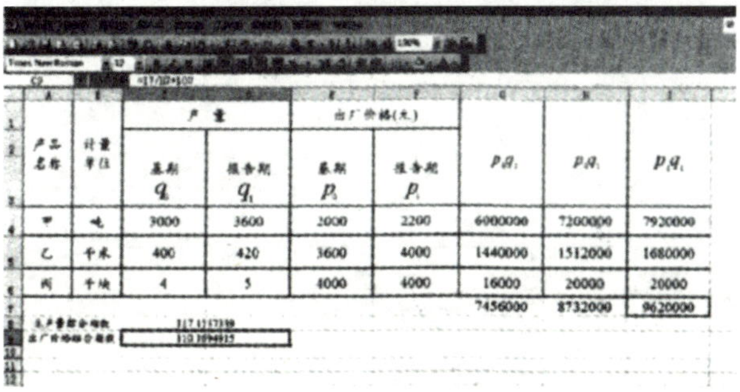

产品名称	计量单位	产量 基期 q_0	产量 报告期 q_1	出厂价格(元) 基期 p_0	出厂价格(元) 报告期 p_1	p_0q_0	p_0q_1	p_1q_1
甲	吨	3000	3600	2000	2200	6000000	7200000	7920000
乙	千米	400	420	3600	4000	1440000	1512000	1680000
丙	千块	4	5	4000	4000	16000	20000	20000
						7456000	8732000	9620000
生产量综合指数		117.1137339						
出厂价格综合指数		110.1694915						

图 6－14　价格综合指数的结果

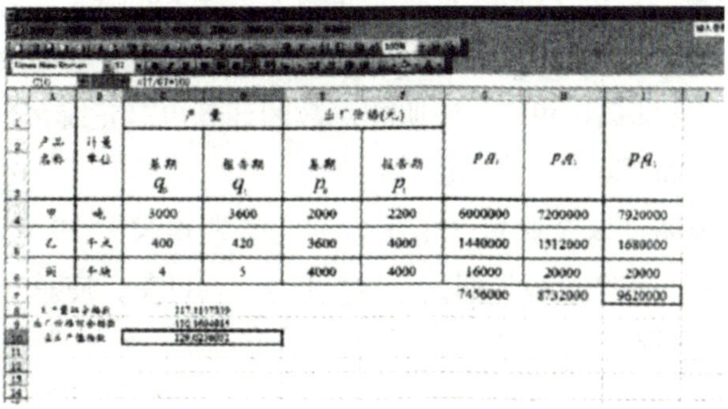

产品名称	计量单位	产量 基期 q_0	产量 报告期 q_1	出厂价格(元) 基期 p_0	出厂价格(元) 报告期 p_1	p_0q_0	p_0q_1	p_1q_1
甲	吨	3000	3600	2000	2200	6000000	7200000	7920000
乙	千米	400	420	3600	4000	1440000	1512000	1680000
丙	千块	4	5	4000	4000	16000	20000	20000
						7456000	8732000	9620000
生产量综合指数		117.1137339						
出厂价格综合指数		110.1694915						
总产值指数		129.0236052						

图 6－15　产值指数的结果

第五步，分别计算由于产量和出厂价格变动带来的产值变动额。单击 E8 单元格并输入“ = H6 - G7”后按回车键，即得到产量变动带来的产值变动额；同理，单击 E9 单元格并输入“ =16 - H7”后按回车键，即得到出厂价格变动带来的产值变动额，如图 6 - 16 所示。

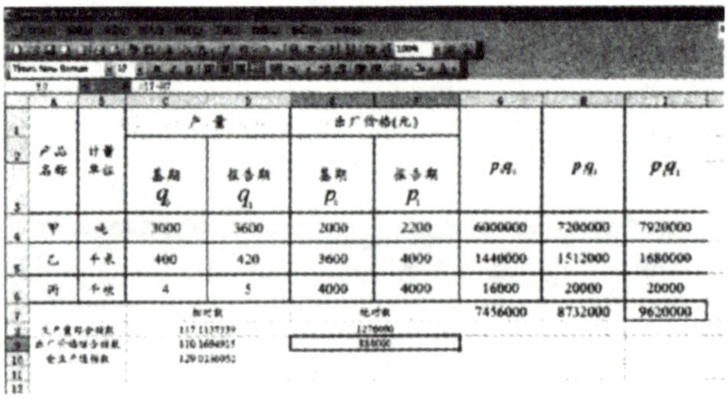

图 6 - 16　因素指标变动带来的产值变动额

第六步，计算总的产值变动额。单击 E10 单元格并输入“ =16 - G7”后按回车键，即得到总的产值变动额，如图 6 - 17 所示。

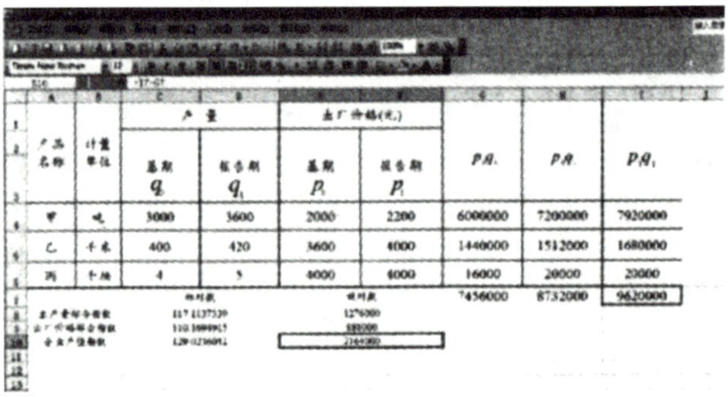

图 6 - 17　总的产值变动额

第七步，综合分析。单击 F12 单元格，并输入“ = E9 + E8”后按回车键，结果与 E10 相同，说明绝对数的计算是正确的。同样，单击 D12 单元格，并输入“ = C9 * C8/100”后按回车键，结果与 C10 相同，说明相对数的计算也是正确的。这一步主要是验证整个过程计算正确性，如图 6 - 18 所示。

最后，进行分析说明。该企业总产值报告期比基期增长了 29.02%，合计 2 164 000 元。其中由于该企业的产品产量报告期比基期增长了 17.11%，使总产值增加了 1 276 000 元；该企业产品的出厂价格报告期比基期增长了 10.17%，使总产值增加了 888 000 元，如图 6 - 18 所示。

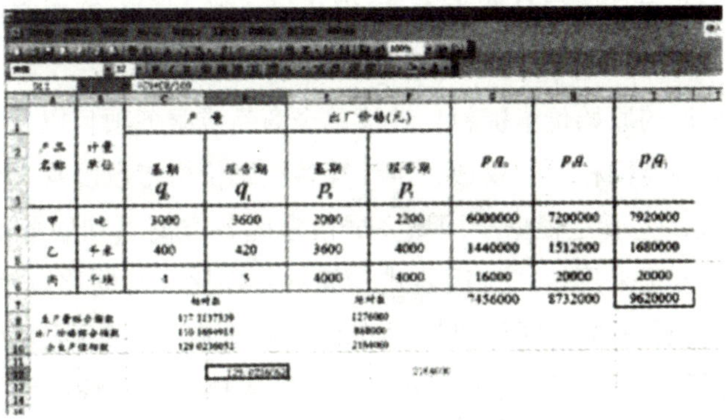

产品名称	计量单位	产量 基期 q_0	产量 报告期 q_1	出厂价格(元) 基期 p_0	出厂价格(元) 报告期 p_1	p_0q_0	p_0q_1	p_1q_1
甲	吨	3000	3600	2000	2200	6000000	7200000	7920000
乙	千米	400	420	3600	4000	1440000	1512000	1680000
丙	千块	4	5	4000	4000	16000	20000	20000
						7456000	8732000	9620000

图 6－18　验证计算结果

知识延伸

居民消费价格指数

居民消费价格指数（consumer price index，CPI），是度量消费商品及服务项目价格水平随着时间变动的相对数，反映居民购买的商品及服务项目价格水平的变动趋势和变动程度。其按年度计算的变动率通常被用来反映通货膨胀或通货紧缩的程度。CPI 及其分类指数还是计算国内生产总值以及资产、负债、消费、收入等实际价值的重要参考依据。

CPI 的编制方法是在众多计量对象中选择代表规格品，采集其价格数据，计算这些代表规格品的平均价格和个体价格指数，然后运用几何平均法计算出基本分类价格指数，再运用加权平均方法逐级计算小类、中类和大类价格指数，直至总价格指数。按照国家统计局针对 CPI 指标的诠释，其计算过程如下：

首先，国家统计局和地方统计部门分级确定用于计算 CPI 的商品和服务项目以及调查网点。国家统计局根据全国城乡居民家庭消费支出的抽样调查资料统一确定商品和服务项目的类别，设置包括食品烟酒、衣着、居住、生活用品及服务、交通通信、教育文化娱乐、医疗保健、其他用品及服务八大类 268 个基本分类，基本涵盖了城乡居民的全部消费内容。全国抽选约 500 个市县，确定采集价格的调查网点，包括食杂店、百货店、超市、便利店、专业市场、专卖店、购物中心、农贸市场、服务消费单位等共 6.3 万个。

其次，按照“定人、定点、定时”的方式，统计部门派调查员到调查网点现场采集价格。目前，分布在全国 31 个省（区、直辖市）500 个调查市县的价格调查员共 4 000 人左右。价格采集频率因商品而异，对于 CPI 中的粮食、猪牛羊肉、蔬菜等与居民生活密切相关、价格变动相对频繁的食品，每 5 天调查一次价格；对于服装鞋帽、耐用消费品、交通通信工具等大部分工业产品，每月调查 2—3 次价格；对水、电等政府定价项目，每月调查核实一次价格。

最后，根据审核后的原始价格资料，计算单个商品或服务项目以及 268 个基本分类的价格指数。然后根据各类别相应的权数，再计算各类别价格指数以及 CPI。

我国 CPI 的权数，主要是根据全国城乡居民家庭各类商品和服务的消费支出比重确定的。CPI 汇总计算方法采用链式拉氏公式，编制月环比、月同比以及定基价格指数。

CPI 等于 100，表明报告期与基期相比综合物价没有变化；居民消费价格指数大于 100，说明报告期与基期相比综合物价上升，价格指数越高，反映物价上涨得越多；居民消费价格指数小于 100，说明报告期与基期相比综合物价下降。

思政元素

思政教育切入点：一般说来，当 CPI 大于 3 时，即表明有通货膨胀；如果 CPI 小于 1 或者连续下降，则表明有轻微的通货紧缩。从下面的动态分析图可以看出，我国近几年的物价除 2019 年存在低通胀外还是较为稳定的；人均可支配收入增长幅度虽然有所放缓，但可支配收入总量在逐年提高，说明人们的生活水平在不断提高，幸福指数在不断提高。

我国居民消费价格指数、人均可支配收入及其增长情况

2022 年，居民消费价格比上年上涨 2.0%。工业生产者出厂价格指数上涨 4.1%。工业生产者购进价格指数上涨 6.1%。农产品生产价格上涨 0.4%。12 月份，70 个大中城市中，新建商品住宅销售价格同比上涨的城市个数为 16 个，持平的为 1 个，下降的为 53 个；二手住宅销售价格同比上涨的城市个数为 6 个，下降的城市个数为 64 个。

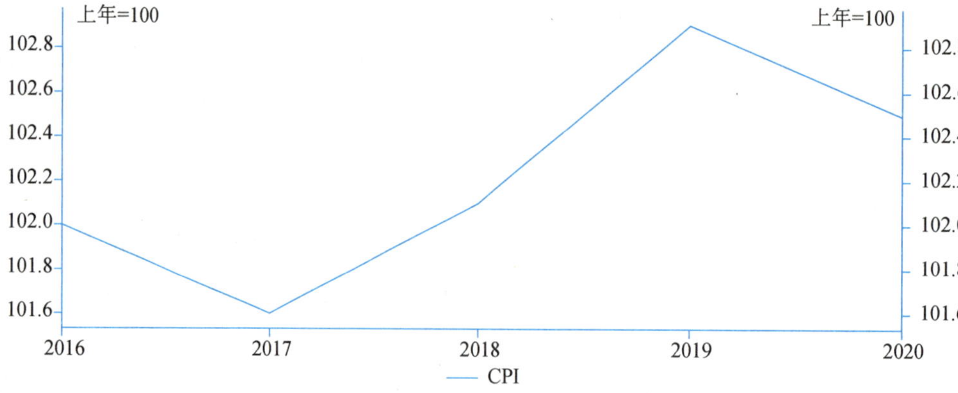

图 6－19　2016—2020 年我国居民消费价格指数

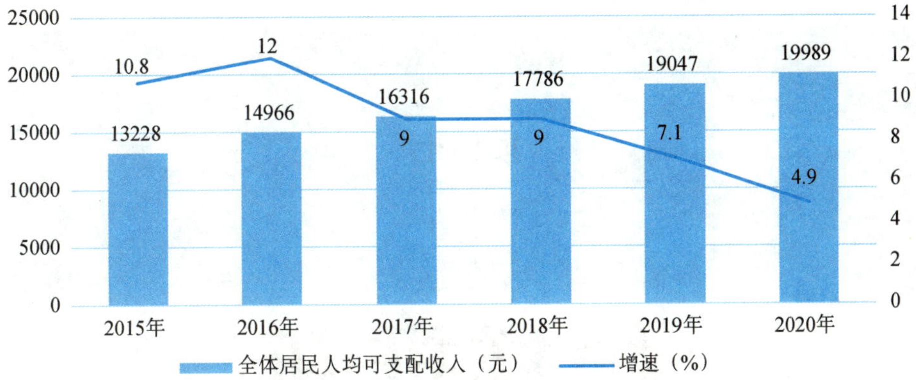

图 6 - 20 2015—2020 年我国居民人均可支配收入及增长速度

项目七

抽样推断

知识目标

抽样方式、方法的选择，抽样分布的基本原理，总体均值的区间估计，总体比重（成数）的区间估计，必要样本量的确定方法。

能力目标

能够恰当地选择抽样方式、方法并实施抽样，能够熟练掌握总体均值和总体比重（成数）区间估计的方法，能够根据已知条件计算必要样本量。

重要概念

样本　参数　统计量　抽样误差　区间估计

情境导入

张文是大学学生会生活部的部长，近期生活部要对学生在学校食堂的中餐花费情况进行调查。张文所在的校区有学生 10 000 人左右，如果对每个学生逐一调查，既耗费时间，又耗费人力，后来在老师的帮助下，他采用抽样方式抽取了 100 人，得到的资料见表 7－1。

表 7－1　　某学校学生在食堂的中餐花费情况

中餐费/元	学生人数/人
7 以下	10
7～8	20
8～9	40
9～10	20
10 以上	10
合计	100

根据上述资料，如果以 95.45% 的把握推算：

(1) 该分校区学生的午餐平均花费大约为多少？

(2) 该分校区中餐花费在 7 元以下的学生人数大约为多少？

(3) 如果该分校区学生的中餐平均花费为 8～10 元（标准差为 2 元），并且中餐花费在 7 元以下的学生所占的比重为 5%～15%（标准差为 40%），则应抽多少人调查？

通过该案例理解本项目的学习目标，并思考该案例对我们有什么启示。

知识储备

任务一　抽样与抽样分布

一、抽样推断的含义与特点

抽样推断是指在随机抽样的基础上，利用样本的实际资料计算样本统计量，并以样本统计量对总体相应参数做出具有一定可靠程度的估计的一种统计分析方法。作为一种数据调查方法和分析方法，相对于其他调查方式而言，抽样推断具有很多优点，其优越性体现在经济性、时效性、准确性和灵活性等方面。因此，抽样推断在实际中应用广泛。

抽样推断具有以下几个特点：

(1) 它是一种通过部分认识总体的统计分析方法。

(2) 以概率抽样为基础，按随机原则抽取样本。

(3) 用一定的概率来保证，将估计误差控制在规定的范围内。

二、抽样的方式与方法

抽样估计的前提是抽取的样本必须能够代表其来自的总体，而样本代表性的高低取决于抽样的方式与方法。抽样的方式与方法有很多，总的来说，有概率抽样和非概率抽样两大类。

1. 概率抽样

概率抽样又称为等概率抽样或随机抽样，是调查者按照随机原则抽取样本的方法。概率抽样以概率论为基础，保证总体中每一个单位都有相同的被抽中的机会，可以计算抽样误差，并从数量上推断总体，如图 7－1 所示。

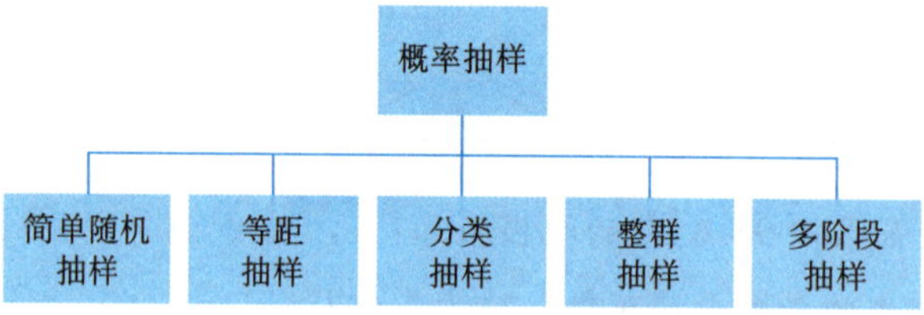

图 7－1　概率抽样的类型

2. 非概率抽样

非概率抽样又称为不等概率抽样或非随机抽样，就是调查者根据自己的方便或主观判断抽取样本的方法。它不是严格按随机抽样原则抽取样本的，所以也就无法确定抽样误差。虽然非概率抽样根据样本调查的结果可在一定程度上说明总体的特征，但不能从数量上推断总体。

本任务主要介绍概率抽样。概率抽样主要包括 5 种类型：

（一）简单随机抽样

简单随机抽样也称纯随机抽样，是按随机原则直接从总体 N 个单位中抽取 n 个单位组成样本，总体中每个单位都有被抽中的机会。简单随机抽样是最基本，也是最简单的抽样组织形式，适用于均匀分布的总体。

抽样的随机性通过抽样的随机化程序体现出来，在对总体单位进行编号后，确定样本单位可以采用简单的摸彩法，也可以使用随机数字表。当然，现在使用 Excel 中的抽样程序或 SPSS 的 Sample 过程等都可以快捷地完成随机抽样。

简单随机抽样的具体抽样方法分为重复抽样和不重复抽样两种。

1. 重复抽样

重复抽样也称为回置抽样，是指每次抽取一个样本单位登记后再放回总体中参加下一次抽取，即每一个样本单位都有被重复抽取的可能。重复抽样的特点是，同一个单位可能在样本中重复出现；每个样本单位被抽到的概率都相等，概率为 $1/N$。

例如，采用重复抽样方法从总体 30 个单位中随机抽取 5 个单位构成样本。$N=30$，$n=5$，抽取 5 个总体单位构成一个样本，每个样本单位被抽中的概率都是 1/30。

2. 不重复抽样

不重复抽样也称为不回置抽样，是指每次抽取一个样本登记后不放回总体中参加下一次抽取，即每一个样本单位只有一次被抽取的可能。由于第一次抽选的结果影响下一次抽选，因此，每个单位中选的概率各次是不同的。不重复抽样的特点是，同一个单位不能在样本中重复出现；样本中每个样本单位被抽中的概率实际上是不相同的，按 n 个样本单位被抽中的顺序，它们从总体中被抽中的概率分别是 $1/N$，$1/(N-1)$，$1/(N-2)$，…。

例如，采用不重复抽样方法，从总体 30 个单位中随机抽取 5 个单位构成样本。$N=30$，$n=5$，抽取 1 个单位记录其编码后，不再将该单位放回总体中，继续进行下一个单位的抽取。连续抽取 5 次，抽得 5 个总体单位构成一个样本，每个样本单位被抽中的概率依次增加，分别是 1/30、1/29、1/28、1/27、1/26。

在实际抽取样本时，由于不重复抽样的误差小于重复抽样的误差，所以通常采用不重复抽样的方式抽取样本。

对于总体单位数目不大，或总体容量虽然较大，但比较集中，便于抽选的总体，采用简单随机抽样容易取得较好的抽样效果；否则，需要设计其他抽样方式。简单随机抽样是抽样设计的基础方式，其他抽样方式中也带有简单随机抽样的影子，在本任务后面内容的讲述中，都是假设在简单随机抽样的方式下进行的。

（二）等距抽样

等距抽样也称机械抽样，是将总体各单位按一定的标志或次序排列，然后按相等的距离或间隔抽取样本单位的一种抽样方式。等距抽样有等概率等距抽样和不等概率等距抽样两种抽取方法。

1. 等概率等距抽样

等概率等距抽样是指每个单位被抽中的概率是相等的。假设要从 N 个单位的总体中抽取 n 个单位构成样本，抽样方法是先将总体的 N 个单位按照某种顺序排列编号，在确定抽样间隔 k，$k=N/n$；然后在规定的范围内随机地确定一个起始点，每隔 k 个单位就抽取一个作为入样单位，直至抽足 n 个单位。如果总体单位的大小差异较小，可采用等概率等距抽样。

例如，采用等概率等距抽样方法从总体 30 个单位中随机抽取 5 个单位构成样本。已知 $N=30$，$n=5$。由于总体单位数量有限，对总体单位进行编号也比较容易，所以采用等概率等距抽样：

（1）将总体的 30 个单位进行编号。

（2）抽样间隔为 $k=30/5=6$。

（3）假设随机抽样起点为 2。

（4）依次抽取号码为 $i=2$，$i+1k=8$，$i+2k=14$，$i+3k=20$，$i+4k=26$ 的总体单位。

如果调查总体包含一定的周期性，抽样间隔应避开这种周期性的影响。例如，在产品质量检查时，抽检的时间若定在交接班时间，则抽取的样本就缺乏代表性。

2. 不等概率等距抽样

不等概率等距抽样是指每个单位被抽中的概率与该单位的规模成比例。如果总体单位的大小差异较大，可采用不等概率的等距抽样。其基本思想是，令总体中第 i 个单位的入样概率与该单位的大小成比例。在具体实施过程中，可以按照类似等概率等距抽样的方法进行：以一个辅助变量对总体单位按大小顺序排列；对总体单位的辅助变量值进行累计，累计总量为 M_0；以 k 为抽样间距，$k = M_0/n$；随机地确定一个小于或等于 k 的实数 r 为抽样的起点，那么，r，$r+k$，$r+2k$，$r+3k$，…所对应的单位就是所抽中的入样单位。

例如，采用不等概率等距抽样从 12 种晚报中随机抽取 4 种进行内容分析（见表 7－2）。12 种晚报的发行量分别为 20 万份、67 万份、45 万份、120 万份、39 万份、85 万份、58 万份、98 万份、76 万份、210 万份、25 万份、150 万份。已知 $N=12$ 种，$n=4$ 种，在该例中，由于 12 种晚报的发行量差异较大，因此采用简单随机抽样或等概率等距抽样抽取 4 种报纸是不可取的。考虑到发行量这个因素，应采用不等概率等距抽样进行抽取，数据见表 7－2。

（1）以发行量大小为顺序列出 12 种报纸的发行量，并计算累计发行量，$M_0=993$。

（2）确定抽样间距：$k=993/4=248$（万份）。

（3）确定抽样的起点 r：随机地选定 $r=146$。

（4）$r=146$，$r+k=394$，$r+2k=642$，$r+3k=890$，这 4 个累计发行量对应的 4 种报纸就是入样报纸，分别是编号为 5、8、11、12 的报纸。

表 7－2　　不等概率等距抽样表

报纸编号	发行量/万份	累计发行量/万份	至抽中报纸的累计发行量/万份	抽中报纸
1	20	20	—	—
2	25	45	—	—
3	39	84	—	—
4	45	129	—	—
5	58	187	146	√
6	67	254	—	—
7	76	330	—	—
8	85	415	394	√
9	98	513	—	—
10	120	633	—	—
11	150	783	642	√
12	210	993	890	√

不等概率等距抽样是国际上比较流行的设计，它在实践中有着广泛的应用。我国农作物产量调查、收视率调查等都采用这种抽样设计。

（三）分类抽样

分类抽样也称分层抽样，先将总体所有单位按与研究内容密切相关的主要因素分成若干层，然后在各层中按随机原则抽取一定数量的单位构成样本。

简单随机抽样要求对总体进行编号或排序，耗费的人力、时间比较多。如果事先对总体的特性有较明确的了解，就可以利用这种了解做出更高效率的抽样设计，分层抽样就是最常用的一种方法。因此，分层抽样比简单随机抽样更有效。通过对总体分层，相互差异程度较小的单位集中在一个层内，突出了层与层之间的差异，从而随机地从任何一层中抽取的样本单位对该层的代表性都提高了，这样就确保了样本在各层之间分布的均匀性，提高了样本的代表性。

分层抽样的常用方法有两种，即比例分层抽样法和加权比例分层抽样法。

1. 比例分层抽样法

比例分层抽样法是按照每层单位数在总体中所占的比例抽取样本单位数，适用于层与层之间变异程度大、各层内部变异程度不大的总体。

各层的抽样单位数为：

$$n_i = \frac{N_i}{N}n(i = 1,2\cdots,k)$$

式中，n_i为各层应抽取的样本单位数，N_i为每层的单位数，N为总体单位总数，n为应抽取的样本单位总数，k为分层的层数，$\frac{N_i}{N}$为总体中各层单位数占总体单位总数的比重。

按比例抽出各组的样本单位数以后，再在各组内按简单随机抽样方法确定具体的样本单位。

例如，某产品在某市有100个销售点，按销售量的大小将销售点分为大、中、小3层，各层销售点的数量占总体的比例分别为15%、30%、55%。抽取20个销售点构成样本。

首先，按比例确定不同规模销售点的数量：

销售量大的层应抽取的销售点数量：$n_{大} = 15\% \times 20 = 3$（个）。

销售量中的层应抽取的销售点数量：$n_{中} = 30\% \times 20 = 6$（个）。

销售量小的层应抽取的销售点数量：$n_{小} = 55\% \times 20 = 11$（个）。

其次，在不同销售规模的层中按简单随机抽样方法抽取销售点（略）。

2. 加权比例分层抽样法

加权比例分层抽样法是以每层的单位数与层内的标准差相结合作为权数，确定每层应抽取的样本数。通常在总体中各层内部的变异程度有较大不同时使用。

各层的抽样单位数为：

$$n_i = n \cdot \frac{W_i \cdot s_i}{\sum W \cdot s}$$

式中，n_i为各层应抽取的样本单位数，n 为应抽取的样本单位总数，W_i为各层单位数占总体单位数的比重（百分数），s_i为各层内部的标准差，$\frac{W_i \cdot s_i}{\sum W \cdot s}$为同时考虑到各组的单位数比重和标准差后确定的各层的权数。

例如，对某地企业进行调查时，将企业按销售收入分为大型企业、中型企业和小型企业 3 个“层”，各层企业数占总体的比重（百分数）W_i与层内销售收入的标准差 s_i数据见表 7－3。用加权比例分层抽样法抽取 30 个单位构成样本。

表 7－3　　加权比例抽样

分层	各层比重 W_i（%）	各层标准差 s_i	$W_i \cdot s_i$
大型	10	192	19.2
中型	30	105	31.5
小型	60	56	33.6
合计	100	—	84.3

由于不同类型企业内部的差异程度较大，所以采用加权比例分层抽样法比较合适。若抽取 30 个企业构成样本，即 $n=30$，则每层应抽取的样本单位数为：

$\frac{19.2}{84.3}$ 大型企业：$n_{大}=n.\frac{W_1 \cdot s_1}{\sum W \cdot s}=30\times \quad =7$（个）

$\frac{31.5}{84.3}$ 中型企业：$n_{中}=n.\frac{W_2 \cdot s_2}{\sum W \cdot s}=30\times \quad =11$（个）

$\frac{33.6}{84.3}$ 小型企业：$n_{小}=n.\frac{W_3 \cdot s_3}{\sum W \cdot s}=30\times \quad =12$（个）

（四）整群抽样

整群抽样也称成批抽样，是先将所有总体单位分割成若干小群组，然后从中随机抽取一部分群，对中选群中的所有单位实施全面调查。实际中，可以利用总体中存在的自然的、社会的群来抽取样本单位。

在城市住户调查中，常以住宅区为抽样单位，对所抽中的住宅区的所有住户进行全面调查。在此，调查单位是住户，群是由若干住户构成的住宅区。如果要调查全国各地职业技术学院的学生平均每人每天使用计算机的时间，若以每个职业技术学院的学生作为抽样单位，就必须有一份完整的、不重不漏的、数以万计的全体学生的名单，而这是不容易做到的。但如果以各省、市职业技术学院为抽样单位，则得到一份完整的、不重不漏的各省、市职业技术学院的名单就较为容易了。

整群抽样的优点是：以群为单位抽取，从而大大简化了抽样的工作量，节省了调查费用，也方便了调查的实施。其缺点是：由于抽取的单位比较集中，样本单位在总体中的分布不均匀，因此抽样误差常常大于简单随机抽样。

（五）多阶段抽样

多阶段抽样又称为多级抽样，是指在抽取样本时，分为两个或两个以上阶段从总体中抽取样本的一种抽样方式。其具体操作过程是：第一阶段，将总体分为若干个一级抽样单位，从中抽选部分一级抽样单位入样；第二阶段，将入样的每个一级单位分成若干个二级抽样单位，再从每个入样的一级单位中各抽选部分二级抽样单位入样，依此类推，直到获得最终样本。多阶段抽样大多用于规模较大的抽样工作中。

例如，以一项全国电视观众的抽样调查为例说明多阶段抽样。

抽样方案采用了分层 5 阶段抽样，各阶段的抽样单元分别如下：

第一阶段：抽取区（地级市以上的市辖区）、县（包括县级市等）。

第二阶段：抽取街道、乡、镇。

第三阶段：抽取居委会、村委会。

第四阶段：抽取家庭户。

第五阶段：抽取个人。

为提高抽样效率，减少抽样误差，在第一阶段抽样中对区、县采用按地域及类别分层的方法。在每一层内的前三阶段抽样均采用与人口成正比的不等概率等距抽样，在第四阶段抽样采用等概率等距抽样，在第五阶段抽样采用简单随机抽样。

多阶段抽样由于实行了再抽样，可以在更广泛的范围内获得调查单位。其缺点是，增加一个抽样阶段，意味着增加了一份估计误差，用样本对总体的估计也变得更加复杂。

三、抽样中的几个基本概念

在介绍样本统计量的抽样分布之前，首先介绍抽样分布涉及的几个基本概念。

（一）参数与统计量

参数与统计量如图 7－2 所示。

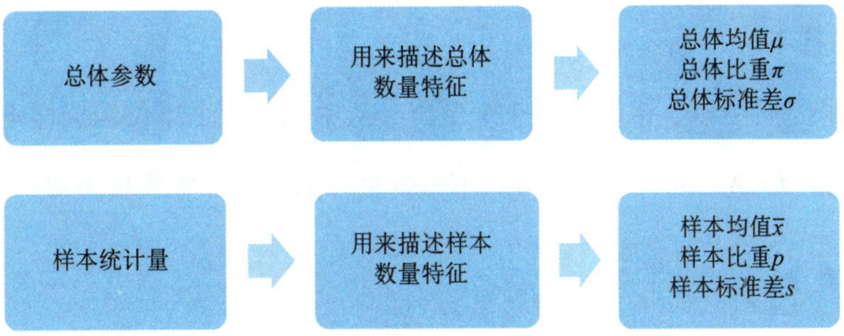

图 7－2　参数与统计量

参数是用来描述总体数量特征的综合值，相应的总体参数有总体均值 μ、总体比重（成数）π 和总体标准差 σ 等。

统计量是用来描述样本数量特征的，根据样本数据计算出的综合特征值。常用的样本统计量有样本均值 $\bar{x}$ 、样本比重（成数）p 和样本标准差 s 等。

总体参数通常是未知的，通过样本统计量推算获得。可以用样本均值 $\bar{x}$ 估计总体均值 μ，用样本比重（成数）p 估计总体比重（成数）π，用样本标准差 s 估计总体标准差 σ。

总体参数与样本统计量的计算公式见表 7－4。

表 7－4　　总体参数与样本统计量的计算公式

		样本	总体
均值	根据未分组资料计算	$\bar{x}=\frac{\sum x}{n}$	$\mu=\frac{\sum x}{N}$
	根据分组资料计算	$\bar{x}=\frac{\sum x\cdot f}{\sum f}$	$\mu=\frac{\sum x\cdot f}{\sum f}$
均值的标准差	根据未分组资料计算	$s=\sqrt{\frac{\sum(x-\bar{x})^2}{n-1}}$	$\sigma=\sqrt{\frac{\sum(x-\mu)^2}{N}}$
	根据分组资料计算	$s=\sqrt{\frac{\sum(x-\bar{x})^2\cdot f}{\sum f-1}}$	$\sigma=\sqrt{\frac{\sum(x-\mu)^2\cdot f}{\sum f}}$
比重（成数）		$p=\frac{n_0}{n}$；$1-p=\frac{n_1}{n}$	$\pi=\frac{N_0}{N}$；$1-\pi=\frac{N_1}{N}$
比重（成数）的标准差		$s=\sqrt{p(1-p)}$	$\sigma=\sqrt{\pi(1-\pi)}$

（二） 样本容量和样本个数

样本容量是指一个样本所包含的样本单位数，一般用 n 表示。

样本个数是指从总体中可能抽取的样本数目，一般用 M 表示。抽取样本的方法不同，组成样本的数目也不同。如果采用重复抽样的方法，从总体的 N 个单位中，随机抽取 n 个单位构成一个样本，共可抽取 $M=N^n$ 个样本。如果采用不重复抽样的方法，共可抽取 $M=\frac{N!}{n!(N-n)!}$ 个样本。

例如，如果总体有 A、B、C、D 4 个单位，从中抽取 2 个单位构成样本，重复抽样的可能样本数目为 $M=N^n=4^2=16$（个）。不重复抽样的可能样本数目为 $M=\frac{N!}{n!(N-n)!}=\frac{4!}{2!(4-2)!}=6$ 个。

四、 样本统计量的抽样分布

抽样分布是指当从某一总体中随机抽取容量为 n 的样本时，所有可能样本的统计量的频率分布或概率分布。假设从容量为 N 的总体中随机抽取容量为 n 的样本，会有 M 个可能的样本，并可以计算出 M 个不同的样本统计量。将 M 个样本统计量的取值及其出现的概率依次排列，就得到了样本统计量的频率分布，即抽样分布。将样本均值的全部可能取值与其出现的概率依次排列，形成样本均值的抽样分布；同理，将样本比重（成数）的全部可能取值与其出现的概率依次排列，可得到样本比重（成数）的抽样分布。

样本统计量的抽样分布实际上是一种理论分布，现实中是不可能将所有可能的样本都抽出来的。寻求抽样分布的方法大多数情况下是求抽样分布的近似分布。在抽样推断中，许多场合下的统计量服从正态分布或以正态分布为近似分布，所以正态分布是最常用的。

（一）样本均值的抽样分布

从单位数为 N 的总体中抽取样本容量为 n 的随机样本，在重复抽样的条件下，共有 N^n 个样本；在不重复抽样条件下，共有 $\frac{N!}{n!(N-n)!}$ 个样本。对于每一个样本，都可以计算出样本均值 $\bar{x}$（或 s^2、p），因此，样本均值是一个随机变量。所有的样本均值形成的分布就是样本均值的抽样分布。

例如，假设总体有 4 个单位，$N=4$，取值分别为 $X_1=1$，$X_2=2$，$X_3=3$，$X_4=4$。

总体均值为：$\mu=\frac{\sum X}{N}=\frac{1+2+3+4}{4}=2.5$。

总体方差为：$\sigma^2=\frac{\sum(X-\mu)^2}{N}=\frac{(1-2.5)^2+(2-2.5)^2+(3-2.5)^2+(4-2.5)^2}{4}$

$=1.25$。

分别按重复抽样和不重复抽样，从中随机抽取容量为 2 的样本。若重复抽样，则共有 $4^2=16$ 个可能的样本；若不重复抽样，则共有 $\frac{4!}{2!(4-2)!}=6$ 个样本。具体见表 7－5。

表 7－5　重复抽样和不重复抽样的结果

抽样方法	重复抽样	不重复抽样
样本个数 M	16	6
所有可能的样本	1，1　2，1　3，1　4，1 1，2　2，2　3，2　4，2 1，3　2，3　3，3　4，3 1，4　2，4　3，4　4，4	1，2　2，3　3，4 1，3　2，4 1，4
样本均值 $\bar{x}$	1.0　1.5　2.0　2.5 1.5　2.0　2.5　3.0 2.0　2.5　3.0　3.5 2.5　3.0　3.5　4.0	1.5　2.5　3.5 2.0　3.0 2.5

续表

抽样方法	重复抽样	不重复抽样
样本方差 s^2	0　0.5　2　4.5 0.5　0　0.5　2 2　0.5　0　0.5 4.5　2　0.5　0	0.5　4.5　0.5 0　0 0.5
所有样本均值的均值 $\frac{\sum \bar{x}}{M}=\mu$	2.5	2.5
所有样本均值的方差 $\frac{\sum(\bar{x}-\mu)^2}{M}=u_{\bar{x}}^2$	0.625	0.417

在重复抽样条件下，每个样本被抽中的概率相同，均为1/16；在不重复抽样条件下，每个样本被抽中的概率不同。样本均值的抽样分布如表7－6和图7－3、图7－4所示。样本均值 $\bar{x}$ 抽样分布的形状与原有总体的分布有关，如果原有总体的分布是正态分布，则样本均值也服从正态分布；如果原有总体分布是非正态分布，当 x 为大样本（$n\geqslant30$）时，样本均值的分布趋于正态分布；当 x 为小样本时，其分布不是正态分布。

表7－6　　重复抽样和不重复抽样条件下样本均值的抽样分布

重复抽样			不重复抽样		
样本均值 $\bar{x}_i$	样本个数	发生的概率	样本均值 $\bar{x}_i$	样本个数	发生的概率
1.0	1	1/16	1.5	1	1/6
1.5	2	2/16	2.0	1	1/6
2.0	3	3/16	2.5	2	2/6
2.5	4	4/16	3.0	1	1/6
3.0	3	3/16	3.5	1	1/6
3.5	2	2/16			
4.0	1	1/16			
合计	16	1.0	合计	6	1.0

下面是样本均值 $\bar{x}$ 抽样分布的两个特征：数学期望和方差。

设总体共有 N 个个体，其均值为 μ，方差为 σ^2，从中抽取容量为 n 的样本，则：

样本均值的数学期望 $E(\bar{x})$：$E(\bar{x})=\bar{\bar{x}}=\mu$

样本均值的抽样方差 $u_{\bar{x}}^2$：

在重复抽样条件下，$u_{\bar{x}}^2=\frac{\sigma^2}{n}$。

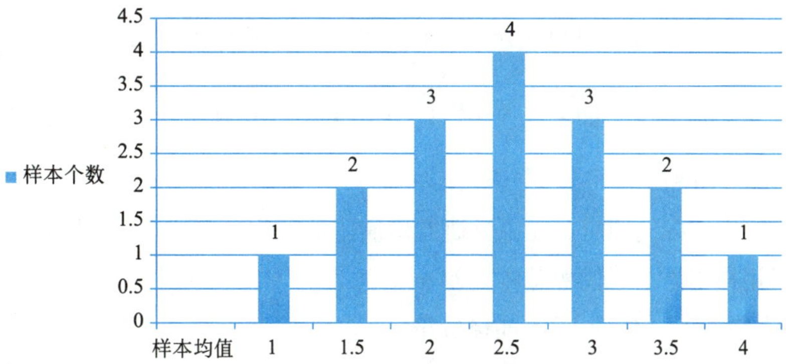

图 7－3　重复抽样条件下样本均值的抽样分布

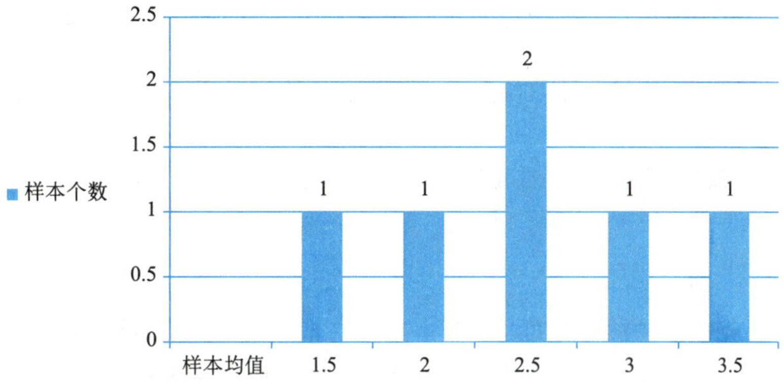

图 7－4　不重复抽样条件下样本均值的抽样分布

在不重复抽样条件下，$u_{\bar{x}}{}^2 = \dfrac{\sigma^2}{n} \cdot \dfrac{N-n}{N-1}$。

样本均值的抽样标准差（抽样平均误差）$u_{\bar{x}}$：

在重复抽样条件下，$u_{\bar{x}} = \dfrac{\sigma}{\sqrt{n}}$。

在不重复抽样条件下，$u_{\bar{x}} = \dfrac{\sigma}{\sqrt{n}}\sqrt{\dfrac{N-n}{N-1}}$。

对于无限总体，样本均值的方差在不重复抽样条件下也可按重复抽样来处理；对于有限总体，当 N 很大，而 n/N 很小时，修正系数 $\dfrac{N-n}{N-1}$ 会趋于 1，不重复抽样也可按重复抽样来处理。样本均值 $\bar{x}$ 抽样分布的两个特征值的计算可以通过上例加以验证。以重复抽样为例：

样本均值的均值等于总体均值：$\bar{\bar{x}} = \mu = 2.5$。

样本均值的抽样方差等于 $1/n$ 倍的总体方差：$u_{\bar{x}}{}^2 = \dfrac{\sum(\bar{x}-\mu)^2}{M} = \dfrac{\sigma^2}{n} = \dfrac{1.25}{2} = 0.625$。

样本均值 $\bar{x}$ 的抽样分布可以表示为：样本均值 $\bar{x}$ 服从均值为 μ、方差为 $\frac{\sigma^2}{n}$ 的正态分布，记为 $\bar{x} \sim N\left(\mu, \frac{\sigma^2}{n}\right)$，即 $\bar{x} \sim N(2.5, 0.625)$，读作样本均值 $\bar{x}$ 服从均值为2.5、方差为0.625的正态分布。

注意：在研究实际问题时，无论是研究均值还是比重（成数），总体方差 σ^2 一般是未知的，通常可用样本方差 s^2 代替总体方差 σ^2。

（二）样本比重（成数）的抽样分布

在经济统计中，经常要用到比重（成数）估计，也就是用样本比重（成数）p 推断总体比重（成数）π。所谓比重（成数），是指总体中具有某种属性或特征的单位数与总体单位数之比。若总体中具有某种属性的单位数为 N_0，不具有某种属性的单位数为 N_1，则将具有某种属性的单位数与总体单位数之比称为总体比重（成数），即 $\pi = \frac{N_0}{N}$；不具有某种属性的单位数与总体单位数之比为 $1-\pi = \frac{N_1}{N}$，$N = N_0 + N_1$。相应的样本比重（成数）为 $p = \frac{n_0}{n}$，$1-p = \frac{n_1}{n}$，$n = n_0 + n_1$。

样本比重（成数）的抽样分布是指样本比重（成数）p 的所有可能取值的频率分布。当样本容量很大时，样本比重（成数）p 的抽样分布可用正态分布近似。对于一个样本比重（成数），如果 $n \cdot p \geqslant 5$ 和 $n \cdot (1-p) \geqslant 5$，就可以认为样本容量足够大。这时，样本比重（成数）p 的期望值和抽样方差、标准差如下。

样本比重（成数）p 的期望值 $E(p)$：$E(p) = p = \pi$

样本比重（成数）的抽样方差 ${u_p}^2$：

在重复抽样条件下，${u_p}^2 = \frac{\pi(1-\pi)}{n}$

在不重复抽样条件下，${u_p}^2 = \frac{\pi(1-\pi)}{n} \cdot \frac{N-n}{N-1}$

样本比重（成数）的抽样标准差（抽样平均误差）u_p：

在重复抽样条件下，$u_p = \sqrt{\frac{\pi(1-\pi)}{n}}$。

在不重复抽样条件下，$u_p = \sqrt{\frac{\pi(1-\pi)}{n}} \cdot \sqrt{\frac{N-n}{N-1}}$。

例如，按往年经验，某校英语四级通过率大约为60%。现从当年参加考试的学生中随机抽取100名。因为 $n \cdot p = 100 \times 0.6 = 60 > 5$，同时，$n \cdot (1-p) = 100 \times 0.4 = 40 > 5$，可以认为样本容量足够大了，属于大样本，所以样本的分布可以用正态分布来描述。

样本比重（成数）的期望值等于总体比重 π，$E(p) = \pi = 60\% = 0.6$。

样本比重（成数）的抽样方差 $u_p^{\ 2}=\frac{\pi(1-\pi)}{n}=\frac{0.6\times0.4}{100}=0.0024$。

记为 $p\sim N\left(\pi,\frac{\pi(1-\pi)}{n}\right)$，即 $p\sim N$（0.6，0.002 4），读作样本比重（成数）p 服从均值为 0.6、方差为 0.002 4 的正态分布。

任务二 参数估计的方法

参数估计的方法有两种：点估计和区间估计。

一、 点估计

点估计是用某一个样本统计量的值直接作为总体参数估计值的方法。例如，直接用样本均值 $\bar{x}$ 作为总体均值 μ 的估计值；直接用样本比重（成数）p 作为总体比重（成数）π 的估计值；直接用样本标准差 s 作为总体标准差 σ 的估计值。

例如，某校对 100 名在校大学生每月支出水平的调查表明，其月平均支出是 495 元，支出水平的标准差是 147 元。按照点估计的方法，可以用 100 名学生的月平均支出 495 元作为所有学生月平均支出的估计值。

在统计上可以证明，如果样本的抽取是随机的，则样本均值 $\bar{x}$ 是总体均值 μ 的一个无偏估计量。

在参数估计中，一般用样本统计量作为总体参数的点估计值。但由于点估计值有不同的计算方法，因此有必要给出评价点估计值好坏的标准。下面介绍评价点估计值的标准。

1. 无偏性

无偏性是指如果一个样本统计量的数学期望等于被估计的总体参数，则这个统计量就是该总体的无偏估计量。在前面讨论抽样分布时曾提到：$E(\bar{x})=\mu$，$E(p)=\pi$。可以证明，样本均值 $\bar{x}$ 是总体均值 μ 的无偏估计量；样本比重（成数）p 是总体比重（成数）π 的无偏估计量。

2. 有效性

有效性是指在同一总体参数的两个无偏估计量中，标准差越小的估计量对总体参数的估计越有效。

3. 一致性

一致性是指随着抽样容量的增加，点估计量的值越来越接近总体参数的真值。换句话说，一个大样本给出的估计量要比一个小样本给出的估计量更接近总体参数。

点估计的优点是简单明了，但其缺点是无法判断点估计的可靠性。因为在随机抽样条件下抽出的某一个样本的估计值与总体真值之间是有误差的，我们很难知道某一个具体的样本估计值与总体参数的接近程度。在前述抽样分布部分曾讲过，抽样标准差反映了一个总体所有可能样本的估计值与总体真值的平均离差程度，通常用抽样标准差来衡量样本估计值与总体参数之间的误差。因此，对于一个具体的点估计值，难以度量出估计的可靠程度，但对于由点估计值构造的总体参数的置信区间，可以给出估计的可靠程度。实际中进行的抽样估计一般是区间估计。

二、 区间估计及其原理

1. 区间估计

区间估计是在给定置信水平或置信概率 $F(t)$ 即 $1-a$ 的条件下，以点估计值为中心构建的总体参数的一个估计区间（或置信区间）。区间估计不同于点估计，它不回答未知总体参数等于多少的问题，而是回答可以用多大的概率（把握程度）保证置信区间包含总体参数的问题。

2. 置信区间

置信区间是指在一定置信概率下总体参数的估计区间。其中，区间的最小值称为置信下限，区间的最大值称为置信上限。置信区间可表示为：

置信下限：

$$点估计值 - 边际误差$$

置信上限：

$$点估计值 + 边际误差$$

边际误差也称为抽样极限误差或允许误差，是指在抽样估计时，根据所研究对象的变异程度和分析任务的要求确定的可允许的误差范围，它等于样本统计量可允许变动的上限或下限与总体参数之差的绝对值。边际误差的大小由两个因素决定，即抽样平均误差 $u_{\bar{x}}$ 或 u_p 和抽样估计的概率度 t。

（1）抽样平均误差 $u_{\bar{x}}$ 或 u_p：抽样平均误差与边际误差成正比。

抽样平均误差的大小主要受3个因素的影响。

①总体各单位标志值差异程度的影响（σ）。总体标准差与抽样平均误差成正比。

②样本容量的影响（n）。样本容量与抽样平均误差成反比。

③抽样方式与方法的影响。重复抽样的抽样平均误差大于不重复抽样的抽样平均误差。

（2）抽样估计的概率度 t：抽样估计的概率度与边际误差成正比。

概率度或置信度用 t 表示，是反映置信区间包含总体真值概率大小的一种尺度。在抽样估计中，不可能百分之百地确信所确定的估计区间一定包含所要估计的总体参数，但希望知道所确定的估计区间能以多大概率包含总体参数，这就是估计的可靠程度或把握程度。估计的把握程度与准确程度成反比。如果要求的把握程度高，就需要取一个较大的置信概率，从而得到一个较大的边际误差和较宽的置信区间，结果是降低了估计的准确程度；反之，如果要求的把握程度低，所设的置信概率就小，相应的置信区间变窄，估计的准确程度提高。所以，在样本量一定的情况下，决策者需要在估计的把握程度和准确程度之间掌握平衡，指定一个比较合适的概率，实际中通常取90%、95%等。如果要同时保证较大的把握程度和较高的准确程度，通常采用增加样本量的方法。

概率度 t 的值可以通过查概率表得到。概率越大，概率度越大；反之，则越小。

由前述样本均值的抽样分布可知，样本均值服从均值为 μ、方差为 $\frac{\sigma^2}{n}$ 的正态分布。样本均值分布在总体均值的周围，也可以求出样本均值 $\bar{x}$ 落在总体均值 μ 两侧任何一个抽样标准差范围内的概率。例如，落在1个抽样标准差范围内的概率为0.682 7，落在2个抽样标准差范围内的概率为0.954 5，落在3个抽样标准差范围内的概率为0.997 3，见表7-7。

表7-7　常用概率表

概率度 t	概率 $F(t)$ 或 $(1-a)$
1	68.27%
1.65	90.00%
1.96	95.00%
2	95.45%
3	99.73%

注：概率度 t 在下面的应用中可表示为 $z_{\alpha/2}$ 或 $t_{\alpha/2}(n-1)$。

三、总体均值的区间估计

（一）正态总体、总体方差已知、大样本条件下总体均值的置信区间

当总体服从正态分布且 σ^2 已知，或者总体方差 σ^2 未知但为大样本时，样本均值 $\bar{x}$ 的抽样分布服从正态分布，其均值为 μ，方差为 σ^2/n。总体均值 μ 的置信区间为：

$$\bar{x} \pm z_{\alpha/2} \cdot \frac{\sigma}{\sqrt{n}}$$

式中，$z_{\alpha/2} \cdot \frac{\sigma}{\sqrt{n}}$ 表示抽样估计的允许误差，或称边际误差；$\bar{x} - z_{\alpha/2} \cdot \frac{\sigma}{\sqrt{n}}$ 表示置信下限；$\bar{x} + z_{\alpha/2} \cdot \frac{\sigma}{\sqrt{n}}$ 表示置信上限；$z_{\alpha/2}$ 表示标准正态分布尾部单侧面积为 $\alpha/2$ 时的 z 值。对于给定的概率度，与之对应的 $z_{\alpha/2}$ 值可以通过查标准正态分布表获得。

如果总体标准差 σ 未知，也可用样本标准差 s 代替，总体均值的置信区间为：

$$\bar{x} \pm z_{\alpha/2} \cdot \frac{s}{\sqrt{n}}$$

若抽样方式为不重复抽样，则需要乘以修正系数 $\frac{N-n}{N-1}$ 对抽样标准差进行修正。在这种情况下，总体均值的置信区间为：$\bar{x} \pm z_{\alpha/2} \cdot \frac{\sigma}{\sqrt{n}} \cdot \sqrt{\frac{N-n}{N-1}}$。

但是，对于无限总体（所包含的总体单位数目是无限的）而言，由于总体单位数 N 为无穷大，所以，修正系数 $\frac{N-n}{N-1}$ 的值接近1，因此，对于无限总体不必考虑修正问题。

例如，某调查公司对某市家庭的纯水使用量进行了调查，100 个家庭的样本调查结果是平均每户的月用水量为4.9 桶，标准差为3.5 桶，若置信水平为95%，估计该市居民平均每月纯水用量的置信区间。

已知 $\bar{x}=4.9$，$s=3.5$，$n=100$。因为是大样本，样本均值服从正态分布。置信水平 $1-\alpha=95\%$，查正态分布表得 $z_{\alpha/2}=1.96$。总体标准差 σ 未知，用样本标准差 s 代替，则置信区间为：

$$\bar{x} \pm z_{\alpha/2} \cdot \frac{s}{\sqrt{n}} = 4.9 \pm 1.69 \times \frac{3.5}{\sqrt{100}} = 4.9 \pm 0.69 = (4.21, 5.59)$$

即该市居民平均每月纯水用量的置信区间为4.21 ~ 5.59 桶，把握程度为95%。

又如，以前的调查表明，某校学生的月支出水平服从正态分布，标准差为50 元。现随机调查了25 人，发现这25 人的月平均支出为450 元。试根据样本数据估计该校学生月平均支出的置信区间，置信水平为90%。

已知 $\bar{x}=450$ 元，$\sigma=50$ 元，$n=25$。因为总体标准差 σ 已知，样本均值服从正态分布。置信水平 $1-\alpha=90\%$，查正态分布表得 $z_{\alpha/2}=1.65$，则置信区间为：

$$\bar{x} \pm z_{\alpha/2} \cdot \frac{\sigma}{\sqrt{n}} = 450 \pm 1.65 \times \frac{50}{\sqrt{25}} = 450 \pm 16.5 = (433.5, 466.5)$$

即该校学生月平均支出有90%的置信区间为（433.5，466.5）元。

（二）正态总体、总体方差未知、小样本条件下总体均值的置信区间

在实际估计中，总体标准差通常是未知的。如果总体标准差未知，而且是小样本的情况，就需要用样本标准差 s 代替总体标准差 σ，这时，样本均值 $\bar{x}$ 服从自由度为 $n-1$ 的 t 分布。

当抽样分布服从 t 分布时，置信水平为 $1-\alpha$ 的总体均值的置信区间可表示为：

$$\bar{x} \pm t_{\alpha/2}(n-1) \cdot \frac{s}{\sqrt{n}}$$

式中，$t_{\alpha/2}(n-1)$ 表示自由度为 $n-1$ 时 t 分布单侧面积为 $\alpha/2$ 时的 t 值，可以查 t 分布表得到 $t_{\alpha/2}(n-1)$ 的值。查 t 分布表时，α 按其1/2 取值，如 α 为0.05，则在 t 分布表上查 $\alpha=0.025$、自由度为 $n-1$ 所交叉对应的 t 值。自由度 $n-1$ 表示在给定容量的随机样本中可以自由取值的变量值 x_i 的个数。

t 分布与正态分布有相同的分布中心，只是 t 分布的变异程度略大于正态分布。随着样本容量的增大，t 分布逐渐趋于正态分布。

例如，某种袋装食品的标准重量为500克，质检部门从一批产品中随机抽取了16袋，测得其重量（克）如下：498，505，501，509，500，503，512，505，499，503，506，497，500，500，507，501，试在99%的置信水平下，估计该批食品重量的置信区间。

根据样本数据可得：

$$\bar{x}=\frac{\sum x}{n}=\frac{8\ 046}{16}=502.875\text{（克）}$$

$$S=\sqrt{\frac{\sum(x-\bar{x})^2}{n-1}}=\sqrt{\frac{261.75}{16-1}}=\sqrt{17.45}=4.18\text{（克）}$$

由于总体标准差 σ 未知，且抽取的是小样本，所以样本服从自由度为 $n-1$ 的 t 分布。通过查 t 分布表，可得置信水平为99%时的 $t_{\alpha/2}(n-1)=t_{0.01/2}(16-1)=2.95$，则置信区间为：

$$\bar{x}\pm t_{\alpha/2}(n-1)\cdot\frac{s}{\sqrt{n}}=502.875\pm2.95\times\frac{4.18}{\sqrt{16}}=502.875\pm3.08=(499.795,505.955)$$

即当置信水平为99%时，该批食品质量的置信区间为（499.795，505.955）克。

综上所述，在建立均值的置信区间时，关键是确定样本的抽样分布及与之相对应的统计量。具体判断方法总结见表7－8。

表7－8　不同情况下总体均值的置信区间

总体分布	样本容量	总体 σ	置信区间
正态分布	大样本（$n\geqslant30$）	σ 已知	$\bar{x}\pm z_{\alpha/2}\cdot\frac{\sigma}{\sqrt{n}}$
		σ 未知	$\bar{x}\pm z_{\alpha/2}\cdot\frac{s}{\sqrt{n}}$
正态分布	小样本（$n<30$）	σ 已知	$\bar{x}\pm z_{\alpha/2}\cdot\frac{\sigma}{\sqrt{n}}$
		σ 未知	$\bar{x}\pm t_{\alpha/2}(n-1)\cdot\frac{s}{\sqrt{n}}$
非正态分布	大样本（$n\geqslant30$）	σ 已知	$\bar{x}\pm z_{\alpha/2}\cdot\frac{\sigma}{\sqrt{n}}$
		σ 未知	$\bar{x}\pm z_{\alpha/2}\cdot\frac{s}{\sqrt{n}}$

表 7－8 中未列出非正态分布下小样本的情况，这是因为，当总体是非正态分布时，尤其是与正态分布差距较大且样本容量非常小时，样本分布用正态分布和 t 分布描述都不合适，因此既不能用 z 统计量也不能用 t 统计量来构建置信区间。

四、总体比重（成数）的区间估计

当样本容量足够大时，样本比重（成数）的抽样分布近似为正态分布。对于总体比重（成数）的估计，确定样本容量足够大的一般经验规则是：$np \geq 5$ 和 $n(1-p) \geq 5$。满足正态分布的样本比重（成数）的特征值是：样本比重（成数）p 的均值等于总体比重（成数）π，即 $E(p)=\pi$；样本比重（成数）的方差 u_p^2 等于 $1/n$ 倍的总体方差，即 $u_p^2=\frac{\pi(1-\pi)}{n}$。

与构建总体均值 μ 的置信区间的方法相同，总体比重（成数）π 在置信水平为 $1-\alpha$ 时的置信区间为：

$$p \pm z_{\alpha/2} \cdot \sqrt{\frac{\pi(1-\pi)}{n}}$$

式中，$z_{\alpha/2}$ 代表标准正态分布上侧面积为 $\alpha/2$ 时的 z 值，z 值可通过查标准正态分布表得到（见均值的区间估计）；$z_{\alpha/2} \cdot \sqrt{\frac{\pi(1-\pi)}{n}}$ 为边际误差或允许误差。

若总体比重（成数）π 未知，则可用样本比重（成数）p 代替，公式为：

$$p \pm z_{\alpha/2} \cdot \sqrt{\frac{p(1-p)}{n}}$$

此外，若抽样方式为不重复抽样，则需要用到修正系数 $\frac{N-n}{N-1}$。在这种情况下，总体比重（成数）在 $1-\alpha$ 水平下的置信区间为：

$$p \pm z_{\alpha/2} \cdot \sqrt{\frac{p(1-p)}{n}} \cdot \sqrt{\frac{N-n}{N-1}}$$

例如，某企业在某市通过电视、报纸对企业产品进行广告宣传，在对广告效果的追踪调查中，对 50 人进行了随机调查，其中 30 人能说出或想起该广告语。试估计该市居民中能说出或想起该广告语的人所占的比重，置信水平为 95%。

已知 $p=\frac{30}{50}=0.6=60\%$，$s^2=p(1-p)=0.6\times0.4=0.24$，$n=50$。因为 $np=50\times0.6>5$ 和 $n(1-p)=50\times0.4>5$，属于大样本，可以认为样本服从正态分布。置信水平 $1-\alpha=95\%$，查正态分布表可得 $z_{\alpha/2}=1.96$，比重（成数）的总体方差 $\pi(1-\pi)$ 未知，用样本方差 $p(1-p)$ 代替，则置信区间为：

$$p \pm z_{\alpha/2} \cdot \sqrt{\frac{p(1-p)}{n}} = 0.6 \pm 1.96 \times \sqrt{\frac{0.6\times0.4}{50}} = 0.6 \pm 0.14 = (0.46,\ 0.74)$$

该市居民中能说出或想起该广告语的人所占的比重在置信水平为95%时的置信区间为(46%，74%)。

任务三 必要样本容量的确定

一、影响必要样本容量的因素

样本容量是指一个样本的必要抽样单位的数目。在抽样调查时，如果样本量过大，则会增加调查工作量，造成人力、物力、财力及时间的浪费；如果样本量过小，则样本对总体缺乏代表性，估计误差也会增大。因此，科学、合理地确定样本容量是降低抽样估计误差、保证样本具有充分代表性的基本前提。

样本量的确定比较复杂，需要定量计算，也需要对问题的定性分析及调查经验。需要考虑总体规模、允许误差、总体方差和置信水平以及经费限制等因素。从理论上确定必要样本容量有相应的统计公式，用公式计算时，样本容量的大小取决于以下5个因素：

1. 总体标志变异程度

总体标志变异程度是指总体标准差 σ 的大小。σ 反映了总体内部的差异程度，在其他条件相同的情况下，有较大方差的总体，样本的容量应该大一些；反之，则应该小一些。总体标准差 σ 的大小与样本容量 n 的大小成正比。

2. 概率保证度的大小

概率保证度的大小即置信水平 $1-\alpha$ 的高低。概率保证度说明了估计的可靠程度。在其他条件不变的情况下，如果要求较高的可靠度，就要增大样本容量；反之，可以相应减小样本容量。概率保证程度或置信水平与样本容量成正比。

3. 允许误差的大小

允许误差的大小即边际误差 E 的大小。允许误差说明了估计的精度，在其他条件不变的情况下，如果要求估计的精度高，允许误差就小，那么样本容量就要大一些；如果要求估计的精确度不高，允许误差可以大些，则样本容量可以小些。允许误差与样本容量成反比。

4. 抽样方法的不同

在相同的条件下，重复抽样的抽样平均误差比不重复抽样的抽样平均误差大，所需要的样本容量也就不同。重复抽样需要更大的样本容量，而不重复抽样的样本容量可小一些。

5. 抽样组织方式的不同

此外，必要的抽样数目还要受抽样组织方式的影响，这也是因为不同的抽样组织方式有不同的抽样平均误差。针对同一个研究对象，采用不同的抽样组织方式也会有不同的样本代表效果。例如，分层抽样比简单随机抽样需要更少的样本量。

二、简单随机抽样条件下样本容量的确定

（一）均值估计时样本容量的确定

1. 重复抽样

$$n=\frac{(z_{\alpha/2})^2\cdot\sigma^2}{E^2}$$

2. 不重复抽样

$$n=\frac{N\cdot z^2_{\alpha/2}\cdot\sigma^2}{N\cdot E^2+z^2_{\alpha/2}\cdot\sigma^2}$$

式中，E——边际误差（允许误差）。

在实际应用中，若总体均值的方差 σ^2 未知，可用过去同类问题的经验数据代替（如果有几个值应取较大值）。

例如，某超市想了解顾客排队等候结账的时间。假设所有顾客等待结账时间的标准差为2.1分钟，要求估计的误差不超过0.5分钟，置信水平为99%，重复抽样应抽取多大的样本量？若当天有4 800人光临该超市，不重复抽样应抽取多大的样本量？

已知 $\sigma=2.1$，$E=0.5$，由 $1-\alpha=99\%$，得 $z_{\alpha/2}=2.58$，则：

重复抽样需抽取的样本量为：

$$n=\frac{(z_{\alpha/2})^2\cdot\sigma^2}{E^2}=\frac{2.58^2\times2.1^2}{0.5^2}=117.42\approx117\text{（人）}$$

不重复抽样需抽取的样本量为：

$$n=\frac{N\cdot z^2_{\alpha/2}\cdot\sigma^2}{N\cdot E^2+z^2_{\alpha/2}\cdot\sigma^2}=\frac{4\,800\times2.58^2\times2.1^2}{4\,800\times0.5^2+2.58^2\times2.1^2}\approx115\text{（人）}$$

可见，在相同的要求下，与重复抽样相比，不重复抽样所需的样本单位数目更少。其原因在于，不重复抽样的误差比重复抽样的误差小，因而在允许误差相同的情况下，不重复抽样所抽取的样本单位数目可以少一些。

（二）比重（成数）估计时样本容量的计算

对总体比重（成数）估计时必要样本量的确定方法与总体均值估计时的方法相似，但由于比重（成数）的方差不同于均值的方差，因此计算公式略有不同。

1. 重复抽样

$$n=\frac{(z_{\alpha/2})^2\cdot\pi(1-\pi)}{E^2}$$

2. 不重复抽样

$$n=\frac{N\cdot z^2_{\alpha/2}\cdot\pi(1-\pi)}{N\cdot E^2+z^2_{\alpha/2}\cdot\pi(1-\pi)}$$

在实际应用中，若总体比重（成数）的方差 $\pi(1-\pi)$ 未知，可用过去同类问题的经验数据代替（如果有几个值应取较大值）；如果完全缺乏资料，可用方差极大值 0.25 代替，此时的比重（成数）为 50%。

例如，根据以往的统计，某商品的合格率为 96%。准备对新进的一批货进行检查，若要求边际误差不超过 6%，置信水平为 99%，需要抽取多少件商品进行检查？

已知 $E=0.06$，由 $1-\alpha=99\%$，得 $z_{\alpha/2}=2.58$，总体方差 $\pi(1-\pi)$ 未知，用样本方差 $p(1-p)$ 代替，$p(1-p)=0.9\times0.1$，则重复抽样需抽取的商品数量为：

$$n=\frac{(z_{\alpha/2})^2\cdot p(1-p)}{E^2}=\frac{2.58^2\times0.96\times0.04}{0.06^2}=71\text{（件）}$$

在实际应用中还应注意，当所计算的 n 出现小数时，一般不采取四舍五入的办法化成整数，而是用比这个数大的邻近整数代替。

学习小结

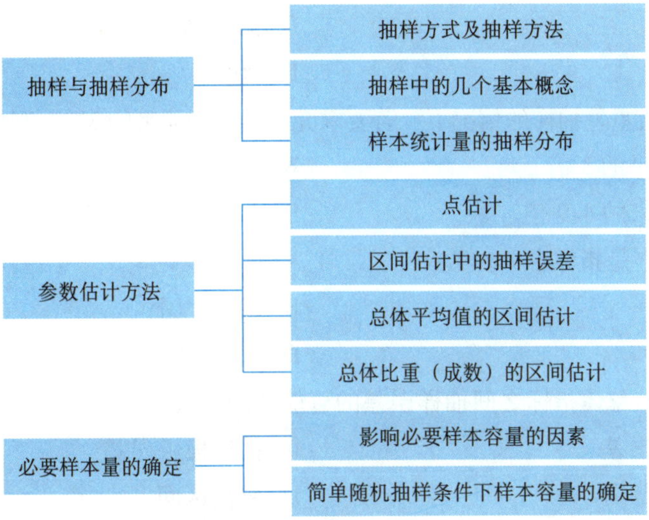

巩固练习

一、填空题

1. 抽样的基本方法有__________和__________两种。

2. 当抽样平均误差为 0.8，且抽样极限误差为 1.6 时，概率度为（　　），概率为（　　）%。

3. 简单随机抽样的成数抽样平均误差计算公式是：重复抽样条件下：__________；不重复抽样条件下：__________。

4. 误差范围△、概率度 t 和抽样平均误差 u 之间的关系表达式为__________。

5. 抽选样本单位时要遵守________原则，使样本单位被抽中的机会__________。

6. 常用的总体指标有________、______、________。

7. 在抽样估计中，样本指标又称为________量，总体指标又称为________。

8. 全及总体标志变异程度越大，抽样误差就________；全及总体标志变异程度越小，抽样误差________。

9. 抽样估计的方法有__________和__________两种。

10. 优良点估计量应满足三个方面的条件：__________、__________、__________。

11. 区间估计就是用一个________去估计未知参数。

12. ________是根据样本各单位标志值或标志属性计算的综合指标。

二、单项选择题

1. 对入库的一批产品抽检 10 件，其中有 9 件合格，保证合格率不低于 80% 的概率是（　　）。

A. 95.45%　　B. 99.73%

C. 68.27%　　D. 90%

2. 在简单随机重复抽样的情况下，若要求允许误差为原来的 2/3，则样本容量（　　）。

A. 扩大为原来的 3 倍　　B. 扩大为原来的 2/3 倍

C. 扩大为原来的 4/9 倍　　D. 扩大为原来的 2.25 倍

3. 所谓大样本是指样本单位数在（　　）。

A. 30 个以上　　B. 50 个以上

C. 80 个以上　　D. 100 个以上

4. 抽样指标与总体指标之间抽样误差的可能范围是（　　）。

A. 抽样平均误差　　B. 抽样极限误差

C. 区间估计范围　　D. 置信区间

5. 抽样平均误差说明抽样指标与总体指标之间的（　　）。

A. 实际误差　　B. 平均误差

C. 实际误差的平方　　D. 允许误差

6. 成数方差的计算公式为（　　）。

A. $P(1-P)$　　B. $P(1-P)^2$

C. $\sqrt{P(1-P)}$　　D. $P^2(1-P)$

7. 总体平均数和样本平均数之间的关系是（　　）。

A. 总体平均数是确定值，样本平均数是随机变量

B. 总体平均数是随机变量，样本平均数是确定值

C. 两者都是随机变量

D. 两者都是确定值

8. 从总体 N 个单位中，用不重复抽样的方法，抽取 n 个单位的样本，可能出现的样本种数为（　　）。

A. N　　B. n

C. $N(N-1)$　　D. C_N^n

9. 成数的抽样平均误差表明各样本成数和总体成数绝对离差的（　　）。

A. 最高水平　　B. 最低水平

C. 一般水平　　D. 大致水平

10. 抽样推断是在抽样调查的基础上，利用样本的实际资料计算（　　），并据以推算总体相应特征值（总体参数）的一种统计分析方法。

A. 样本指标　　B. 总体指标

C. 个体指标　　D. 任意指标

三、多项选择题

1. 参数估计方法有（　　）。

A. 点估计　　B. 区间估计

C. 统计估计　　D. 抽样估计

E. 假设检验

2. 衡量点估计量好坏的标准有（　　）。

A. 无偏性　　B. 一致性

C. 有效性　　D. 可靠性

E. 随机性

3. 影响抽样误差大小的因素有（　　）。

A. 抽样组织方式和抽样方法不同　　B. 全及总体的标志变动度的大小

C. 样本单位数的多少　　D. 抽样总体标志变动度的大小

E. 抽样的随机性

4. 常用的样本指标有（　　）。

A. 样本平均数　　B. 样本成数

C. 抽样误差　　D. 样本方差

E. 标准差

5. 在简单随机重复抽样的条件下，抽样单位数 n 的计算公式为（　　）。

A. $n=\dfrac{t^2\sigma^2}{\Delta x^2}$　　B. $n=\dfrac{t^2N\sigma^2}{N\Delta x^2+t^2\sigma^2}$

C. $n=\dfrac{t^2p(1-p)}{\Delta_p^2}$　　D. $n=\dfrac{t^2Np(1-p)}{N\Delta p^2+t^2p(1-p)}$

E. $n=\frac{t^2p^2\ (1-p)^2}{Np^2}$

6. 在总体 2 000 个单位中，抽取 20 个单位进行调查，下列各项中正确的有（　　）。

A. 样本单位数是 20 个
B. 样本个数是 20 个
C. 一个样本有 20 个单位
D. 样本容量是 20 个
E. 是一个小样本

7. 若进行区间估计，应掌握的指标数值有（　　）。

A. 样本指标
B. 概率度
C. 总体单位数
D. 抽样平均误差
E. 样本单位数

8. 基本的抽样方式有（　　）。

A. 简单随机抽样
B. 类型抽样
C. 等距抽样
D. 整群抽样
E. 不重复抽样

9. 抽样估计中的抽样误差（　　）。

A. 是可以通过改进调查方法来消除的
B. 是可以事先计算并控制
C. 只能在调查结束后才能计算
D. 是不可避免要产生的

10. 在抽样推断中，（　　）。

A. 抽样指标的数值不是唯一的
B. 总体指标是一个随机变量
C. 可能抽取许多个样本
D. 统计量是样本变量的函数
E. 参数又称统计量

四、 判断题

1. 在相同条件下，不重复抽样的抽样误差一定小于重复抽样的抽样误差。（　　）

2. 在不重复抽样的情况下，若调查的单位数为全及总体的 10%，则所计算的抽样平均误差比重复抽样计算的抽样误差少 10%。（　　）

3. 正态分布总体有两个参数，一个是均值（期望值），一个是均方差，这两个参数确定以后，一个正态分布也就确定了。（　　）

4. 抽样调查就是凭主观意识，从总体中抽取部分单位进行调查。（　　）

5. 所有可能的样本平均数的平均数等于总体平均数。（　　）

6. 抽样误差是不可避免的，但可以通过调整总体方差来控制抽样误差的大小。（　　）

7. 样本单位数的多少可以影响抽样误差的大小，而总体标志变异程度的大小和抽样误差无关。（　　）

8. 抽样估计中的点估计就是被估计的总体指标直接等于样本指标。（　　）

9. 抽样极限误差总是大于抽样平均误差。 (　　)

10. 样本容量是指从一个总体中可能抽取的样本个数。 (　　)

五、 应用能力题（计算结果保留两位小数）

1. 简单随机重复抽样中，若抽样单位数增加 3 倍，则抽样平均误差如何变化？若抽样允许误差扩大为原来的 2 倍，则抽样单位数如何变化？若抽样允许误差缩小为原来的 1/2 时，抽样单位数如何变化？

2. 在某社区随机抽取 40 名男子的身高进行调查，得其平均身高为 168 厘米，已知该社区全体男子身高的标准差为 8 厘米，试求总体均值（该社区全体男子平均身高）u 的 0.95 的置信区间。

3. 工商部门对某超市经销的小包装休闲食品进行重量合格抽查，规定每包重量不低于 30 克，在 1 000 包食品中抽 1% 进行检验，结果如下表：

按重量分组（克）	包数（包）
26—27	1
27—28	3
28—29	3
29—30	2
30—31	1
合　计	10

试以 95.45% 概率推算：

（1）这批食品的平均每包重量是否符合规定要求；

（2）若每包食品重量低于 30 克为不合格，求合格率的范围。

4. 对某厂日产 10 000 个灯泡的使用寿命进行抽样调查，抽取 100 个灯泡，测得其平均寿命为 1 800 小时，标准差为 6 小时。要求：

（1）按 68.27% 概率计算抽样平均数的极限误差；

（2）按以上条件，若极限误差不超过 0.4 小时，应抽取多少只灯泡进行测试；

（3）按以上条件，若概率提高到 95.45%，应抽取多少只灯泡进行测试？

（4）若极限误差为 0.6 小时，概率为 95.45%，应抽取多少只灯泡进行测试？

（5）通过以上计算，说明允许误差、抽样单位数和概率之间的关系。

5. 对某区 30 户家庭的月收支情况进行抽样调查，发现平均每户每月用于书报费支出为 45 元，抽样平均误差为 2 元，试问应以多少概率才能保证每户每月书报费支出在 41.08 元至 48.92 元之间。

课堂实训

Exceld 抽样推断中的应用

（一）使用 Excel 中的概率分布函数进行参数估计

1. 问题与数据

某厂用某机床加工某种零件，假设零件长度服从正态分布。现从一批该种零件中随机抽取 10 件，测得其长度如下（单位：cm）：

6.1　5.7　6.5　6.0　6.3　5.8　6.3　6.1　5.9　6.4

以 95% 的置信度估计该零件的长度。

2. 操作步骤（如图 7－5 所示）

（1）输入样本数据。

（2）绘制计算表。

（3）在计算表中用各种公式和函数计算。

E8　fx =TINV(1-E6,E7)

	A	C	D	E
1	样本数据	计算表		
2	6.1	中间计算	样本容量	10
3	5.7		样本均值	6.11
4	6.5		样本标准差	0.2643651
5	6		抽样误差	0.0835996
6	6.3		置信度	0.95
7	5.8		自由度	9
8	6.3		t临界值	2.2621572
9	6.1		误差落差	0.1891154
10	5.9	最终结果	估计下限	5.9208846
11	6.4		估计上限	6.2991154

图 7－5　区间估计

图 7－5 中 E 列各单元格由以下公式计算：

样本容量	COUNT（A2：A11）
样本均值	AVERAGE（A：A11）
样本标准差	STDEV（A2：A11）
抽样误差	E4/SQRT（E2）
置信度	0.95
自由度	E2 － 1
t 临界值	TINV（（1 － E6），E7）
误差落差	E8 * E5
估计下限	E3 － E9
估计上限	E3 ＋ E9

（二）实验内容二：用“数据分析”工具进行假设检验

1. 问题与数据

在漂白工艺中，为研究温度对针织品断裂强力的影响，在 70℃和 80℃下各重复试验 10 次，测得其断裂强力（单位：千克）如下：

70℃下：20.5　18.5　19.8　20.9　21.5　19.5　21　21.2　20.3　20.6

80℃下：17.7　20.3　20　18.8　19　20.1　20.2　19.1　19.2　18.6

要求在 0.05 的显著性水平下判断两种温度下针织品断裂强力的方差有无明显不同。

2. 操作步骤

（1）输入样本数据，根据问题绘制“假设检验表”，如图 7－6 所示。

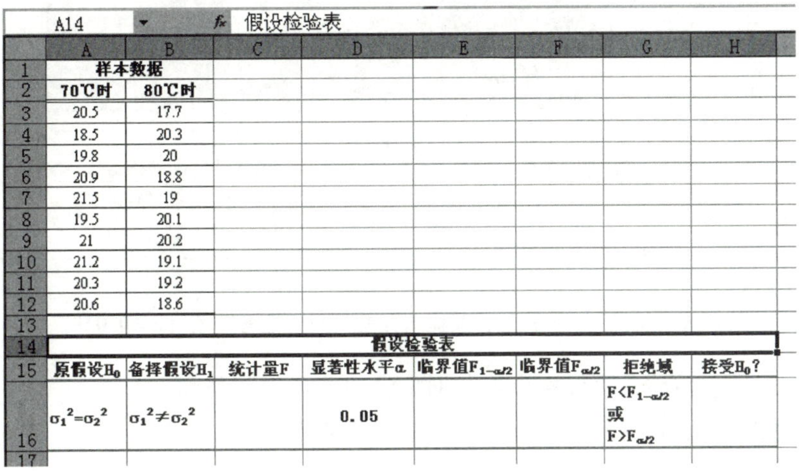

图 7－6　样本数据与假设检验表

（2）从“工具”菜单中选择“数据分析”项；在弹出的“数据分析”对话框的“分析工具”列表中选择“F－检验：双样本方差”工具，如图 7－7 所示。

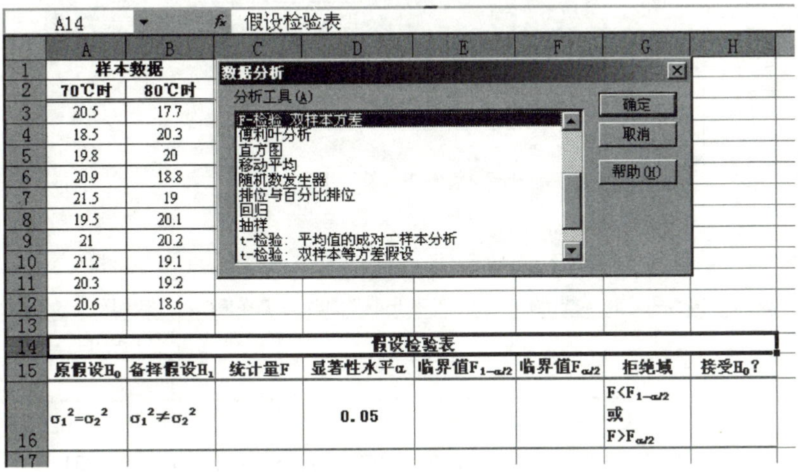

图 7－7　“数据分析”对话框

（3）单击“数据分析”对话框的“确定”按钮，弹出“F－检验：双样本方差”对话框。

（4）确定对话框中各选项（a＝0.025），如图7－8所示。

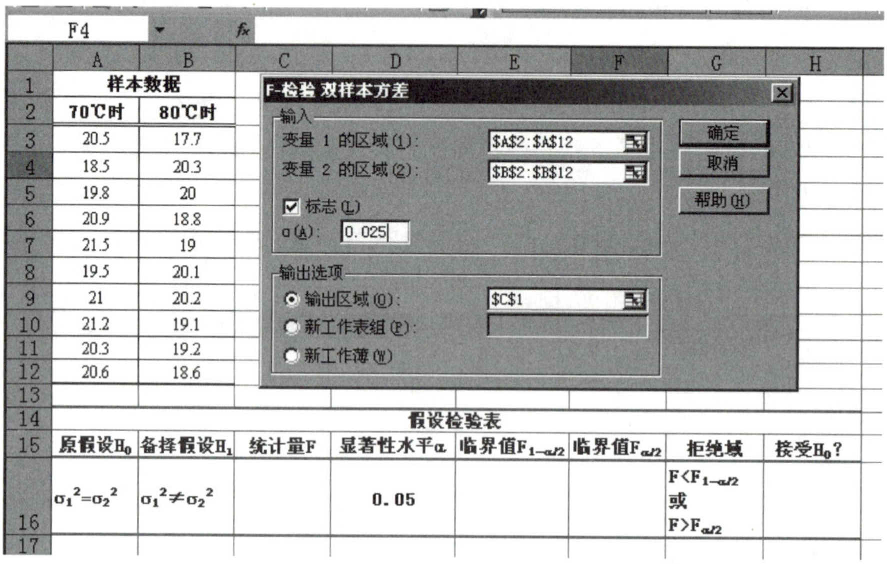

图7－8　确定“F－检验：双样本方差”对话框各选项（a＝0.025）

（5）单击“F－检验：双样本方差”对话框的“确定”按钮。

（6）重复以上（2）、（3）、（4）、（5）四步，在第（4）步中各选项的确定如图7－9所示。

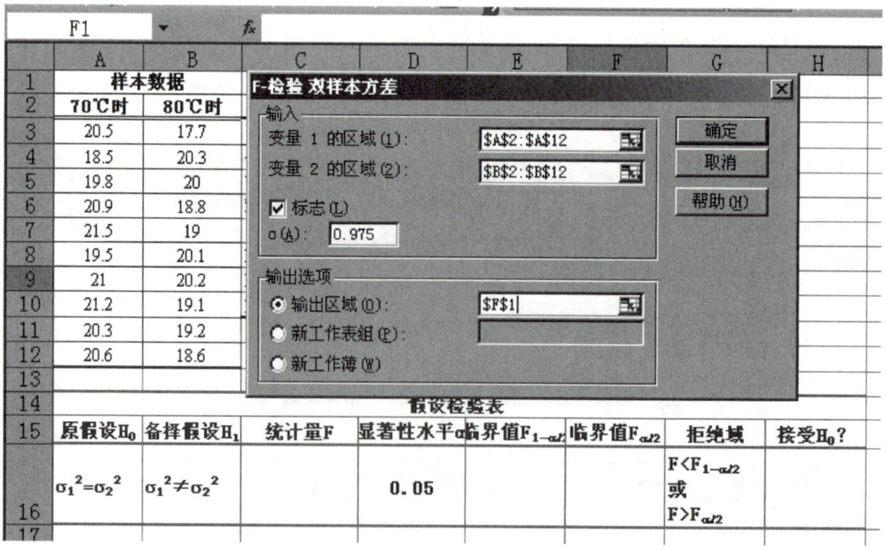

图7－9　确定“F－检验：双样本方差”对话框各选项（a＝0.975）

（7）将计算结果填入假设检验表中，得到结论，如图 7－10 所示。

H16 fx 接受

	A	B	C	D	E	F	G	H
1	样本数据		F-检验 双样本方差分析(α/2)			F-检验 双样本方差分析(1-α/2)		
2	70℃时	80℃时						
3	20.5	17.7		70℃时	80℃时		70℃时	80℃时
4	18.5	20.3	平均	20.38	19.30	平均	20.38	19.30
5	19.8	20	方差	0.81	0.71	方差	0.81	0.71
6	20.9	18.8	观测值	10.00	10.00	观测值	10.00	10.00
7	21.5	19	df	9.00	9.00	df	9.00	9.00
8	19.5	20.1	F	1.14		F	1.14	
9	21	20.2	P(F<=f) 单尾	0.42		P(F<=f) 单尾	0.42	
10	21.2	19.1	F 单尾临界	4.03		F 单尾临界	0.25	
11	20.3	19.2						
12	20.6	18.6						
13								
14					假设检验表			
15	原假设H_0	备择假设H_1	统计量F	显著性水平α	临界值$F_{1-\alpha/2}$	临界值$F_{\alpha/2}$	拒绝域	接受H_0?
16	$\sigma_1^2=\sigma_2^2$	$\sigma_1^2\neq\sigma_2^2$	1.14	0.05	0.25	4.03	$F<F_{1-\alpha/2}$ 或 $F>F_{\alpha/2}$	接受
17								

图 7－10 假设检验结果：接受原假设

知识延伸

什么是假设检验

假设检验（hypothesis testing）是指从对总体参数所做的一个假设开始，然后搜集样本数据，计算出样本统计量，进而运用这些数据测定假设的总体参数在多大程度上是可靠的，并做出承认还是拒绝该假设的判断。如果进行假设检验时总体的分布形式已知，需要对总体的未知参数进行假设检验，称其为参数假设检验；若对总体分布形式所知甚少，需要对未知分布函数的形式及其他特征进行假设检验，通常称之为非参数假设检验。此外，根据研究者感兴趣的备择假设的内容不同，假设检验还可分为单侧检验（单尾检验）和双侧检验（双尾检验），而单侧检验又分为左侧检验和右侧检验。

假设检验的基本思想是反证法思想和小概率事件原理。反证法的思想是首先提出假设（由于未经检验是否成立，所以称为零假设、原假设或无效假设），然后用适当的统计方法确定假设成立的可能性大小，如果可能性小，则认为假设不成立，拒绝它；如果可能性大，还不能认为它不成立。小概率事件原理，是指小概率事件在一次随机试验中几乎不可能发生，小概率事件发生的概率一般称之为“显著性水平”或“检验水平”，用 α 表示，而概率小于多少算小概率是相对的，在进行统计分析时要事先规定，通常取 $\alpha=0.01$、0.05、0.10 等。

（一）小样本的检验

在小样本（$n<30$）的情况下，检验时首先假定总体均值服从正态分布。检验统计量

的选择与总体方差是否已知有关。如果总体方差σ^2已知，样本均值经过标准化后仍服从标准正态分布，此时仍可用式（7－1）对总体均值进行检验。如果总体方差σ^2未知，样本均值经过标准化后服从自由度为（n－1）的 t 分布。因此需要采用 t 分布进行检验。检验的统计量用式（7－2）进行计算。

$$z=\frac{\bar{x}-\mu_0}{\sigma/\sqrt{n}} \tag{7-1}$$

$$t=\frac{\bar{x}-\mu_0}{s/\sqrt{n}} \tag{7-2}$$

（二）大样本的检验

在大样本情况下，样本均值的抽样分布服从正态分布，因此采用正态分布的检验统计量，当总体方差已知时，总体均值检验的统计量为：

$$z=\frac{\bar{x}-\mu_0}{\sigma/\sqrt{n}} \tag{7-3}$$

当总体方差未知时，可以用样本方差来代替，此时总体均值检验的统计量为：

$$z=\frac{\bar{x}-\mu_0}{s/\sqrt{n}} \tag{7-4}$$

思政元素

思政教育切入点：实践是检验真理的唯一标准。要求学生在进行抽样推断、总体参数估计和假设检验等方面的社会实践活动中，应具备科学严谨、求真务实、追求真理的职业品格。如对社会热点问题、热点现象，特别是网络上炒作的热点事件，我们不能人云亦云，跟风凑热闹，应具备洞察问题、辨别真相的能力，要能运用假设检验中反证法的思想和小概率事件的原理去分析、探究其发生的可能性和必然性，要去伪存真，做到不造谣，不作假，更不能编造虚假的数据来迷惑公众。

伽利略比萨斜塔实验的科学意义

自由落体实验古希腊思想家亚里士多德（公元前 384—322 年）曾经断言：物体从高空落下的快慢与相同物体的重量成正比，重者下落快，轻者下落慢。比如说，十磅重的物体落下要比一磅重的物体落下快十倍。1 800 多年来，人们都把这个错误论断当作真理而信守不疑。直到 16 世纪，伽利略（公元 1564—1642 年）才发现这一理论在逻辑上的矛盾。

伽利略在 1636 年的《关于两门新科学的对话》中写道：如果依照亚里士多德的理论，假设有两块石头，大的重量为 8，小的为 4，则大的下落速度为 8，小的下落速度为 4，当两块石头被绑在一起的时候，下落快的会因为慢的而被拖慢。所以整个体系的下落速度在 4—8 之间。但是，两块绑在一起的石头的整体重量为 12，下落速度也就应该大于 8，这两个互相矛盾的结论当然不能同时成立，可见亚里士多德的论断是不合逻辑的。伽利略在书中进而假定，物体下降速度与它的重量无关，自由落体运动的速度是匀速变化的。如果两个物体受到的空气阻力相同，或将空气阻力略去不计，那么，两个重量不同的物体将以同样的速度下落，同时到达地面。

为了证明这一观点，1589 年的一天，比萨大学青年数学讲师、年方 25 岁的伽利略，同他的辩论对手及许多人一道来到比萨斜塔。伽利略登上塔顶，将一个重 100 磅和一个重 1 磅的铁球同时抛下。在众目睽睽之下，两个铁球出人意料地几乎是平行地一齐落到地上。面对这个无情的实验，在场观看的人个个目瞪口呆，不知所措。这个被科学界誉为"比萨斜塔实验"的美谈佳话，用事实证明，轻重不同的物体，从同一高度坠落，加速度一样，它们将同时着地，从而推翻了亚里士多德的错误论断。这就是被伽利略所证明的，如今已为人们所认识的自由落体定律。

"比萨斜塔实验"作为自然科学的实例，为"实践是检验真理的唯一标准"提供了一个生动的例证。

资料来源：360 百科，网址：https：//baike. so. com/doc/512216 – 542258. html。

项目八

相关与回归分析

知识目标

相关关系的含义、种类及判断方法，一元线性回归模型的配合与预测。

能力目标

能正确理解相关关系的含义，熟练掌握相关系数的计算，并能正确判断相关关系的类型和程度，能够熟练掌握一元线性回归模型的配合与预测。

重要概念

相关系数　正相关　负相关　强相关　完全相关　回归系数　一元线性回归　回归误差

情境导入

广告的投入与产品销售之间的关系世人皆知，然而，在"广告投入越多，产品销售越好"的共性下，不同行业、不同产品的广告投入效率各有差异。王强从事啤酒销售工作，2014年，他收集了国内10个品牌的资料，见表8－1。

表8－1　　国内10个品牌啤酒的资料

广告费/万元	120.0	68.7	100.1	76.6	8.7	1.0	21.5	1.4	5.3	1.7
销售量/万箱	36.3	20.7	15.9	13.2	8.1	7.1	5.6	4.4	4.4	4.3

根据上述信息，王强能否判断广告费用与销售量之间具有相关关系？若有关系，关系程度如何？如果关系程度密切，可用怎样的表达式近似表达两者之间的量化关系？按此规律，广告费用每增加1万元，销售量有何变化？

通过该案例，理解本项目的学习目标，并思考该案例对我们有什么启示。

知识储备

任务一 相关关系的含义和种类

一、相关关系的含义

社会经济现象之间的数量关系可以分为两种类型：一种是函数关系；另一种是相关关系。

（一）函数关系

函数关系是指变量之间存在的一种完全确定的数量关系，即一个变量的数值完全由另一个变量的数值决定。例如，当某种商品的销售价格一定时，销售额的变化完全取决于销售量这一个因素，销售量每增加一个单位，销售额就增加一个固定的量，销售额和销售量之间的这种关系就是函数关系。又如，圆面积的大小只取决于圆半径的长度，圆面积和圆半径之间也是函数关系。

（二）相关关系

相关关系是指变量之间存在的一种不确定的数量依存关系，即一个变量的数值发生变化时，另一个变量的数值也相应地发生变化，但变化的数值不是确定的，而是在一定的范围内。例如，广告是很多企业提高销售量的重要手段，但广告投入不是销售量增加的唯一影响因素，产品的质量、价格、销售方式等都会对销售量产生影响。当研究广告投入与销售量的关系时，发现广告投入的增加一般会带来销售量的增加，但广告投入每增加一个固定的销售量并不是以确定的量增加，而是表现为一个随机变量，广告投入与销售量的这种关系就是相关关系。在现实社会经济生活中，现象之间这种相关关系是非常普遍的，一个变量的变化往往不止受到一个变量的影响，当考察该变量与其中一个影响变量之间的关系时，由于其他因素的存在，两者之间的量化关系就不是完全确定的，而是带有随机的成分。统计研究的就是这种因随机因素影响而不能唯一确定的变量关系。

二、相关关系的类型

现象之间的相关关系从不同的角度可分为不同的类别，如图8－1所示。

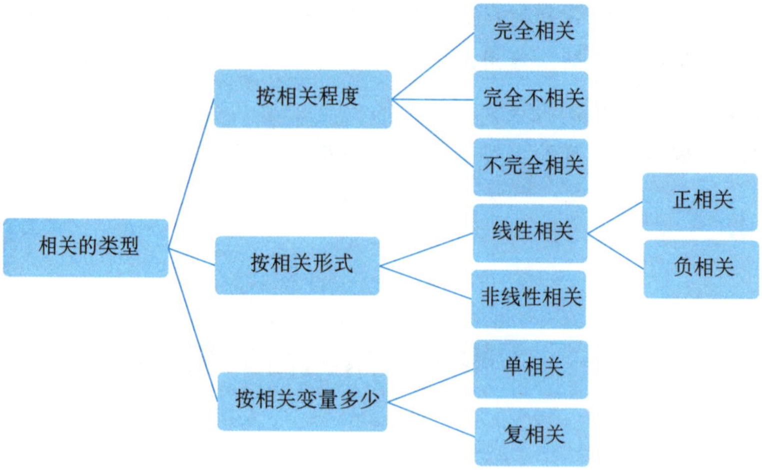

图 8－1　相关关系的类别

（一）按相关程度划分

按相关程度划分，相关关系分为完全相关、完全不相关和不完全相关。

1. 完全相关

完全相关是指一个变量的取值完全依赖于另一个变量，完全相关即函数关系，把相关变量的一系列对应值绘制成散点图，则散点落在一条直线上。

2. 完全不相关

完全不相关是指变量之间不存在线性相关关系，反映变量之间关系的散点很分散，无规律可循。

3. 不完全相关

不完全相关是介于完全相关和完全不相关之间程度不同的相关关系。

（二）按相关形式划分

按相关形态划分，相关关系分为线性相关和非线性相关。

1. 线性相关

线性相关是指具有相关关系的变量之间的变动近似地表现为一条直线。

2. 非线性相关

非线性相关是指相关变量之间的变动近似地表现为一条曲线。

（三）按相关的方向划分

按相关方向划分，相关关系分为正相关和负相关。

1. 正相关

正相关是指在线性相关中，若两个变量的变动方向相同，即一个变量的数值增加，另一个变量的数值也随之增加；或一个变量的数值减少，另一个变量的数值也随之减少。

2. 负相关

负相关是指在线性相关中，若两个变量的变动方向相反，即一个变量的数值增加，另一个变量的数值随之减少；或一个变量的数值减少，另一个变量的数值随之增加。

（四）按相关变量的多少划分

按涉及变量的多少划分，相关关系可以分为单相关和复相关。

1. 单相关

单相关是指两个变量之间的相关关系。

2. 复相关

复相关是指多个变量之间的相关关系。

单相关是基本的相关关系，是复相关的基础。故本书只研究单相关。

任务二 相关分析

一、相关分析的含义

对现象之间是否存在相关关系及相关程度的研究叫相关分析。

相关分析的主要内容包括两个方面：一是判断现象之间是否存在相关关系；二是判断现象之间相关关系的形态和相关程度。判断的方法主要有定性分析、相关表、相关图和相关系数法。

定性分析是指依靠分析者的理论知识、经验和分析判断能力来判断变量之间是否存在真实的相关关系。有时会存在这样的情况，对两列数据绘制一个散点图，散点图会显示出明显的线性或非线性形态；或者计算相关系数，相关系数的值很大，表明两者的相关程度很高，但实际上变量之间没有任何关系，这种关系属于伪相关，不是真正的相关。对伪相关变量进行相关分析和回归分析，将使分析变成毫无意义的数字游戏。定性分析可以在定量分析之前排除伪相关，避免对伪相关现象的进一步分析，避免轻率地得出因果关系的结论。

二、相关图表

通过相关表和相关图（散点图）可以直观地判断现象之间是否存在相关关系和某种相关形式。

（一）相关表

相关表是显示变量之间相关关系的统计表。研究变量之间在数量上的相互依存关系，首先需要取得相关变量成对的资料，并将两个变量的对应值平行排列，其中某一变量按其取值大小顺序排列，形成相关表。相关表是绘制相关图和计算相关系数的依据。

从表 8－2 可以看出，随着劳动生产率的提高，产值也相应增加，两者之间存在相关关系，并且为正相关。

表 8－2　某企业劳动生产率与产值的关系

劳动生产率/元/人	400	420	430	450	510
产值/万元	6	7.5	8	9.6	11

从表 8－3 可以看出，该公司随着产量规模的扩大，产品单位成本呈下降趋势，表现出规模效益，两者之间呈负相关关系。

表 8－3　某公司产量和成本的关系

按产量分组/万个	企业数	实际成本/（元/个）
3～4	3	82
4～5	4	78
5～6	4	76
6～7	3	73
7～8	2	70

（二）相关图（散点图）

相关图也称散点图，是由相关变量对应数值在坐标中绘出的散点形成的二维图。在坐标系中，若横轴代表变量 x，纵轴代表变量 y，每组数据（$x_i \cdot y_i$）形成坐标系中的一个点，n 组数据形成 n 个点，称为散点，n 个散点所呈现出来的形态为判断变量之间的关系提供了依据。散点图是描述变量之间关系的一种较为直观的方法，从中可以直观地看出变量之间的关系形态和关系的强弱程度，如图 8－2 所示。

三、相关系数

（一）含义

相关系数是说明两个变量之间在线性相关条件下相关关系密切程度的统计分析指标，用 r 表示。

（二）计算

下面只讨论一元线性相关条件下相关系数的计算。

$$r = \frac{\sum (x-\bar{x})(y-\bar{y})}{\sqrt{\sum (x-\bar{x})^2 \sum (y-\bar{y})^2}}$$

$$= \frac{\sum xy - \frac{1}{n}\sum x \sum y}{\sqrt{\sum x^2 - \frac{1}{n}(\sum x)^2}[\sum y^2 - \frac{1}{n}(\sum y)^2]}$$

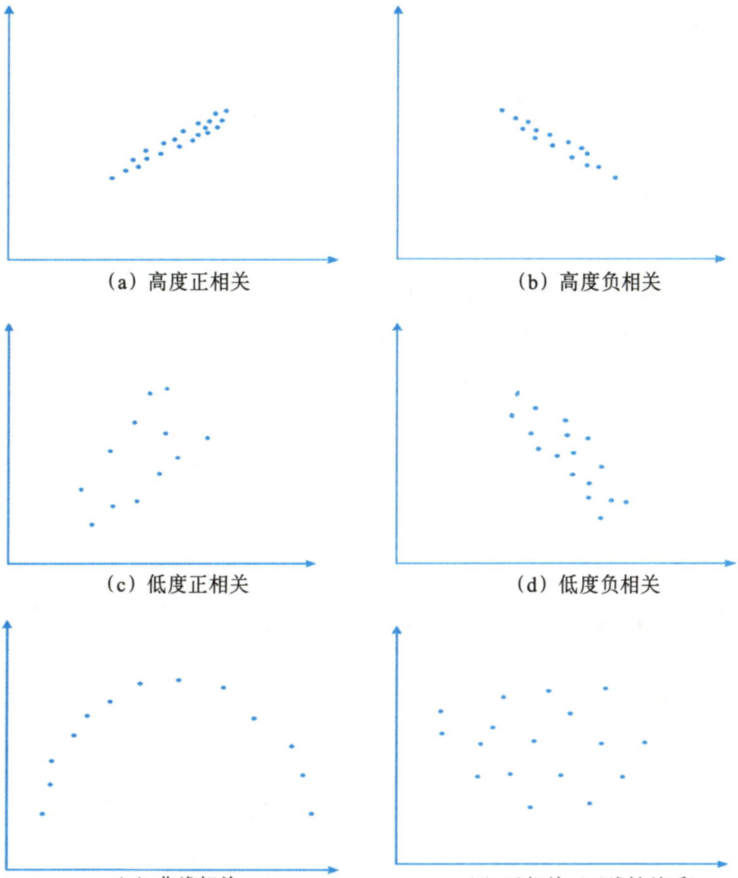

(a) 高度正相关 (b) 高度负相关 (c) 低度正相关 (d) 低度负相关 (e) 曲线相关 (f) 无相关(无线性关系)

图 8-2 一组不同类型的相关图

如果令:

$$L_{xx}=\sum(x-\bar{x})^2=\sum x^2-\frac{1}{n}\left(\sum x\right)^2=n\sigma_x^2$$

$$L_{yy}=\sum(y-\bar{y})^2=\sum y^2-\frac{1}{n}\left(\sum y\right)^2=n\sigma_y^2$$

$$L_{xy}=\sum(x-\bar{x})(y-\bar{y})=\sum xy-\frac{1}{n}\sum x\sum y=n\sigma_{xy}^2$$

则:
$$r=\frac{L_{xy}}{\sqrt{L_{xx}L_{yy}}}=\frac{\sigma_{xy}^2}{\sigma_x\sigma_y}\text{(积差法)。}$$

其中,σ^2_{xy} 为 xy 的协方差,σ_x 为变量 x 的标准差,σ_y 为变量 y 的标准差,n 为变量 x 和 y 的个数,x 为变量 x 的实际观察值,y 为变量 y 的实际观察值。

(三) 相关关系密切程度的判断

相关系数的取值范围是 $0\leqslant|r|\leqslant1$。

当 $r>0$ 时,x 与 y 正相关。

当 $r<0$ 时，x 与 y 负相关。

当 $r=0$ 时，x 与 y 之间不存在线性相关关系。

当 $|r|=1$ 时，x 与 y 完全相关，其中，$r=1$ 表示 x 与 y 完全正线性相关，$r=-1$ 表示 x 与 y 完全负线性相关。

在判断变量之间的相关程度时，可参照如下标准：

当 $0<|r|<0.3$ 时，x 与 y 弱线性相关。

当 $0.3\leqslant|r|<0.5$ 时，x 与 y 低度线性相关。

当 $0.5\leqslant|r|<0.8$ 时，x 与 y 显著线性相关。

当 $0.8\leqslant|r|<1$ 时，x 与 y 高度线性相关。

例如，一家电器销售公司的管理人员收集了公司 12 个月的月销售收入与电视广告费用数据（见表 8－4），想了解销售收入与电视广告费用之间是否存在一定的关系，且相关程度有多大。

表 8－4　相关系数计算表　　单位：万元

月份	月销售收入 y	电视广告费用 x	xy	x^2	y^2
1	650	35	22 750	1 225	422 500
2	591	30	17 730	900	349 281
3	570	28	15 960	784	324 900
4	540	18	9 720	324	291 600
5	570	21	11 970	441	324 900
6	564	24	13 536	576	318 096
7	520	17	8 840	289	270 400
8	565	21	11 865	441	319 225
9	595	32	19 040	1 024	354 025
10	610	30	18 300	900	372 100
11	560	25	14 000	625	313 600
12	570	25	14 250	625	324 900
合计	6 905	306	177 961	8 154	3 985 527

根据表 8－4 中的数据，利用相关系数公式计算得：

$$L_{xx}=\sum x^2-\frac{1}{n}\left(\sum x\right)^2=351$$

$$L_{yy}=\sum y^2-\frac{1}{n}\left(\sum y\right)^2=12\ 274.92$$

$$L_{xy}=\sum xy-\frac{1}{n}\sum x\sum y=1\ 883.5$$

$$r=\frac{L_{xy}}{\sqrt{L_{xx}L_{yy}}}=0.907\ 4$$

这 12 个月的销售收入与电视广告费用的相关系数为 0.907 4，说明销售收入与电视广告费用之间存在数量上的依存关系，表现为高度的正相关关系，即电视广告投入的增加带来了销售收入的增长。

实际中，计算相关系数的样本数据应尽可能多。如果观察数据太少，有时就不能准确地反映变量之间的相关关系。另外，相关系数中的两个变量是对等关系，没有自变量和因变量之分（回归分析中要先确定好自变量和因变量的关系）。

任务三 回归分析

一、 回归分析的含义

相关分析与回归分析从不同的角度描述变量之间的关系。相关分析主要是测定变量之间是否具有相关关系以及相关关系的强弱程度。相关关系是回归分析的前提，回归分析是相关分析的深入。回归分析是对具有密切关系的两个变量，根据其相关形式，选择一个合适的数学关系式来近似地表现变量之间平均变化程度的一种统计分析方法。它将具有相关关系的现象之间的不确定的数量关系通过函数表达式表现出来，用以说明现象之间的一般数量关系。

回归分析的主要内容包括两个方面：一是根据样本观测值建立回归模型；二是进行回归预测与控制。所谓“预测”，就是通过控制自变量 x 的取值相应地得到因变量 y 的值；所谓“控制”，正好相反，是通过限制因变量 y 的取值得到自变量 x 的值。利用回归方程进行预测和控制是回归分析的最终目的。

二、 一元线性回归方程

根据两个相关变量配合的线性回归方程称为一元线性回归方程，也称简单线性回归方程。其中，一个称为因变量，是被解释的变量，一般用 y 表示；另一个称为自变量，是用来解释因变量的，用 x 表示。一元线性回归方程的表达式为：

$$\hat{y} = a + bx$$

式中，x 为自变量的实际观察值；$\hat{y}$ 为因变量的估计值；a 为回归常数，是回归直线在 y 轴上的截距；b 为回归系数，是回归直线的斜率。

（一） a 与 b 的计算方法

参数 a 和 b 的估计通常采用最小二乘法。最小二乘法，或称最小平方法，是通过使因变量的所有实际观察值 y 与估计值 $\hat{y}$ 的离差平方和达到最小来估计 a 和 b 的方法。

图 8 - 3 表达了最小二乘法的思想。其意义是，用最小二乘法估计的直线能比其他直

线更好地拟合实际观察结果。换句话说，散点图中的点与该拟合直线距离的平方和小于散点图中的点与其他拟合直线之间距离的平方和。

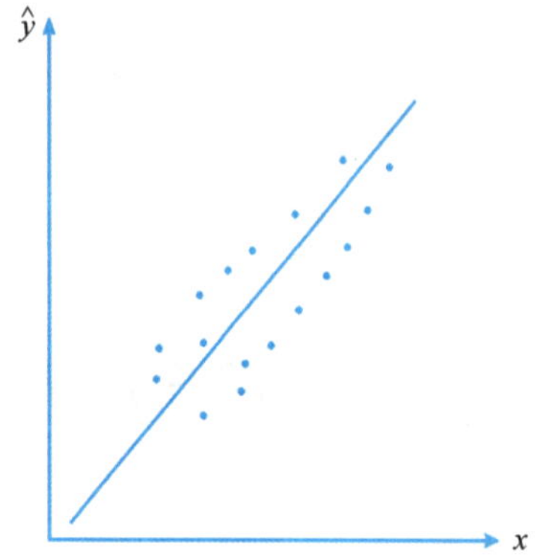

图 8－3　最小二乘法的思想

最小二乘法的理论根据是：$\sum (y-\hat{y})^2 = \sum (y-a-bx)^2$ =最小值。

由微分极值原理可知，要使离差平方和 Q 达到最小，必要条件是这个离差平方和 Q 对 a 和 b 的一阶偏导数等于0。求 a 和 b 的一阶偏导数可得方程组：

$$\begin{cases} \dfrac{\partial Q}{\partial a} = -2\sum (y-a-bx) = 0 \\ \dfrac{\partial Q}{\partial b} = -2\sum (y-a-bx) = 0 \end{cases}$$

即：

$$\begin{cases} \sum y - na - b\sum x = 0 \\ \sum xy - a\sum x - b\sum x^2 = 0 \end{cases}$$

求解联立方程，即可得到参数 a 和 b 的计算公式：

$$\begin{cases} b = \dfrac{\sum xy - \dfrac{1}{n}\sum x\sum y}{\sum x^2 - \dfrac{1}{n}(\sum x)^2} \\ a = \dfrac{\sum y}{n} - b\dfrac{\sum x}{n} \end{cases}$$

因为：

$$\begin{cases} \sum x^2 - \dfrac{1}{n}(\sum x)^2 = L_{xx} \\ \sum xy - \dfrac{1}{n}\sum x\sum y = L_{xy} \end{cases}$$

所以：

$$\begin{cases} b = \dfrac{L_{xy}}{L_{xx}} \\ a = \bar{y} - b\bar{x} \end{cases}$$

（二） 回归系数 *b* 的意义

b 表示 x 每变动一个单位时 y 的平均变动值。

当 $b=0$ 时，x 与 y 不存在线性相关关系。

当 b 为正值时，x 与 y 正相关。

当 b 为负值时，x 与 y 负相关。

例如，以任务二中的“相关系数计算表”为例，建立两者的回归方程。

前面的计算表明，电视广告费用与月销售收入的相关系数是 0.907 4，说明两者存在高度的相关关系，由此建立月销售收入对电视广告费用的估计方程，可以进一步探索两者之间的数量依存关系。

设回归方程为： $\hat{y} = a + bx$

由前面的计算得到：

$$\sum x = 306, \sum y = 6\ 905, \sum x^2 = 8\ 154$$

$$\sum y^2 = 3\ 958\ 527, \sum xy = 177\ 961, n = 12$$

$$L_{xx} = \sum x^2 - \frac{1}{n}(\sum x)^2 = 351$$

$$L_{xy} = \sum xy - \frac{1}{n}\sum x \sum y = 1\ 883.5$$

$$\begin{cases} b = \dfrac{L_{xy}}{L_{xx}} = 5.366\ 1 \\ a = \bar{y} - b\bar{x} = 438.581\ 2 \end{cases}$$

则回归方程为： $\hat{y} = 438.581\ 2 + 5.366\ 1x$

回归系数 $b=5.366\ 1$，表示电视广告费用每投入 1 万元，销售收入平均增加 5.366 1 万元。在回归分析中，通常对截距 a 不作实际意义的解释。如果从技术上来解释，a 是自变量为 0 时因变量的估计值。

三、 回归误差

回归误差是反映实际观测值 y 与估计值 $\hat{y}$ 之间偏离程度的测量指标，是用来说明直线回归方程代表性大小的一种统计分析指标，它反映回归方程估计结果的准确度，也称估计标准误差。估计标准差越大，回归方程的代表性越小；估计标准差越小，回归方程的代表性越大。

其计算公式为：

$$S_y=\sqrt{\frac{\sum(y-\hat{y})^2}{n-2}}=\sigma_y\sqrt{1-r^2}\quad\text{（离差法）}$$

$$S_y=\sqrt{\frac{\sum y^2-a\sum y-b\sum xy}{n-2}}=\sqrt{\frac{L_{yy}-bL_{xy}}{n-2}}\quad\text{（参数法）}$$

用最小二乘法拟合回归直线，只是确保比用其他方法拟合回归直线所造成的总误差小，并没有消除估计值与实际值之间的误差，估计标准误差正是从这一角度来说明回归直线的拟合优度的。回归直线与各观测点的接近程度称为回归直线对数据的拟合优度。各观测点越靠近直线，说明直线对数据的拟合度越好；反之，则越差。反映拟合优度的指标主要有判定系数 r^2（相关系数 r 的平方）和估计标准误差 S_y。S_y 越大，说明实际观测值 y 与估计值 $\hat{y}$ 之间的偏离程度越大，回归效果就越差，相应地，r^2 越小；反之，S_y 越小，则 r^2 越大，回归直线的拟合程度越好。另外，在用回归方程进行预测时，S_y 越小，预测的精确度越高；反之，预测的精确度就越低。

例如，以任务二中的“相关系数计算表”为例，计算判定系数和估计标准误差，说明回归方程的拟合程度。

已知 $\hat{y}=438.5812+5.3661x$，计算判定系数和估计标准误差。

判定系数为：$r^2=0.9074^2=0.8234$ （相关系数 $r=0.9074$）

或$r^2=\frac{\sum(\hat{y}-\bar{y})^2}{\sum(y-\bar{y})^2}=0.8234$（计算见表 8－5）

估计标准误差为：

由前面的计算得到

$$L_{yy}=12\,274.92,\ L_{xy}=1\,883.5,\ b=5.3661,\ n=12$$

则：

$$S_y=\sqrt{\frac{L_{yy}-bL_{xy}}{n-3}}=14.72\text{（万元）}$$

或：

$$S_y=\sqrt{\frac{\sum(y-\hat{y})^2}{n-2}}=\sqrt{\frac{2\,168}{12-2}}=14.72\text{（万元）（计算见表 8－5）}$$

上述判定系数 0.823 4 的意义是，在月销售收入取值的总变差中，有 82.34% 可由月销售收入与电视广告费用之间的线性关系来解释；或者说，在月销售收入的变动中，有 82.34% 是由电视广告费用所决定的。这说明月销售收入与电视广告费用之间有较强的线性关系。

估计标准误差 14.72 万元的意义是，根据电视广告费用来估计月销售收入时，平均的估计误差是 14.72 万元。

表 8-5 判定系数和估计标准误差计算表

月份	月销售收入 (y) /万元	电视广告费用 (x) /万元	$\hat{y}$	$(\hat{y}-\bar{y})^2$	$(y-\bar{y})^2$	$(y-\hat{y})^2$
1	650	35	626	2 641	5 625	557
2	591	30	600	603	256	73
3	570	28	589	191	25	355
4	540	18	535	1 586	1 225	23
5	570	21	551	563	25	351
6	564	24	567	58	121	11
7	520	17	530	2 043	3 025	96
8	565	21	551	563	100	189
9	595	32	610	1 246	400	234
10	610	30	600	603	1 225	109
11	560	25	573	5	225	162
12	570	25	573	5	25	7
合计	6 905	306	6 905	10 109	12 277	2 168

注：① $\bar{y}=\frac{\sum y}{n}=\frac{6\ 905}{12}=575.416\ 666\ 7\approx 575$（万元）；

②表中的计算是通过 Excel 完成的，包含了小数的运算。但表中列出的是整数，故用整数计算的结果与 Excel 计算的结果不一致。

四、一元线性回归预测

对因变量进行预测是线性回归的重要应用之一。如果一元线性回归方程所反映的线性关系存在，就可以利用回归方程对因变量 y 随自变量的变化做出估计。例如，根据上述电视广告与月销售收入的回归方程可以进行预测：如果广告投入（x）增长 2%，销售收入（y）将增长百分之几？另外，利用回归方程还可以对已知结果进行合理性检查。例如，将某一个实际销售收入代入电视广告与月销售收入的回归方程中，可得到一个电视广告投入的理论值，将实际投入与理论值对比考察广告实际投入的合理性。预测方法分为点估计和区间估计两种。

（一）点估计

点估计是利用估计的回归方程，给 x 一个特定值 x_0，求出 y 的一个估计值 $\hat{y}_0$。

例如，根据“任务三”中所建立的回归方程，$\hat{y}=438.581\ 2+5.366\ 1x$，当广告费用为 40 万元时，预测月销售额为多少？

将 $x_0=40$ 代入方程，得销售额为：

$$\hat{y}_0=438.581\ 2+5.366\ 1\times 40=653.23\ （万元）$$

（二）区间估计

区间估计是利用估计的回归方程，给 x 一个特定值 x_0，求出 y 的一个估计值区间。区间估计有两种类型：一是置信区间估计，即对 x 的给定值 x_0，求 y 的均值的估计区间；二是预测区间估计，即对 x 的给定值 x_0，求 y 的一个个别值的估计区间。估计区间的计算公式为：

置信区间：

$$\hat{y}_0 \pm t_{\alpha/2} \cdot S_y \cdot \sqrt{\frac{1}{n} + \frac{(x_0 - \bar{x})^2}{\sum (x - \bar{x})^2}}$$

预测区间：

$$\hat{y}_0 \pm t_{\alpha/2} \cdot S_y \cdot \sqrt{1 + \frac{1}{n} + \frac{(x_0 - \bar{x})^2}{\sum (x - \bar{x})^2}}$$

式中，x_0 为 x 的给定值；$\hat{y}_0$ 为将 x_0 代入回归方程得出的 y 的估计值；n 为变量 x 和 y 实际观察值的个数；$\bar{x}$ 为观察值 x 的平均数；S_y 为 y 的估计标准误差；$t_{\alpha/2}(n-2)$ 为置信水平为 $1-\alpha$、自由度为 $n-2$ 的 t 分布的临界值。

例如，根据“任务三”中所建立的回归方程，估计广告费用为 40 万元时月销售收入的置信区间、广告费用为 30 万元时其销售收入的预测区间，设置信水平为 95%。

由前面的计算知道 $n=12$，$S_y=14.72$，$\bar{x}=25.5$，$\hat{y}_0=653.23$，又 $x_0=40$，通过列表得出 $\sum (x-\bar{x})^2=351$。$1-\alpha=95\%$，查表得 $t_{\alpha/2}(n-2)=t_{0.025}(12-2)=2.228\ 1$。

根据上述计算，月销售额的置信区间为

$$653.23 \pm 2.228\ 1 \times 14.72 \times \sqrt{\frac{1}{12} + \frac{(40-25.5)^2}{351}} = 653.23 \pm 27.09$$

即当广告费用为 40 万元时，月销售额的置信区间为（626.14，680.32）万元。

当广告费用为 30 万元时，月销售收入的点估计值为：

$$\hat{y}_0 = 438.581\ 2 + 5.366\ 1 \times 30 = 599.56\ (\text{万元})$$

根据上述计算，月销售收入的预测区间为：

$$599.56 \pm 2.228\ 1 \times 14.72 \times \sqrt{1 + \frac{1}{12} + \frac{(40-25.5)^2}{351}} = 599.56 \pm 42.54$$

即广告费用为 30 万元的月份，月销售收入的预测区间为（557.02，642.1）万元。

需要说明的是，第一，回归关系是不能随意外延的。在利用回归方程进行预测时，不能用样本数据之外的 x 值预测相对应的 y 值。因为一个线性关系对一定范围内的观测值来说可能是真实的或相当好的一个近似值，但对此范围之外的观测值来说就可能不对了。第二，预测应考虑未纳入方程中的其他因素。能纳入方程中的因素都是可以量化的，而那些不能量化、不能纳入方程的因素有时会对因变量产生重大影响。因此，应慎重使用回归方程的预测结果。

学习小结

- 相关分析
  - 相关关系的含义
  - 相关关系的种类
  - 相关关系的判断方法
- 一元线性回归分析
  - 回归分析的含义
  - 一元线性回归方程的配合
  - 一元线性回归预测

巩固练习

一、 填空题

1. 相关关系依影响因素的多少分为______和______；依相关方向不同分为______和______；依相关的表现形式不同分为__________和__________。

2. 在判定现象相关关系的密切程度时，主要用______进行一般性判断，用______进行数量上的说明。

3. 两个变量之间的相关关系称为__________；在具有相关关系的两个变量中，当一个变量的数值由小变大，而另一个变量的数值却由大变小时，这两个变量之间的关系称为__________。

4. 进行________分析时，首先要确定哪个是自变量，哪个是因变量，在这一点上与______分析不同。

5. 用来说明回归方程代表性大小的统计分析指标是________。

6. 相关系数的取值范围是__________。

7. 完全相关即________关系，其相关系数为____________。

8. 直线相关系数等于零，说明两变量之间________；直线相关系数等于1，说明两变量之间________；直线相关系数等于 -1，说明两变量之间__________。

9. 对现象之间变量的研究，统计是从两个方面进行的，一方面是研究变量之间关系的________，这种研究称为相关关系；另一方面是研究关于自变量和因变量之间的变动关系，用数学方程式表达，称为__________。

10. 回归方程 $y = a + bx$ 中的参数 a 是________，b 是________。在统计中估计待定参数的常用方法是____________。

二、 单项选择题

1. 相关分析研究的是（　　）。

A. 变量间的相互依存关系　　B. 变量间的因果关系

C. 变量间严格的一一对应关系　　D. 变量间的线性关系

2. 下列情况中属于正相关的是（　　）

A. 随一个变量增加，另一个变量减少　　B. 随一个变量减少，另一个变量增加

C. 随一个变量增加，另一个变量相应增加　　D. 随一个变量增加，另一个变量不变

3. 相关系数的取值范围是（　　）。

A. $-1<r<1$　　B. $0<r<1$

C. $-l\leq r\leq 1$　　D. $r>1$

4. 相关系数等于 0 表明两个变量之间（　　）。

A. 是严格的函数关系　　B. 不存在相关关系

C. 不存在线性相关关系　　D. 存在曲线相关关系

5. 相关分析对资料的要求是（　　）。

A. 两个变量均为随机的　　B. 两个变量均不是随机的

C. 自变量是随机的，因变量不是随机的　　D. 自变量不是随机的，因变量是随机的

6. 估计标准误差反映（　　）。

A. 平均数代表性的指标　　B. 现象之间相关关系的指标

C. 回归直线代表性的指标　　D. 平均误差程度的指标

7. 在计算相关系数之前，必须对两个现象进行（　　）。

A. 定性分析　　B. 定量分析

C. 回归分析　　D. 可比分析

8. 现象之间相互依存关系的程度越低，则相关系数（　　）。

A. 越小于 0　　B. 越接近于 -1

C. 超接近于 1　　D. 越接近于 0

9. 现象之间相互关系的类型是（　　）。

A. 函数关系和因果关系　　B. 相关关系和函数关系

C. 相关关系和因果关系　　D. 相关关系和回归关系

10. 产品产量与单件成本的相关系数是 -0.88，单位成本与利润率的相关系数是 -0.94，产量与利润率之间的相关系数是 0.81，因此（　　）。

A. 产量与利润率的相关程度最高　　B. 单位成本与利润率的相关程度最高

C. 产量与单位成本的相关程度最高　　D. 反映不出哪对变量的相关程度高

11. 年劳动生产率 z（千元）和工人工资 y（元）之间的回归方程为 $z=10+70y$，意

味着劳动生产率每提高1千元时，工人工资平均（　　）。

A. 增加80元　　B. 增加70元

C. 减少70元　　D. 减少80元

12. 计算估计标准误差的依据是（　　）。

A. 因变量的随机数值　　B. 因变量的总误差

C. 因变量的回归误差　　D. 因变量的剩余误差

13. 下列函数关系是（　　）。

A. 销售人员测验成绩与销售额大小的关系　　B. 圆周的长度决定于它的半径

C. 家庭的收入和消费的关系　　D. 数学成绩与统计学成绩的关系

14. 若要证明两变量之间的线性相关程度高的，则计算出的相关系数应接近于（　　）。

A. +1　　B. 0

C. 0.5　　D. -0.1

15. 回归系数和相关系数的符号是一致的，其符号均可用来判断现象（　　）。

A. 线性相关还是非线性相关　　B. 正相关还是负相关

C. 完全相关还是不完全相关　　D. 单相关还是复相关

16. 当相关系数r=0时，表明（　　）。

A. 现象之间完全无关　　B. 相关程度较小

C. 现象之间完全相关　　D. 无直线相关关系

17. 下列关系中，属于正相关关系的是（　　）。

A. 合理限度内，施肥量和平均单产量之间的关系

B. 产品产量与单位产品成本之间的关系

C. 商品的流通费用与销售利润之间的关系

D. 流通费用率与商品销售量之间的关系

18. 相关分析是研究（　　）。

A. 变量之间的数量关系　　B. 变量之间的变动关系

C. 变量之间的相互关系的密切程度　　D. 变量之间的因果关系

19. 在回归直线 $y_c = a + bx$，$b < 0$，则 x 与 y 之间的相关系数（　　）。

A. $r = 0$　　B. $r = 1$

C. $0 < r < 1$　　D. $-1 < r < 0$

20. 在回归直线 $y_c = a + bx$ 中，b 表示（　　）。

A. 当 x 增加一个单位，y 增加 a 的数量

B. 当 y 增加一个单位时，x 增加 b 的数量

C. 当 x 增加一个单位时，y 的平均增加量

D. 当 y 增加一个单位时，x 的平均增加量

三、多项选择题

1. 现象之间相互联系的类型有（　　）。

A. 函数关系　　B. 相关关系

C. 回归关系　　D. 随机关系

E. 结构关系

2. 判断现象之间有无相关关系的方法有（　　）。

A. 对客观现象作定性分析　　B. 对客观现象作回归分析

C. 编制相关表　　D. 绘制相关图

E. 计算估计标准误差

3. 下列现象中，属于负相关关系的有（　　）。

A. 商品流转的规模越大，流通费用率则越低

B. 播种面积增加，施肥量增加适当，总产量随之增加

C. 产量增加，产品成本随之降低

D. 煤层厚度增加，工人劳动生产率随之增加

4. 相关分析中的正相关是指（　　）。

A. 随一个变量增加，另一个变量相应增加

B. 随一个变量增加，另一个变量反而减少

C. 随一个变量减少，另一个变量相应减少

D. 随一个变量减少，另一个变量反而增加

E. 随一个变量变动，另一个变量保持不变

5. 依据相关散点图可判定现象之间有（　　）。

A. 正负相关　　B. 完全相关

C. 线性相关　　D. 曲线相关

E. 零相关

6. 两个变量相关关系的种类有（　　）。

A. 单相关　　B. 复相关

C. 直线相关　　D. 曲线相关

E. 正负相关

7. 下列属于相关关系的有（　　）。

A. 农作物产量与施肥量之间　　B. 家庭收入与生活费用支出之间

C. 圆面积与圆的半径之间　　D. 人的身高和体重之间

E. 劳动生产率与机械化程度之间

8. 相关系数 r（　　）。

A. 适合于计算各种现象之间的相关关系
B. 能准确反映现象之间相关程度的大小
C. 与估计标准误差成反比
D. 其正负完全取决于协方差
E. r 越大，说明相关程度越高

9. 直线相关分析的特点有（　　）。
A. 两个变量是对等关系
B. 两个变量都是随机变量
C. 只能算出一个相关系数
D. 相关系数可正可负
E. r 介于 0 - 1 之间

10. 回归直线方程中的两个变量 x 和 y（　　）。
A. 一个是自变量，一个是因变量
B. 一个是给定的变量，另一个是随机变量
C. 两个都是给定的变量
D. 两个都是随机变量
E. 要根据研究目的来确定哪个是自变量，哪个是因变量

11. 对于一元线性回归分析来说（　　）。
A. 两变量之间必须明确哪个是自变量，哪个是因变量
B. 回归方程是据以利用自变量的给定值来估计和预测因变量的平均可能值的方程
C. 可能存在着 y 依 x 和 x 依 y 的两个回归方程
D. 回归系数只有正值

12. 可用来判断现象相关方向的指标有（　　）
A. 相关系数
B. 回归系数
C. 回归方程参数 a
D. 估计标准误
E. x、y 的平均数

13. 单位成本（元）依产量（千件）变化的回归方程为 $y_c = 78 - 2x$，这表示（　　）。
A. 产量为 1 000 件时，单位成本 76 元
B. 产量为 1 000 件时，单位成本 78 元
C. 产量每增加 1 000 件时，单位成本下降 2 元
D. 产量每增加 1 000 件时，单位成本下降 78 元
E. 当单位成本为 72 元时，产量为 3 000 件

14. 估计标准误的作用是表明（　　）。
A. 回归方程的代表性
B. 样本的变异程度
C. 估计值与实际值的平均误差
D. 样本指标的代表性
E. 总体的变异程度

15. 在直线相关和回归分析中（　　）。
A. 据同一资料，相关系数只能计算一个
B. 据同一资料，相关系数可以计算两个
C. 据同一资料，回归方程只能配合一个

D. 据同一资料，回归方程随自变量与因变量的确定不同，可能配合两个

E. 回归方程和相关系数均与自变量和因变量的确定无关

16. 从变量之间相互关系的表现形式看，相关关系可分为（　　）。

A. 正相关　　B. 负相关

C. 直线相关　　D. 曲线相关

E. 不相关和完全相关

17. 确定直线回归方程必须满足的条件是（　　）。

A. 现象间确实存在数量上的相互依存关系　　B. 相关系数 r 必须等于 1

C. y 与 x 必须同方向变化　　D. 现象间存在着较密切的直线相关关系

E. 相关系数 r 必须大于 0

18. 当两个现象完全相关时，下列统计指标的值可能为（　　）。

A. $r=1$　　B. $r=0$

C. $r=-1$　　D. $S_{yx}=0$

E. $S_y=1$

19. 配合直线回归方程是为了（　　）。

A. 确定两个变量之间的变动关系　　B. 用因变量推算自变量

C. 用自变量推算因变量　　D. 两个变量相互推算

E. 确定两个变量间的相关程度

20. 相关系数与回归系数（　　）。

A. 回归系数大于零则相关系数大于零　　B. 回归系数小于零则相关系数小于零

C. 回归系数大于零则相关系数小于零　　D. 回归系数小于零则相关系数大于零

E. 回归系数等于零则相关系数等于零

四、判断题

1. 所有现象之间的相互联系，都是通过数量关系反映出来的。（　　）

2. 函数关系是一种广义的相关关系。（　　）

3. 两个相关变量，一变量随另一变量增加而增加是正相关；一变量随另一变量减少而减少是负相关。（　　）

4. 相关关系和函数关系都属于完全确定性的依存关系。（　　）

5. 相关系数 r 等于 0，说明两变量之间不存在相关关系。（　　）

6. 两个变量之间的相关关系表现为线性关系；三个或三个以上变量之间的相关关系表现为曲线相关。（　　）

7. 完全相关说明相关系数等于 1。（　　）

8. 现象之间相关程度的高低，取决于相关系数 r 的大小。（　　）

9. 利用最小平方法配合的直线回归方程要求：实际测定的所有相关点到直线上的距离的平方和为零。 （ ）

10. 在相关关系中，如果两个变量只存在依存关系而没有明显的因果关系，这时要根据研究目的确定自变量和因变量。 （ ）

11. 相关系数与回归系数的正负方向是一致的。 （ ）

12. 相关系数越大，估计标准误差越小，即两者成反比关系。 （ ）

13. 判定系数和相关系数都可以反映现象相关程度的高低。 （ ）

14. 假定变量 x 与 y 的相关系数是0.8，变量 m 与 n 的相关系数为 -0.9，则 x 与 y 的相关密切程度高。 （ ）

15. 当直线相关系数 $r=0$ 时，说明变量之间不存在任何相关关系。 （ ）

16. 相关系数 r 有正负、有大小，因而它反映的是两现象间具体的数量变动关系。（ ）

17. 在直线回归分析中，两个变量是对等的，不需要区分因变量和自变量。 （ ）

18. 进行相关与回归分析应注意对相关系数和回归直线方程的有效性进行检验。（ ）

19. 正相关指的就是两个变量之间的变动方向都是上升的。 （ ）

20. 相关的两个变量，只能算出一个相关系数。 （ ）

五、 应用能力题（计算结果保留两位小数）

1. 有10个同类企业的生产性固定资产年平均价值和工业总产值资料如下表：

企业编号	生产性固定资产价值（万元）	工业总产值（万元）
1	318	524
2	910	1 019
3	200	638
4	409	815
5	415	913
6	502	928
7	314	605
8	1 210	1 516
9	1 022	1 219
10	1 225	1 624
合计	6 525	9 801

要求：（1）说明两个变量之间的相关方向；

（2）建立直线回归方程；

（3）计算估计标准误差；

（4）估计生产性固定资产为1 100万元时总产值的可能值。

2. 5 位同学统计学的学习时间与成绩分数如下表：

每周学习时数	学习成绩
4	40
6	60
7	50
10	70
13	90

要求：(1) 由此计算出学习时数与学习成绩之间的相关系数；

(2) 建立直线回归方程；

(3) 计算估计标准误差。

课堂实训

Excel 在相关与回归分析中的应用

（一）问题与数据

粗苯甲酸的生成含量 y 与甲苯氧化工艺中的氧化塔通风时间 x_1、氧化反应速度 x_2 及氧气消耗量 x_3 有关。为此收集的实验数据如下表所示。(各有适当单位)：

y	x_1	x_2	x_3
6.29	1	2.64	22.39
10.35	2	3.56	30.19
14.51	3	4.16	35.16
21.36	4	6.85	57.89
28.63	5	7.27	61.44
35.06	6	6.43	54.36
42.07	7	7.01	59.25
49.75	8	7.68	64.91
57.85	9	80.08	68.33
65.91	10	8.09	68.33

试分析 y 与（x_1，x_2，x_3）之间的关系。

（二）实验内容及其操作步骤分如下六部分讨论

1. 回归方程的初步建立：操作步骤

(1) 在表中输入试验数据（重复输入 x_1 为以后计算所需），如图 8－4 所示。

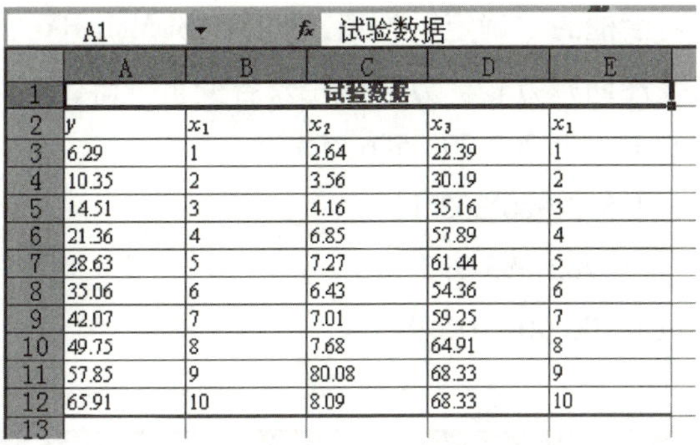

	A	B	C	D	E
1	试验数据				
2	y	x_1	x_2	x_3	x_1
3	6.29	1	2.64	22.39	1
4	10.35	2	3.56	30.19	2
5	14.51	3	4.16	35.16	3
6	21.36	4	6.85	57.89	4
7	28.63	5	7.27	61.44	5
8	35.06	6	6.43	54.36	6
9	42.07	7	7.01	59.25	7
10	49.75	8	7.68	64.91	8
11	57.85	9	80.08	68.33	9
12	65.91	10	8.09	68.33	10
13					

图 8－4 输入试验数据

（2）从“工具”菜单中选择“数据分析”项；在弹出的“数据分析”对话框的“分析工具”列表中选择“回归”工具，如图 8－5 所示。

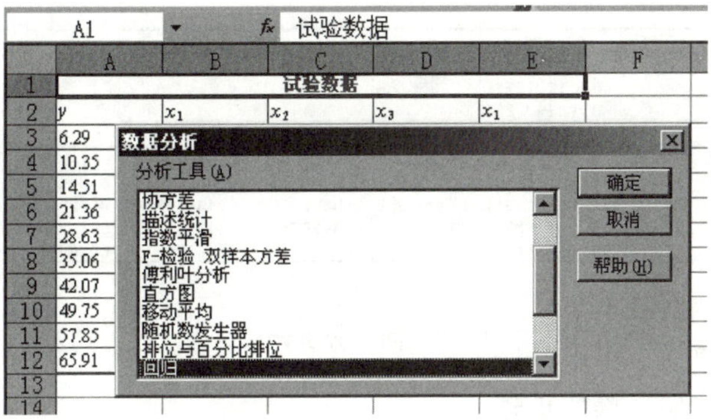

图 8－5 “数据分析”对话框

（3）单击“数据分析”对话框的“确定”按钮，弹出“回归”对话框。

（4）确定对话框中各选项，如图 8－6 所示。

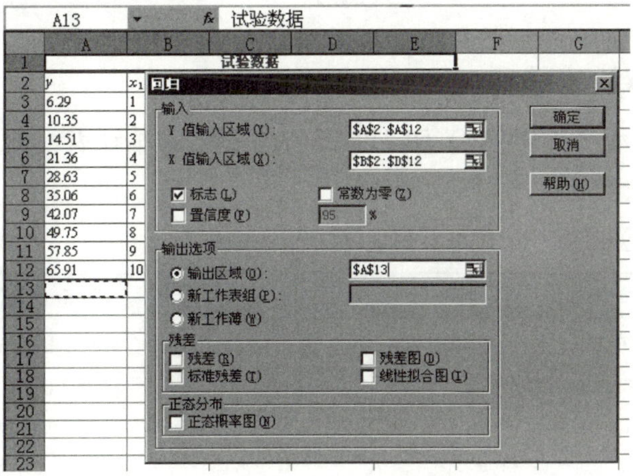

图 8－6 确定“回归”对话框各选项

（5）单击“回归”对话框的“确定”按钮，即得“SUMMARY OUTPUT”表，如图 8－7 所示。从表中即可得到线性回归方程。方程截距及各变量（x_1，x_2，x_3）系数，依次为：

Coefficients. Intercept ＝ －1. 767 998 586 758 21

Coefficients. x_1 ＝7. 541 532 920 333 12

Coefficients. x_2 ＝ －128. 782 685 993 776

Coefficients. x_3 ＝ －15. 106 907 015 959 5

A13 SUMMARY OUTPUT

	A	B	C	D	E	F	G	H	I
13	SUMMARY OUTPUT								
14									
15	回归统计								
16	Multiple R	0.99773676							
17	R Square	0.995478643							
18	Adjusted R Squa	0.993217964							
19	标准误差	1.690025142							
20	观测值	10							
21									
22	方差分析								
23		df	SS	MS	F	Significance F			
24	回归分析	3	3773.1209	1257.707	440.34506	2.01844E-07			
25	残差	6	17.13711	2.856185					
26	总计	9	3790.258						
27									
28		Coefficients	标准误差	t Stat	P-value	Lower 95%	Upper 95%	下限 95.0%	上限 95.0%
29	Intercept	-1.76799859	3.1773405	-0.55644	0.5980348	-9.542670591	6.0066734	-9.542671	6.0066734
30	x1	7.54153292	0.4411011	17.097062	2.562E-06	6.462197416	8.6208684	6.4621974	8.6208684
31	x2	-128.782686	157.82397	-0.815989	0.4456841	-514.9640394	257.39867	-514.964	257.39867
32	x3	15.10690704	18.71165	0.807353	0.450275	-30.67885107	60.892665	-30.67885	60.892665
33									

图 8－7　回归分析计算结果

2. 回归方程的检验：操作步骤

（1）拟合程度检验

可用图 8－7 所示“SUMMARY OUTPUT”表中的“方差分析”表检验。表中 F 统计量值为：440. 345 061 331 012；由 P ｛$F>F_a$｝ ＝a 确定的 F_a 可由 EXCEL 中的函数 FINV（0. 05，3，6）计算得到（a＝0. 05），其值为：4. 757 055 194。$F>F_a$，故对显著水平 a＝0. 05，拒绝原假设，而认为回归方程具有可以接受的拟合程度。

（2）偏回归系数的显著性检验

可用图 8－7 所示“SUMMARY OUTPUT”表中的参数估计表（即图 8－7 单元格区域 A28 : I32 部分）检验。

各参数显著性检验统计量值如下表所示。

	t Stat
Intercept	－0. 556 439 768
x_1	17. 097 062 2
x_2	－0. 815 989 373
x_3	0. 807 353 013

由 P｛｜T｜ $>t_{1-a/2}$｝ =a 确定的 $t_{1-a/2}$ 可由 EXCEL 中的函数 TINV（0.05，6）计算得到（a=0.05），其值为：2.446 9。

仅｜t Stat. x_1｜ =17.097 062 2 >2.446 9 = $t_{1-a/2}$，故对显著性水平 a=0.05，仅变量 x_1 是显著的，须从 x_2、x_3 两个变量中剔除一个，重新进行回归分析。

3. 变量的剔除：操作步骤

（1）计算各变量的偏回归平方和，如图 8 -8 所示。

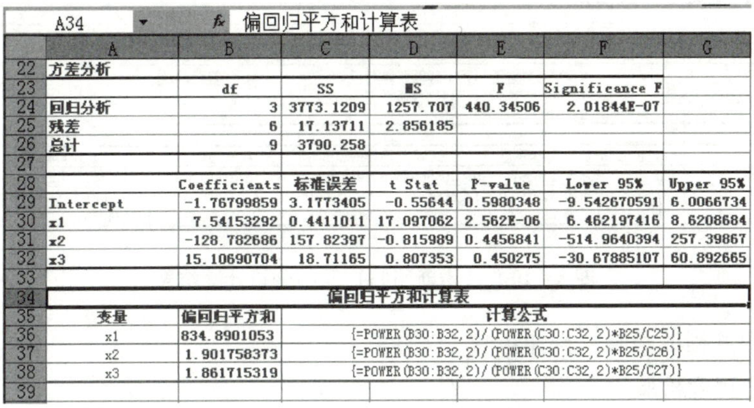

A34　fx 偏回归平方和计算表

	A	B	C	D	E	F	G
22	方差分析						
23		df	SS	MS	F	Significance F	
24	回归分析	3	3773.1209	1257.707	440.34506	2.01844E-07	
25	残差	6	17.13711	2.856185			
26	总计	9	3790.258				
27							
28		Coefficients	标准误差	t Stat	P-value	Lower 95%	Upper 95%
29	Intercept	-1.76799859	3.1773405	-0.55644	0.5980348	-9.542670591	6.0066734
30	x1	7.54153292	0.4411011	17.097062	2.562E-06	6.462197416	8.6208684
31	x2	-128.782686	157.82397	-0.815989	0.4456841	-514.9640394	257.39867
32	x3	15.10690704	18.71165	0.807353	0.450275	-30.67885107	60.892665
33							
34	偏回归平方和计算表						
35	变量	偏回归平方和	计算公式				
36	x1	834.8901053	{=POWER(B30:B32,2)/(POWER(C30:C32,2)*B25/C25)}				
37	x2	1.901758373	{=POWER(B30:B32,2)/(POWER(C30:C32,2)*B25/C26)}				
38	x3	1.861715319	{=POWER(B30:B32,2)/(POWER(C30:C32,2)*B25/C27)}				
39							

图 8 -8　偏回归平方和的计算

特别注意：

①图 8 -8 所示的表格与图 8 -4、图 8 -7 所示的表格在同一个工作表上。

②图 8 -8 所示表格中的公式为 EXCEL 中的数组公式。

（2）由图 8 -8 可见，x_3 的偏回归平方和 < x_2 的偏回归平方和，故剔除变量 x_3。

4. 剔除变量后的重新回归：操作步骤

（1）重复前述内容 1 中的第（2）、（3）、（4）、（5）步。于第（4）步各选项的确定，如图 8 -9 所示。

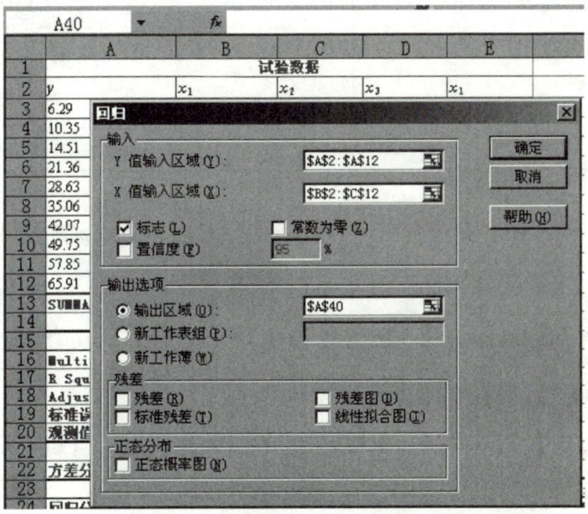

图 8 -9　重新回归时的“回归“对话框

（2）于第（5）步所得“SUMMARY OUTPUT”表。如图 8－10 所示。

A40 fx SUMMARY OUTPUT

	A	B	C	D	E	F	G	H	I
40	SUMMARY OUTPUT								
41									
42	回归统计								
43	Multiple R	0.997490581							
44	R Square	0.994987459							
45	Adjusted R Square	0.993555304							
46	标准误差	1.647458007							
47	观测值	10							
48									
49	方差分析								
50		df	SS	MS	F	Significance F			
51	回归分析	2	3771.259135	1885.629567	694.7485876	8.91667E-09			
52	残差	7	18.9988252	2.714117885					
53	总计	9	3790.25796						
54									
55		Coefficients	标准误差	t Stat	P-value	Lower 95%	Upper 95%	下限 95.0%	上限 95.0%
56	Intercept	0.023407868	2.216951178	0.010558585	0.991870242	-5.21884865	5.265664386	-5.21884865	5.265664386
57	x1	7.560208229	0.429399318	17.60647469	4.69775E-07	6.544840187	8.57557627	6.544840187	8.57557627
58	x2	-1.364182148	0.655773019	-2.08026574	0.076055291	-2.914838932	0.186474636	-2.91483893	0.186474636

图 8－10　（重新回归）回归分析计算结果

5. 新回归方程的检验：操作步骤

（1）拟合程度检验

可用图 7 所示“SUMMARY OUTPUT”表中的“方差分析”表检验。表中 F 统计量值为 694.748 587 593 794；由 P｛F＞F_a｝＝a 确定的 F_a 可由 EXCEL 中的函数 FINV（0.01，2，7）计算得到（a＝0.01），其值为：9.546 5。F＞F_a，故对显著水平 a＝0.01，拒绝原假设，而认为回归方程具有可以接受的拟合程度。

（2）偏回归系数的显著性检验

可用图 8－10 所示“SUMMARY OUTPUT”表中的参数估计表（即图 8－10 中单元格区域 A55：I58 部分）检验。

各参数的显著性检验统计量如下表所示。

	t Stat
Intercept	0.010 558 585
x_1	17.606 474 69
x_2	－2.080 265 744

由 P｛｜T｜＞$t_{1-a/2}$｝＝a 确定的 $t_{1-a/2}$ 可由 EXCEL 中的函数 TINV（a，7）计算得到，其值为：2.364 622 56（a＝0.05），1.894 577 508（a＝0.10）。

｜t Stat. x_1｜＝17.606 474 69＞2.446 9＝$t_{1-a/2}$（a＝0.05），故对显著性水平 a＝0.05，变量 x_1 是显著的；

｜t Stat. x_2｜＝－2.080 265 744＞1.894 577 508＝$t_{1-a/2}$（a＝0.10），故对显著性水平 a＝0.10，变量 x_2 是显著的。

6. 回归方程的确定

从图 8－10 所示表中即可得线性回归方程。方程截距及各变量（x1　x2）系数依次为：

Coefficients. Intercept ＝0. 023 407 868 394 913 5

Coefficients. x1 ＝7. 560 208 228 535 59

Coefficients. x2 ＝ －128. 782 685 993 776

知识延伸

多元线性回归模型与回归方程

设因变量为 y，x_1，x_2，⋯，x_k 为影响因变量 y 的 k 个自变量。描述 y 与 x_1 之间线性关系的数学结构式，即多元线性回归模型（multiple linear regression model）为：

$$y = \beta_0 + \beta_1 x_1 + \beta_2 x_2 + \cdots + b_k x_k + \varepsilon$$

其中，β 为回归常数；β_1，β_2，⋯，β_k 为回归系数为随机误差项。显然，当 k＝1 时，即为一元线性回归模型。

模型表示 y 与 x_1，x_2，⋯，x_k 之间的关系可以用两个部分描述：一部分是由于 x_1，x_2，⋯x_k 的变化引起 y 的变化的部分 $\beta_0 + \beta_1 x_1 + \beta_2 x_2 + \cdots + \beta_k x_k$；另一部分是由除去 x_1，x_2，⋯，x_k外的其他一切被忽略的、没有考虑到的因素引起的变化及数据的测量误差等，即 ε 随机误差项。对随机误差项 ε 的三个基本假定与一元线性回归模型是相同的。

对上式两边求数学期望得：

$$E(y) = \beta_0 + \beta_1 x_1 + \beta_2 x_2 + \cdots + \beta_k x_k$$

理论回归模型中的参数是未知的，回归分析的主要任务就是通过样本观测值 y_i，x_{1i}，x_{2i}，⋯，x_{ki}，i ＝ 1，2，⋯，n 对 $\beta_0 + \beta_1 + \beta_2 + \cdots + \beta_k$进行估计，在此用$\hat{\beta}_0 + \hat{\beta}_1 + \hat{\beta}_2 + \cdots + \hat{\beta}_k$ 分别表示 $\beta_0 + \beta_1 + \beta_2 + \cdots + \beta_k$的估计值。这样就得到了估计的多元线性回归方程（multiple linear regression equation）。

$$\hat{y} = \hat{\beta}_0 + \hat{\beta}_1 x_1 + \hat{\beta}_2 x_2 + \cdots \hat{\beta}_k x_k$$

思政元素

思政教育切入点：对某些自然现象、社会现象及其结果的影响因素的相关性进行分析，建立数学模型，以揭示其变化的本质及其规律是科学研究的重要内容。它是一项科学严谨而又复杂艰巨的工作，要求科研人员必须具有严谨、求真务实的工作态度，具有吃苦耐劳、认真细致、耐得住寂寞、无私奉献的精神品格，具有观察、辨别和科学研究的能力。

身高和收入成正比　高一英寸多赚789美元

本报讯　身高比常人高的人，在赚钱方面也是“高人”。澳大利亚一项最新的研究显示，如果一个人的身高达到1.83米，他每年就能多挣接近1000美元。

据报道，该研究由澳大利亚国立大学经济学家安德鲁·利主持，研究结果已经发表在最近一期的《经济纪录》杂志上。

此前，美国和英国关于身高和薪酬方面的调查显示，高个子的人赚钱更多。

根据佛罗里达大学管理学教授蒂莫西·贾奇和北卡罗来纳大学商业管理学教授丹尼尔·凯布勒在2003年的研究，一个人身高每高出一英寸（约2.51厘米），每年就能多挣大约789美元。

“他们（身材高大的人）的性格并不是比别人更和善，长相也没有比别人更漂亮。但仅是身高的优势就为他们在社会上赢得了‘光环’。”美国作家科恩说。

身材高有领导本能。“身材高大的人往往从年幼时就充当‘领导者’的角色，由于身材的关系，同龄人都把他（她）当成哥哥或姐姐来依附。身材高大的人在办公室里不自觉地担任‘领导者’的角色。”科恩解释说。

心理学家则分析认为，长得高会增加一个人的自信，而自信会让他们在与人沟通时占有优势。追溯到人类进化早期，高大的身材通常是力量的象征，人们认为身材高大的人更能保护族群。

研究还指出，年龄越小，身高的优势就越大。即使两个人在成年后身高一模一样，但他们16岁时的身高才是决定他们今后赚钱能力的关键。

资料来源：2009年07月14日07：27《广州日报》。

气候变迁与中国古代战争

中国从传说中的夏朝直到被外国列强打开国门的清朝，共历经十二个朝代，这只是统一了中原地区的朝代，与这些朝代共存的少数民族政权没有计算在内。这些朝代都曾兴盛过，但都没有逃脱灭亡的命运，而这些王朝灭亡的原因不外乎帝王昏庸、朝政腐败、结党营私等，且一个王朝灭亡的直接因素必然是王朝更替时期的战争。

但是，在评价历史时也不可避免地要考虑环境因素，特别是气候变化的影响。人类社会初期生产力低下，对环境和气候因素的依赖性较强，因此，地理环境对人类社会的生产力具有决定性作用。气候变化致使环境恶劣，往往会给农业社会的国家带来灾难性的影响，大大增加了战争发生的频率。

每当战争高峰的出现刚好是历史时期上寒冷期来临，寒冷期的到来仿佛是战争的催化剂，这绝不仅仅是个巧合。气候变冷导致生存环境恶化，对以游牧为生的北方少数民族来说，无疑是个致命打击。生活资料的短缺使生活无以为继，北方游牧民族必然南下寻找适宜的生存空间。“中国的自然环境，自古以黄河中下游及长江中下游这一带的平原最为优良”，这里会成为游牧民族的首选。在这时，一批又一批的北民南迁过程中，势必会产生民族纠纷，从最初的寻找适宜生存空间转变为武力侵略。

绝大多数的战争爆发在斗争寒冷期内，当时气温比现在要低，持续低温就像被触碰的骨牌一样造成了一系列的连锁反应，寒冷期到来使环境变得恶劣，人民生活资源短缺造成生态压力，这使社会矛盾加深，促进了战争爆发、社会大乱和改朝换代的进程。而且，只要温度有下降趋势，并达到一定程度，也会促使战争大规模爆发。

资料来源：https：//www. sohu. com/a/151704496_100941。

附　录

正态分布概率表

t	F (t)	t	F (t)	t	F (t)	t	F (t)
0.01	0.008	0.31	0.243 4	0.61	0.458 1	0.91	0.637 2
0.02	0.016	0.32	0.251	0.62	0.464 7	0.92	0.642 4
0.03	0.023 9	0.33	0.258 6	0.63	0.471 3	0.93	0.647 6
0.04	0.031 9	0.34	0.266 1	0.64	0.477 8	0.94	0.652 8
0.05	0.339	0.35	0.273 7	0.65	0.484 3	0.95	0.657 9
0.06	0.047 8	0.36	0.281 2	0.66	0.490 7	0.96	0.662 9
0.07	0.055 8	0.37	0.288 6	0.67	0.497 1	0.97	0.668
0.08	0.063 8	0.38	0.296 1	0.68	0.503 5	0.98	0.672 9
0.09	0.071 7	0.39	0.303 5	0.69	0.509 8	0.99	0.677 8
0.1	0.079 7	0.4	0.310 8	0.7	0.516 1	1	0.682 7
0.11	0.087 6	0.41	0.318 2	0.71	0.522 3	1.01	0.687 5
0.12	0.095 5	0.42	0.325 5	0.72	0.528 5	1.02	0.692 3
0.13	0.103 4	0.43	0.332 8	0.73	0.534 6	1.03	0.697
0.14	0.111 3	0.44	0.340 1	0.74	0.540 7	1.04	0.701 7
0.15	0.119 2	0.45	0.347 3	0.75	0.546 7	1.05	0.706 3
0.16	0.127 1	0.46	0.354 5	0.76	0.552 7	1.06	0.710 9
0.17	0.135	0.47	0.361 6	0.77	0.558 7	1.07	0.715 4
0.18	0.142 8	0.48	0.368 8	0.78	0.564 6	1.08	0.719 9
0.19	0.150 7	0.49	0.375 9	0.79	0.570 5	1.09	0.724 3
0.2	0.158 5	0.5	0.382 9	0.8	0.576 3	1.1	0.728 7
0.21	0.166 3	0.51	0.389 9	0.81	0.582 1	1.11	0.733
0.22	0.174 1	0.52	0.396 9	0.82	0.587 8	1.12	0.737 3
0.23	0.181 9	0.53	0.403 9	0.83	0.593 5	1.13	0.741 5
0.24	0.180 7	0.54	0.410 8	0.84	0.599 1	1.14	0.745 7
0.25	0.197 4	0.55	0.417 7	0.85	0.604 7	1.15	0.749 9
0.26	0.205 1	0.56	0.424 5	0.86	0.610 2	1.16	0.754
0.27	0.212 8	0.57	0.431 3	0.87	0.615 7	1.17	0.758
0.28	0.220 5	0.58	0.438 1	0.88	0.621 1	1.18	0.762
0.29	0.228 2	0.59	0.444 8	0.89	0.626 5	1.19	0.766
0.3	0.235 8	0.6	0.451 5	0.9	0.631 9	1.2	0.769 9

续表

t	*F*(*t*)	*t*	*F*(*t*)	*t*	*F*(*t*)	*t*	*F*(*t*)
1.21	0.773 7	1.56	0.881 2	1.91	0.934 9	2.52	0.988 3
1.22	0.777 5	1.57	0.883 6	1.92	0.945 1	2.54	0.988 9
1.23	0.781 3	1.58	0.885 9	1.93	0.946 4	2.56	0.989 5
1.24	0.785	1.59	0.888 2	1.94	0.947 6	2.58	0.990 1
1.25	0.788 7	1.6	0.890 4	1.95	0.948 8	2.6	0.990 7
1.26	0.792 3	1.61	0.892 6	1.96	0.95	2.62	0.991 2
1.27	0.795 9	1.62	0.894 8	1.97	0.951 2	2.64	0.991 7
1.28	0.799 5	1.63	0.896 9	1.98	0.952 3	2.66	0.992 2
1.29	0.803	1.64	0.899	1.99	0.954 3	2.68	0.992 6
1.3	0.806 4	1.65	0.901 1	2	0.954 5	2.7	0.993 1
1.31	0.809 8	1.66	0.903 1	2.02	0.956 6	2.72	0.993 5
1.32	0.813 2	1.67	0.905 1	2.04	0.958 7	2.74	0.993 9
1.33	0.816 5	1.68	0.907	2.06	0.960 6	2.76	0.994 2
1.34	0.819 8	1.69	0.909	2.08	0.962 5	2.78	0.994 6
1.35	0.823	1.7	0.910 9	2.1	0.964 3	2.8	0.994 9
1.36	0.826 2	1.71	0.912 7	2.12	0.966	2.82	0.995 2
1.37	0.829 3	1.72	0.914 6	2.14	0.967 6	2.84	0.995 5
1.38	0.832 4	1.73	0.916 4	2.16	0.969 2	2.86	0.995 8
1.39	0.835 5	1.74	0.918 1	2.18	0.970 7	2.88	0.996
1.4	0.838 5	1.75	0.919 9	2.2	0.972 2	2.9	0.996 2
1.41	0.841 5	1.76	0.921 6	2.22	0.973 6	2.92	0.996 5
1.42	0.844 4	1.77	0.923 3	2.24	0.974 9	2.94	0.996 7
1.43	0.847 3	1.78	0.924 9	2.26	0.976 2	2.96	0.996 9
1.44	0.850 1	1.79	0.926 5	2.28	0.977 4	2.98	0.997 1
1.45	0.852 9	1.8	0.928 1	2.3	0.978 6	3	0.997 3
1.46	0.855 7	1.81	0.929 7	2.32	0.979 7	3.2	0.998 6
1.47	0.858 4	1.82	0.931 2	2.34	0.980 7	3.4	0.999 3
1.48	0.861 1	1.83	0.932 8	2.36	0.981 7	3.6	0.999 68
1.49	0.863 8	1.84	0.934 2	2.38	0.982 7	3.8	0.999 86
1.5	0.864 4	1.85	0.935 7	2.4	0.983 6	4	0.999 94
1.51	0.869	1.86	0.937 1	2.42	0.984 5	4.5	0.999 993
1.52	0.871 5	1.87	0.938 5	2.44	0.985 3	5	0.999 999
1.53	0.874	1.88	0.939 9	2.46	0.986 1		
1.54	0.876 4	1.89	0.941 2	2.48	0.986 9		
1.55	0.878 9	1.9	0.942 6	2.5	0.987 6		

参考文献

[1] 张海平，孟泽云．统计学原理［M］．北京：机械工业出版社，2012.
[2] 刘泽．统计学基础［M］．2 版．北京：人民邮电出版社，2017.
[3] 阮红伟．统计学基础［M］．4 版．北京：电子工业出版社，2016.
[4] 黄正祥，李蜀湘，姬海华．统计实务［M］．长沙：湖南大学出版社，2016.
[5] 贾俊平．统计学基础［M］．7 版．北京：中国人民大学出版社，2023.
[6] 娄庆松，杨静．统计基础知识［M］．4 版．北京：高等教育出版社，2019.
[7] 李志伟．统计学［M］．北京：中国财政经济出版社，2016.